Le guide pratique des ordonnances du juge d'instruction

Collection JAMA
dirigée par Jackson Darius MACKIOZY BANSIMBA

Lovane TSAMBY-LHAKHY

Le guide pratique des ordonnances du juge d'instruction

L'Harmattan

Du même auteur

-*La constitution congolaise du 25 octobre 2015 interprétée article par article*, L'Harmattan 2017.

-*Le contentieux de l'annulation au* Congo, L'Harmattan 2018.

-*Les conclusions écrites du procureur de la république en matière administrative*, L'Harmattan 2021

- *Les réquisitoires du procureur de la république*, L'Harmattan 2022

5/7, rue de l'École-Polytechnique 75005 Paris

http://www.librairieharmattan.com

ISBN : 978-2-336-50583-1

EAN : 9782336505831

Sommaire

Acronymes et abréviations

APJ	Agent de police judiciaire
BACS	Bulletin des Arrêts de la Cour Suprême (Brazzaville)
BCC	Bulletin du Conseil Constitutionnel (Brazzaville)
CAA	Cour Administrative d'Appel
CAB	Cour d'Appel de Brazzaville
C.CASS	Cour de Cassation
C. civ	Code Civil
CD	Code des drogues ou Code des douanes
CD	Citation directe
CF	Code de la famille
CESEDA	Code de l'entrée et du séjour des étrangers et du droit d'Asile
CJ	Contrôle judiciaire
CJA	Code de justice administrative
CJC	Cahiers de la jurisprudence congolaise (Brazzaville)
CP	Cessation des paiements
CP	Code pénal
CPCCAF	Code de procédure civile, commerciale, Administrative et financière

CPP	Code de procédure pénale
CRI	Commission rogatoire internationale
Crim	Cour de Cassation, chambre criminelle
C. Route	Code de la Route
CSS	Classement sans suite
CS	Cour Suprême
FD	Flagrant délit
IGE	Inspection générale d'État
INTERPOL	International police
JO	Journal Officiel
MA	Mandat d'amener ou Mandat d'arrêt
MD	Mandat de dépôt
OPJ	Officier de police judiciaire
OSC	Ordonnance de soit-communiqué
PG	Procureur général
PR	Procureur de la république
RI	Réquisitoire introductif
R.J.A.C.S.	Recueil commenté de la jurisprudence administrative de la cour suprême du Congo (Brazzaville)
RP	Registre des plaintes ou Retour de parquet
TGI	Tribunal de grande instance
TI	Tribunal d'instance
TP/CR	Tribunal populaire de commune ou de Région
TP/DA	Tribunal populaire de district ou d'arrondissement
TPE	Tribunal pour enfants

Introduction

Chargé de rassembler objectivement les preuves de la culpabilité ou non d'une ou de plusieurs personnes, le Juge d'instruction qualifié également de magistrat instructeur exerce ses fonctions au sein du Tribunal de Grande Instance. Comme on peut le lire à l'article 72 de la loi n° 022/92 du 20 août 1992 portant organisation du pouvoir judiciaire en République du Congo :

« Le Tribunal de Grande Instance comporte :

1°une ou plusieurs chambres civiles compétentes en matière civile ;

2°une ou plusieurs chambres correctionnelles ;

3° un tribunal pour enfants ;

4° un ou plusieurs Cabinets d'instruction ».

De cette disposition, il résulte en principe que le Juge d'instruction est compétent pour toutes les infractions commises dans le ressort du Tribunal dont il relève. De façon plus précise, c'est le juge territorialement compétent du lieu de détention ou d'arrestation, du lieu de commission de l'infraction et du lieu de résidence de l'une des personnes soupçonnées[1].

---

[1] Article 35-4 de la loi N°1-63 du 13 janvier 1963 portant code de procédure pénale.

Mais qu'en est-il de ses modes de saisine ? Le Juge d'instruction ne peut se saisir lui-même[2]. La première possibilité de saisine du Juge d'instruction est ouverte au ministère public. Ce dernier saisit le Juge d'instruction en vertu d'un réquisitoire introductif d'instance dit aussi "à fin d'informer" ou "de soit informé". Le ministère public peut saisir le Juge d'instruction d'un réquisitoire de non-informer, mais également si la poursuite est impossible juridiquement. Dans ce cas, le Juge d'instruction ne peut passer outre que par une ordonnance motivée, ouvrant appel (Crim : 1998)[3].

Il est à noter qu'en dehors du ministère public, le Juge d'instruction peut également être saisi par la victime d'un crime ou d'un délit par une plainte avec constitution de partie civile[4]. Cette plainte avec constitution de partie civile sera communiquée au procureur de la république pour que celui-ci prenne ses réquisitions[5], mais elle déclenche automatiquement la poursuite si elle est régulière et recevable. Si la plainte est insuffisamment motivée, le procureur de la république peut, avant de prendre ses réquisitions, et si le juge d'instruction ne l'a pas déjà fait, demander à celui-ci d'entendre la partie civile et de l'inviter à produire toute pièce utile. Le Juge d'instruction peut être saisi des réquisitions pour qu'il soit procédé, provisoirement, à une information contre personne non dénommée (« contre X…»), et non contre la personne nommément désignée dans la plainte[6].

Le Juge d'instruction peut aussi être saisi par le dessaisissement d'un autre juge d'instruction[7], ou par une ordonnance du juge des enfants, ou par un règlement de Juges[8].

Le juge d'instruction, après examen de l'affaire, doit toujours prendre une décision. **Il rend une ordonnance** (susceptible d'appel) :

---

[2] Article 35 de la loi N°1-63 du 13 janvier 1963 portant code de procédure pénale.

[3] Article 71, 2e et 3e du code précité.

[4] - Article 70 idem

[5] - Article 71, 1e idem

[6] - Jean LARGUIER-et Philippe CONTE, *Procédure pénale*, 21e édition, Dalloz, pp. 148 et 149 ; article 64, 1e du code précité.

[7] - Article 69 du code précité.

[8] - Article 581 et suivant du même code.

- Même en cas d'incompétence, ou d'extinction de l'action publique par prescription, décès, amnistie[9], ou de fait ne constituant pas une infraction; il y a alors ordonnance de refus d'informer (ou de non-informer) ; mais celle-ci n'est possible que si les faits ne peuvent donner lieu à poursuites, pour l'une des raisons indiquées : sinon, le juge d'instruction doit informer (après une constitution de partie civile, par exemple). En cas de refus d'informer (comme après un non-lieu), le juge d'instruction peut prononcer une amende civile pour constitution abusive ; de même si la partie civile est une personne morale ou lorsque son représentant est de mauvaise foi[10] ;
- En cas de recevabilité de l'action publique et de compétence du juge d'instruction, celui-ci doit informer. Il doit statuer sur tous les faits dénoncés par la partie civile ; même sans réquisitoire supplétif du procureur[11]. Le juge d'instruction poursuit des faits : il est saisi in rem, et non in personam (L'exemple est très net dans le cas d'information contre X...).

La liberté individuelle est protégée :

- **Contre l'arbitraire du juge d'instruction** : Le juge d'instruction ne peut étendre de lui-même son information à des faits nouveaux, car il ne peut se saisir d'office (la notion de fait nouveau n'est pas très précise. Ne sont pas des faits nouveaux des faits indivisibles de ceux qui fondent la poursuite, Crim. 2000). Si des faits non visés au réquisitoire sont découverts, le juge d'instruction doit immédiatement communiquer au procureur de la république les plaintes et procès-verbaux qui les constatent[12]. Celui-ci peut alors, soit :
  - requérir (par réquisitoire supplétif) que le juge d'instruction informe sur les nouveaux faits ;
  - requérir l'ouverture d'une information distincte, qui peut être confiée au même juge d'instruction ;
  - saisir la juridiction de Jugement ;

---

[9] - Article 6 idem.

[10] - Jean LARGUIER et Philippe CONTE, *op. cit,* p. 149

[11] Op. cit.

[12]-Article 64, 5e du code de procédure pénale.

- ordonner une enquête ;
- décider d'un classement sans suite ;
- transmettre plaintes ou procès-verbaux au procureur de la république territorialement compétent[13].

Ces règles s'appliquent aussi lorsque c'est la partie civile qui dénonce dans une plainte additionnelle des faits non visés au réquisitoire : le juge d'instruction n'est saisi que si le procureur requiert l'instruction[14].

- **Contre l'arbitraire du ministère public** : le juge d'instruction, en effet, à propos des faits dont il est saisi, peut étendre son information à toute personne, même non visée dans le réquisitoire ; cela empêche le ministère public de limiter arbitrairement la poursuite à telle ou telle personne.

Le juge d'instruction statue, sans être lié par les conclusions du ministère public, par l'une des ordonnances de règlement, dites « de clôture ». Au nombre de ces ordonnances, on peut citer : l'ordonnance de renvoi, l'ordonnance de mise en accusation devant la cour d'assises (en France) et devant la chambre criminelle de la Cour d'appel (au Congo) et l'ordonnance de non-lieu[15].

L'ordonnance de renvoi est une ordonnance par laquelle le juge d'instruction déclare qu'il y a des charges constitutives d'infraction. Il peut décider d'un renvoi partiel pour certaines personnes mises en examen, ou pour certains faits. La personne ayant fait l'objet d'un renvoi partiel, et qui n'est pas mise en examen pour d'autres faits, est entendue comme témoin assisté. Un tel renvoi sera opéré selon le cas :

- **devant le tribunal de police ou la juridiction de proximité,** si les faits constituent une contravention pour laquelle on aurait saisi à tort le juge d'instruction ;
- **devant le juge des enfants ou le tribunal pour enfants** dans le cas où ceux-ci sont compétents[16].

---

[13] Jean LARGUIER et Philippe CONTE, *op. cit.*~~e~~, pp.~~ages~~ 149-150.

[14] Op. cit., p. 150.

[15] Op. cit., p. 182.

[16] Op. cit., pp. 182-183.

L'ordonnance de mise en accusation contient notamment la qualification des faits ; elle précise, s'il y a lieu, que l'accusé bénéficie des règles sur les « repentis » ; quand elle est devenue définitive, elle couvre les vices de la procédure[17].

L'ordonnance de non-lieu est une ordonnance rendue si les faits ne constituent pas une infraction (les éléments de l'infraction ne sont pas réunis), ou si l'auteur est inconnu, ou s'il n'y a pas de charges suffisantes contre la personne mise en examen. En cas de non-lieu motivé par une cause d'irresponsabilité ou de non-culpabilité (trouble psychique ayant aboli le discernement, contrainte, erreur de droit, ordre de la loi ou de l'autorité, légitime défense, nécessité), ou par le décès de la personne mise en examen, l'ordonnance précise s'il existe des charges suffisantes établissant que l'accusé a commis les faits. Un non-lieu partiel peut être décidé.

La personne mise en examen et bénéficiant du non-lieu est libérée si elle était placée en détention provisoire.

L'ordonnance de non-lieu a un caractère en principe irrévocable si le non-lieu est fondé sur une raison de droit. S'il est fondé sur des raisons de fait (exemple insuffisance des charges), il peut y avoir réouverture de l'information sur charges nouvelles, même si ces charges étaient déjà connues des parties civiles (Crim. 1999). Cette réouverture ne peut être provoquée que par le ministère public : c'est le réquisitoire à fin de reprise. Elle ne peut donc pas être provoquée par la partie civile ; mais la partie civile (qui peut faire une démarche pour obtenir du parquet cette réouverture) ne souffre pas de cette solution ; certes, après ordonnance de non-lieu, il lui est interdit d'user de la citation directe ; mais elle peut faire appel du non-lieu (si elle forme seule ce recours, elle remet aussi en question le sort de l'action publique), ou agir au civil, sans que l'ordonnance de non-lieu ait alors autorité de chose jugée au civil.

Sauf réouverture de l'instruction, le non-lieu s'oppose à toute nouvelle poursuite pour les mêmes faits, sous quelque qualification que ce soit. Mais l'autorité du non-lieu ne couvre que ceux qui ont été « mis en cause » lors de l'instruction.

---

[17] Op. cit., p.183.

En ce qui concerne l'ordonnance de transmission des pièces au procureur général, dans les poursuites criminelles, le juge d'instruction n'opère pas lui-même le renvoi devant la cour d'assises. Celui-ci se fait en deux temps. Le juge d'instruction ne fait que transmettre par son ordonnance le dossier de la procédure au procureur général, qui saisit la chambre d'accusation. La loi a réservé à celle-ci le pouvoir de saisir la cour d'assises, par son arrêt de mise en accusation, et de décerner l'ordonnance de prise de corps ainsi qu'il est dit dans le code de procédure pénale[18].

Le règlement de l'information intervient normalement lorsque celle-ci est achevée et complète, et réunit les éléments nécessaires à la décision dont elle est susceptible. Mais divers obstacles peuvent empêcher l'information de suivre son cours normal, et entraîner sa clôture prématurée. Le juge d'instruction doit notamment vérifier sa compétence et il a qualité pour statuer sur les diverses exceptions qui mettent fin à l'exercice de l'action publique[19].

Le juge d'instruction est investi d'un véritable pouvoir de juridiction. Il statue seul, et définitivement, sauf l'appel qui est porté devant la chambre d'accusation, sur la détention et la mise en liberté, sur la compétence, sur la qualification des faits, sur la mise en prévention en matière de police simple et correctionnelle, ou décide s'il n'y a pas lieu à suivre. En matière criminelle toutefois, le juge d'instruction ne fait que transmettre les pièces de la procédure au procureur général ; c'est la chambre d'accusation qui opère la mise en accusation[20].

Les pouvoirs de juridiction dont dispose le juge d'instruction lui sont propres, quoiqu'il ne statue qu'en premier ressort. Il n'est pas le délégué de la chambre d'accusation[21].

Plusieurs ordonnances sont inscrites au pouvoir du magistrat instructeur, à savoir : **ordonnance de soit-communiqué, ordonnance de non-lieu total, ordonnance de renvoi devant le tribunal de police, ordonnance de renvoi devant le tribunal correctionnel, ordonnance**

---

[18] Idem, p. 390.

[19] Pierre Chambon, *Le Juge d'instruction, Théorie et pratique de la procédure*, 4e édition, 1997, Dalloz, p. 368.

[20] Pierre Chambon, op.cit.

[21] Idem.

de transmission des pièces au procureur général. Pour compléter cette longue liste, d'autres ordonnances sont également de la compétence du juge d'instruction, notamment : **l'ordonnance de dessaisissement du juge d'instruction, l'ordonnance de mise en liberté provisoire, l'ordonnance de refus de mise en liberté provisoire, l'ordonnance d'expertise médicale**, etc.

Le présent ouvrage est une tentative de mise à la disposition des professionnels du droit (magistrats, avocats, huissiers, notaires, etc.) d'un outil utile à l'exercice du métier et à la connaissance du droit congolais. Il traduit clairement le souci de combler le vide constaté en la matière.

Aux magistrats des juridictions de poursuite, les officiers de police judiciaire et des autres administrations, ce livre pourra faciliter non seulement le traitement en temps réel des infractions, mais aussi l'ouverture d'un champ d'action plus large.

Le présent Guide se veut être un outil au service du personnel judiciaire, des auxiliaires de justice, des justiciables et bien d'autres catégories de lecteurs désireux d'être éclairés, d'avoir une meilleure appréhension du travail combien délicat et en même temps fascinant des magistrats instructeurs.

De présentation simple, ce guide des ordonnances du magistrat instructeur contient 52 modèles répartis en chapitres ou thématiques précises et est organisé en quatre(4) chapitres, à savoir : Les Ordonnances de soit-communiqué (Chapitre I) ; Les Ordonnances de non-lieu total (Chapitre II) ; Les Ordonnances aux fins de non-lieu partiel et de renvoi devant le tribunal correctionnel (Chapitre III) ; D'autres catégories d'ordonnances (Chapitre IV).

Chapitre I

Les ordonnances de soit-communiqué

Ordonnance n°1

COUR D'APPEL DE.... (NOM DE LA VILLE)

TRIBUNAL DE GRANDE INSTANCE

DE... (NOM DE LA VILLE)

CABINET

DU

JUGE D'INSTRUCTION

N°R.P. ..../

N° R.I ..../

RÉPUBLIQUE DU CONGO

Unité-Travail-Progrès

ORDONNANCE DE SOIT-COMMUNIQUE

Nous,......... (noms et prénom) juge d'instruction au Tribunal de Grande Instance de...... (nom de la ville) ;

Vu l'article 123 du code de procédure pénale ;

Communiquons à Monsieur le procureur de la république le dossier de la présente procédure suivie contre les nommés : OK....., NG...., GO....,GA....,NGA.... et autres ;

Pour être par lui requis ce qu'il appartiendra sur la mise en liberté provisoire de GO...., NG.... et NGA.... .

Fait en notre cabinet, le ..... (date)

LE JUGE D'INSTRUCTION

Ordonnance n°2

COUR D'APPEL DE.... (NOM DE LA VILLE)

TRIBUNAL DE GRANDE INSTANCE

DE... (NOM DE LA VILLE)

CABINET

DE MONSIEUR.................

JUGE D'INSTRUCTION

N° R.P .... /

N° R.I .... /

RÉPUBLIQUE DU CONGO

Unité-Travail-Progrès

ORDONNANCE DE SOIT-COMMUNIQUE

Nous, ... (noms et prénom) juge d'instruction au Tribunal de Grande Instance de ... (nom de la ville) ;

Vu les pièces de l'information instruite contre :............ (noms et prénom de l'inculpé) ;

Inculpé de..........(infraction) ;

Vu la demande de mise en liberté provisoire formulée par l'inculpé......... (noms et prénom de ce dernier) ;

Vu les dispositions de l'article 123 du code de procédure pénale ;

Ordonnons communication de l'entier dossier de la procédure à Monsieur le procureur de la république pour être par lui requis ce qu'il appartiendra sur la mesure ainsi sollicitée.

Fait en notre cabinet, le ... (date)

LE JUGE D'INSTRUCTION

Ordonnance n°3

COUR D'APPEL DE.... (NOM DE LA VILLE)

TRIBUNAL DE GRANDE INSTANCE

DE... (NOM DE LA VILLE)

CABINET

DE MONSIEUR.................

JUGE D'INSTRUCTION

N° R.P ..../

N° R.I ..../

RÉPUBLIQUE DU CONGO

Unité-Travail-Progrès

ORDONNANCE DE SOIT-COMMUNIQUE

Nous,......... (noms et prénom) juge d'instruction au Tribunal de Grande Instance de...... (nom de la ville) ;

Vu la plainte avec constitution de partie civile déposée par........ (nom et prénom de la victime) ;

Vu l'article 70 du code de procédure pénale ;

Ordonnons communication de la plainte à Monsieur le procureur de la république pour être procédé conformément à la loi/.

Fait en notre cabinet, le ... (date)

LE JUGE D'INSTRUCTION

Ordonnance n°4

COUR D'APPEL DE.... (NOM DE LA VILLE)

TRIBUNAL DE GRANDE INSTANCE

DE... (NOM DE LA VILLE)

CABINET DE MONSIEUR..................

JUGE D'INSTRUCTION

N° R.P ..../

N° R.I ..../

RÉPUBLIQUE DU CONGO

Unité-Travail-Progrès

ORDONNANCE DE SOIT-COMMUNIQUE

Nous,......... (noms et prénom) juge d'instruction au Tribunal de Grande Instance de......(nom de la ville) ;

Vu l'article 161 du code de procédure pénale ;

Communiquons à Monsieur le procureur de la république, le dossier de la procédure suivie contre le nommé........... (noms et prénom de l'inculpé) aux fins de se prononcer sur la prescription de l'action publique constatée.

Fait en notre cabinet, le ... (date)

LE JUGE D'INSTRUCTION

Ordonnance n°5

COUR D'APPEL DE.... (NOM DE LA VILLE)

TRIBUNAL DE GRANDE INSTANCE

DE... (NOM DE LA VILLE)

CABINET

DE MONSIEUR.................

JUGE D'INSTRUCTION

N° R.P .... /

N° R.I .... /

RÉPUBLIQUE DU CONGO

Unité-Travail-Progrès

ORDONNANCE DE SOIT-COMMUNIQUE

(Transmission pour enrôlement)

Nous,.......... (noms et prénom) juge d'instruction au Tribunal de Grande Instance de......(nom de la ville) ;

Vu la procédure d'information suivie contre AW--- ;

Vu les dispositions de l'article 165 du code de procédure pénale ;

Ordonnons la communication du dossier de la procédure au procureur de la république pour l'enrôler à l'audience qu'il lui plaira.

Fait en notre cabinet, le .... (date)

LE JUGE D'INSTRUCTION

Ordonnance n°6

COUR D'APPEL DE.... (NOM DE LA VILLE)	RÉPUBLIQUE DU CONGO
TRIBUNAL DE GRANDE INSTANCE	Unité-Travail-Progrès
DE... (NOM DE LA VILLE)	------------
CABINET	
DE MONSIEUR..................	
JUGE D'INSTRUCTION	

N°R.P.......................... /

N° R.I .... /

ORDONNANCE DE SOIT-COMMUNIQUE

(Règlement définitif)

Nous,......... (noms et prénom) juge d'instruction au Tribunal de Grande Instance de......(nom de la ville) ;

Vu le dossier de la procédure d'information suivie contre AW--- ;

Inculpé de coups et blessures volontaires ;

Libre ;

Vu le réquisitoire introductif en date du ... de Monsieur le procureur de la république ;

Vu les dispositions de l'article 161 du code de procédure pénale ;

Communiquons le dossier de la procédure à Monsieur le procureur de la république pour être requis par lui ce qu'il appartiendra sur la demande de casier judiciaire de l'inculpé susnommé et sur le règlement définitif.

Fait en notre cabinet, le ....(date)

LE JUGE D'INSTRUCTION

Chapitre II

Les ordonnances de non-lieu total

Ordonnance n°7

COUR D'APPEL DE.... (NOM DE LA VILLE)

TRIBUNAL DE GRANDE INSTANCE

DE... (NOM DE LA VILLE)

CABINET

DE MONSIEUR.................

JUGE D'INSTRUCTION

N° R.P .... /

N° R.I .... /

RÉPUBLIQUE DU CONGO

Unité-Travail-Progrès

ORDONNANCE AUX FINS DE NON-LIEU TOTAL

Nous,........ (noms et prénom) juge d'instruction au Tribunal de Grande Instance de...... (nom de la ville) ;

Vu la procédure suivie contre :

1- BA......,...... (nationalité, date et lieu de naissance, filiation, profession, situation matrimoniale, domicile, etc.) ;

Inculpé de diffamation, violation de domicile, menaces de mort et injures publiques ;

2- MA.....,......... (nationalité, date et lieu de naissance, filiation, profession, situation matrimoniale, domicile, etc.) ;

Inculpé de diffamation, menaces de mort et injures publiques ;

Parties civiles : BAS....,.... (nationalité, date et lieu de naissance, filiation, profession, situation matrimoniale, domicile, etc.) ;

BAY....,...... (nationalité, date et lieu de naissance, filiation, profession, situation matrimoniale, domicile, etc.) ;

Vu le réquisitoire introductif de Monsieur le procureur de la république en date du…….. ;

Vu notre ordonnance de soit-communiqué en date du………. ;

Vu le réquisitoire définitif de Monsieur le procureur de la république en date du…… ;

<u>Sur les faits de la cause :</u>

Attendu que l'information a établi les faits suivants :

Depuis…. (date), les sœurs MA…. et BAY…. ne s'entendaient plus suite aux décès intervenus dans la famille et dont les enfants de MA… accusaient l'autre d'être sorcière ;

C'est ainsi qu'il régnait un climat de défiance entre les deux (02) clans ;

Suite aux décès de leur petite fille survenu le …. (Date) par accident de circulation sur la route du Gabon, son père, le nommé …. estimait que c'est sa tante BAY…. qui serait mystiquement à l'origine de cet accident ;

Devant cette nouvelle situation, … harcelait la belle-famille et c'est ainsi que BAS….oncle de la défunte et MA…. décidaient d'aller consulter les charlatans et autres voyants avec BAS…. ;

Venait au domicile de BAS…. Pour dire à sa tante de participer à la consultation des féticheurs, mais cela tournait à la dispute et celui-ci repartait chez lui ;

Puis aux premières heures de la matinée du…. (date), des agents de police accompagnés d'une jeune fille inconnue de BAS…. débarquaient à son domicile pour les conduire, elle, son époux et sa mère BAY…. chez le féticheur ou se trouvaient déjà BAS…, MA….et BAS…. étant BAS…. Opposaient une résistance et les policiers les ramenaient à leur domicile ;

À la suite de cela …. les assigna devant le tribunal coutumier de…. (lieu) ; Là-bas, aussi aucune solution n'était trouvée ;

C'est ainsi pour cette raison que …. décidait de ramener tout le monde devant le premier féticheur qui avait été consulté sans résultat aussi ;

Mécontentes, BAS…. et BAY…. portaient plainte pour préjudice subi ;

Discussion :

- **Sur le délit de diffamation reprochée à BAS….et MA….**

Attendu que les nommés BAS…. et MA…, ont été inculpés de diffamation ;

Qu'aux termes des dispositions des articles 195, 198 et 199 de la loi n°8-2001 du 12 novembre 2001, la diffamation est une allégation ou une imputation d'un fait qui porte atteinte à l'honneur et à la considération d'une personne avec la circonstance que l'allégation ou le fait n'a pas été établi pour vérité ;

Qu'en l'espèce, il est reproché aux trois (03) inculpés susnommés d'avoir imputé à BAY…. les faits de sorcellerie, qu'on l'accuse d'avoir mystiquement tué les enfants de sa sœur selon ces dires ;

Mais attendu qu'il est constant que les deux (02) parties au regard de leurs déclarations s'accusent mutuellement des faits de sorcellerie ;

Que ce sont les voyants ou féticheurs qui, chaque fois que l'une ou l'autre partie partait les consulter, affirmaient que l'une ou l'autre est sorcière ;

Que cela ne peut être retenu comme imputable aux inculpés ; que ce sont les affaires qui concernent une même famille, qu'il est mieux que la famille se retrouve pour élaguer tous les problèmes auxquels elle fait face ;

Qu'il n'y a lieu de suivre contre eux de ce chef ;

- **Sur le délit de violation de domicile reproché à BAS….**

Attendu qu'est coupable de violation de domicile aux termes des prescriptions de l'article 184 alinéa 2 du code pénal, tout individu qui se sera introduit à l'aide de menaces ou de violences dans le domicile d'un citoyen, sans titre ni autorisation ;

Que ce délit suppose l'introduction au domicile d'autrui sans ordre et de façon illégale avec des menaces ou violences ;

Qu'en l'espèce, BAS…. dit avoir été accompagné au domicile de sa sœur avec les agents de police ;

Que s'il y avait violation de domicile, cela serait imputable aux policiers et non à lui ;

Qu'il n'a pas été prouvé qu'il y a eu des menaces ou violences pour entrer chez sa sœur où habite sa tante et même la porte qu'on l'accuse d'avoir cassé n'a été montrée par la partie civile ;

Qu'en l'absence des preuves qui viendraient appuyer des déclarations, le doute profite au prévenu ;

Qu'en l'absence des preuves qui viendraient appuyer des déclarations, le doute profite à l'inculpé ;

Qu'il n'y a pas lieu à suivre contre lui de ce chef ;

- **Sur le délit de menaces de mort reproché à BAS…... et MA…..**

Attendu que les inculpés susnommés sont également poursuivis pour avoir menacé de mort la nommée BAY…. et sa fille BAS….,

Qu'aux termes des dispositions de l'article 306 du Code pénal, quiconque aura menacé par écrit anonyme ou signé d'assassiner ou même verbalement de porter atteinte à l'intégrité physique d'autrui sera puni conformément à la loi ;

Attendu qu'en l'espèce, il ne ressort nulle part dans les déclarations des nommés BAS… et BAY…. que les inculpés ont tenu des propos menaçant de mort les parties civiles ;

Qu'alors que les appels et demande des inculpés envers leur tante et sœur, étaient pour éclairer les problèmes de décès à répétition qui entérinaient les relations de paix et d'amour au sein de la famille ;

Qu'en l'absence de tout cela, il n'y a lieu de suivre contre les inculpés de ce chef ;

- **Sur le délit d'injures publiques reproché aux inculpés susnommés**

Attendu que constituent des injures publiques aux termes des dispositions de l'article 195 de la loi n°-8-2001 du 12 novembre 2001 sur la liberté de l'information et de la communication, toute expression outrageante, terme de mépris ou invective, qui ne renferme l'imputation d'aucun fait précis ;

Que ce délit d'injures publiques, suppose un élément matériel qui est tiré soit de leur aspect désobligeant, même sans grossièreté, soit la qualité particulière de la personne injuriée et un élément intentionnel à l'honneur et à la considération d'autrui ;

Que ces injures doivent être proférées devant des tiers ou dans un endroit public ou réputé public ;

Attendu qu'en l'espèce, lors de l'information aux vues des déclarations ou dépositions des parties, il ne ressort nullement quelque part que les inculpés susnommés ont proféré d'expression outrageante, terme invective de mépris qui peuvent être qualifiés d'injures publiques ;

Que le manque de cette allégation prouve à suffisance que les inculpés n'ont nullement tenu des propos humiliants ou injurieux envers les dames BAS.... et BAY.... afin de dénigrer leur personnalité ;

Qu'en l'absence de toute preuve, il convient de dire que la prévention du délit d'injures publiques n'est pas établie à leur égard ;

RENSEIGNEMENTS :

Néant ;

Ordonnance aux fins de non-lieu total :

Attendu qu'il ne résulte pas de l'information charges suffisantes contre BAS... et MA..., d'avoir à .... (nom de la ville), courant... (date), en tout cas depuis temps tel que les faits ne sont pas couverts par la prescription de l'action publique, diffamé la nommée BAY.... en disant qu'elle est sorcière et qu'elle est à l'origine des décès dans sa famille ;

D'avoir dans les mêmes circonstances de temps et de lieu, violé le domicile des dames BAS......et BAY...... en cassant la porte par la violence ;

D'avoir dans les mêmes circonstances de temps et de lieu, exercé des menaces de mort sur les personnes de BAS.......et BAY....... ;

D'avoir encore, dans les mêmes circonstances de temps et de lieu, proféré des injures publiques à l'endroit des dames BAS.......et BAY....... ;

Délits prévus et punis par les articles 195, 198 et 199 de la loi N°8-2001 du 12 novembre 2001 sur la liberté de l'information et de la communication et des articles 305 et 306 du Code pénal ;

Qu'il n'y a lieu à poursuivre contre eux de ces chefs en application de l'article 163 du code de procédure pénale ;

En conséquence :

Ordonnons le dépôt et le classement de la présente procédure au greffe du Tribunal correctionnel de céans pour n'y être repris qu'en cas de survenance de charges nouvelles.

Fait en notre cabinet, le … (date)

LE JUGE D'INSTRUCTION

Ordonnance n°8

COUR D'APPEL DE…. (NOM DE LA VILLE)

TRIBUNAL DE GRANDE INSTANCE

DE… (NOM DE LA VILLE)

CABINET

DE MONSIEUR………………

JUGE D'INSTRUCTION

N° R.P ………………………... /

N° R.I ………...…………….. /

RÉPUBLIQUE DU CONGO

Unité-Travail-Progrès

ORDONNANCE AUX FINS DE NON-LIEU TOTAL

Nous,……... (noms et prénom) juge d'instruction au Tribunal de Grande Instance de……(nom de la ville) ;

Vu la procédure suivie contre TS……,……. (nationalité, date et lieu de naissance, filiation, profession, situation matrimoniale, domicile, etc.) ;

Inculpé de complicité de meurtre ;

Détenu suivant mandat de dépôt en date du……. ;

Vu le réquisitoire introductif de Monsieur le procureur de la république en date du….. ;

Vu notre ordonnance de soit-communiqué en date du……, sollicitant les réquisitions du procureur de la république sur le règlement définitif et sur la mise en liberté provisoire ;

Vu les réquisitions définitives de Monsieur le procureur de la république sur le règlement définitif et sur la mise en liberté provisoire ;

Vu les réquisitions définitives de Monsieur le procureur de la république en date du......., aux fins de transmission des pièces à Monsieur le procureur général près la cour d'appel de céans ;

Sur les faits de la cause

Attendu qu'il ressort de l'information judiciaire les faits suivants :

TS....... est chauffeur de taxi, c'est à ce titre qu'en date du......à 22 heures, il avait transporté dans son taxi trois (3) jeunes, auteurs de coups et blessures volontaires sur la personne d'un enfant, lequel était retrouvé mort le lendemain à 1 heure du matin ;

Discussion

Sur la liberté provisoire sollicitée par TS.......

Attendu qu'en date du........TS....... a sollicité sa mise en liberté provisoire ;

Que le dossier était communiqué par ordonnance en date du......., conjointement pour le règlement définitif et la mise en liberté provisoire ;

Que malheureusement, le ministère public n'avait requis que sur le règlement définitif sans pour autant statuer sur la demande de mise en liberté provisoire formulée par l'inculpé ;

Qu'il sied d'y statuer ;

Attendu qu'aux termes des dispositions de l'article 121 du code de procédure pénale, la détention préventive ne peut excéder quatre (4) mois et que celle-ci peut être prolongée de deux (2) mois ;

Que de même, en vertu de l'article 122 du même code, la liberté provisoire, lorsqu'elle n'est pas de droit, peut être ordonnée d'office par le juge d'instruction, après avis du procureur de la république ;

Attendu qu'en l'espèce, TS..... est détenu suivant mandat de dépôt en date du..... ;

Que depuis lors, il s'est écoulé plus d'une année ;

Qu'en plus, l'instruction ayant été clôturée, il n'y a plus aucun danger tant pour la subornation de témoins que pour le trouble à l'ordre public qui s'est pratiquement amoindri ;

Qu'eu égard à ces considérations, il y a lieu d'ordonner d'office sa mise en liberté provisoire;

Sur le chef de complicité de meurtre reproché à TS…

Attendu qu'aux termes des dispositions de l'article 295 du Code pénal, le fait de donner volontairement la mort à autrui est qualifié de meurtre ;

Que le crime de meurtre suppose un lien de causalité entre l'acte matériel d'attenter à la vie d'autrui et la mort qui en est résulté ;

Attendu également qu'en vertu des articles 59 et 60 du Code pénal, les complices d'un crime sont punis des mêmes peines que les auteurs de cette infraction ;

Que la complicité suppose, pour son auteur, le fait de fournir les moyens nécessaires à la commission de cette infraction ;

Que la complicité de meurtre s'entend comme le fait pour l'agent pénal de fournir les moyens ou d'assister les auteurs principaux dans la commission de cette infraction ;

Attendu qu'en l'espèce, TS……est poursuivi pour complicité de meurtre ;

Qu'il lui est reproché d'avoir conduit dans son taxi des personnes qui avaient donné la mort à autrui ;

Qu'il avait par ce moyen participé à la commission de cette infraction ;

Attendu qu'interrogé sur les faits à lui reprochés, TS…….avait reconnu avoir transporté ces clients, mais ne reconnaît pas être de mèche avec eux d'autant plus qu'il ne les connaissait pas ;

Qu'il soutient que ceux-ci avaient pris son taxi et lui avait demandé de les conduire au quartier…. ;

Qu'il dit avoir transporté quatre (4) jeunes hommes ;

Que dans le taxi, trois (3) de ces jeunes s'attaquaient au plus jeune qui se trouvait avec eux ;

Qu'arrivé à destination, il avait assisté à une battue de la victime par ces trois (3) jeunes ;

Que face à cette situation, il leur demandait de lui payer sa course avant de s'en aller ;

Qu'y étant, il y avait eu un attroupement des personnes habitant les environs ;

Qu'il était surpris d'être interpellé quelques jours après au commissariat central de police ;

Mais attendu qu'aucune partie civile n'a daigné se présenter, encore moins un témoin pour conforter les allégations sur la base desquelles TS.....est poursuivi ;

Que sur ce fondement, il était établi un procès-verbal de non-comparution et de carence de la partie civile ;

Qu'il ne ressort du dossier de la présente procédure aucun élément permettant d'établir que TS...... s'est rendu complice de ce meurtre ;

Qu'en l'état, la participation ou l'assistance de TS.....à la commission de cette infraction n'étant pas établie ;

Que les éléments constitutifs du crime de complicité de meurtre n'étant pas constitués ;

Qu'il n'y a lieu à poursuivre contre lui de ce chef ;

Renseignements :

Néant ;

Non-lieu total :

Attendu qu'il ne résulte pas de l'information judiciaire des charges suffisantes contre TS......., d'avoir à.......(nom de la ville), le......(date),commis le crime de complicité de meurtre sur la personne de MA...... ;

Crime prévu et puni par les articles 59, 60, 295 et 304 alinéa 3 du Code pénal ;

Vu l'article 163 du code de procédure pénale ;

Déclarons non établis les faits de complicité de meurtre à l'encontre de TS...... ;

En conséquence :

Ordonnons que le dossier de la présente procédure soit déposé au greffe du tribunal correctionnel de céans pour n'être repris qu'en cas de survenance de charges nouvelles.

Fait en notre cabinet, le … (date)

LE JUGE D'INSTRUCTION

Ordonnance n°9

COUR D'APPEL DE.... (NOM DE LA VILLE)

TRIBUNAL DE GRANDE INSTANCE

DE... (NOM DE LA VILLE)

CABINET

DE MONSIEUR..................

JUGE D'INSTRUCTION

N° R.P .... /

N° R.I .... /

RÉPUBLIQUE DU CONGO

Unité-Travail-Progrès

ORDONNANCE AUX FINS DE NON-LIEU TOTAL

Nous,......... (noms et prénom) juge d'instruction du Tribunal de Grande Instance de......(nom de la ville) ;

Vu la procédure suivie contre : X (personne inconnue) ;

Inculpé de recherche pour cause de mort ;

Partie civile : Ayants droit de feu NG......., domicilié à......(nom de la ville) ;

Vu le réquisitoire introductif de Monsieur le procureur de la république en date du...... ;

Vu notre ordonnance de soit-communiqué en date du......, sollicitant les réquisitions du procureur de la république sur le règlement définitif ;

Vu les réquisitions en règlement définitif de Monsieur le procureur de la république en date du......., aux fins de non-lieu total ;

Sur les faits de la cause

Attendu qu'il résulte de l'information judiciaire les faits suivants :

Courant…… (date), le corps sans vie de NG……, agent soudeur de la société…….(nom de cette dernière), est retrouvé en haute mer à bord de la barge de la société……. (nom d'une société pétrolière). Le diagnostic des médecins sur place laisse entendre qu'il serait décédé des suites d'un accident cardiovasculaire.

Discussion :

Attendu qu'en droit positif congolais, alors qu'un cadavre est découvert le procureur de la république, en vertu des dispositions de l'article 60 du code de procédure pénale, peut requérir les services de la police judiciaire pour enquêter ou se rendre sur les lieux ;

Attendu qu'en l'espèce, NG……ait été trouvé mort sur la barge de la société……. (nom de cette société pétrolière), en haute mer ;

Qu'un rapport a été transmis au procureur de la république par le commandant Ok……, en service au commissariat spécial du port autonome de …… (nom de la ville) ;

Qu'une information judiciaire a été ouverte par le procureur de la république en date du…… et envoyé au cabinet d'instruction ;

Qu'après l'ouverture de l'information, plusieurs convocations ont été décernées par le juge d'instruction à l'encontre de toutes les parties et qu'aucune d'elles n'a déféré aux convocations du juge ;

Que face à ce comportement, un procès-verbal de non-comparution a été versé au dossier pour constater la carence de toutes les parties en date du……. ;

Qu'en cela, il n'y a lieu à suivre contre inconnu de ce chef ;

Renseignements :

Néant ;

Non-lieu total :

Attendu que l'information judiciaire n'a pas permis d'identifier X ;

Vu l'article 163 du code de procédure pénale ;

Déclarons infructueuses les recherches pour cause de mort contre X ;

<u>En conséquence</u> :

Ordonnons le dépôt du dossier de la présente procédure et son classement au greffe du Tribunal correctionnel de céans pour n'y être repris qu'en cas de survenance de charges nouvelles.

Fait en notre cabinet, le … (date)

LE JUGE D'INSTRUCTION

Ordonnance n° 10

COUR D'APPEL DE…. (NOM DE LA VILLE)

TRIBUNAL DE GRANDE INSTANCE

DE… (NOM DE LA VILLE)

CABINET

DE MONSIEUR………………

JUGE D'INSTRUCTION

N° R.P ………………………... /

N° R.I ………..…………….. /

RÉPUBLIQUE DU CONGO

Unité-Travail-Progrès

ORDONNANCE AUX FINS DE NON-LIEU TOTAL

Nous,…….... (noms et prénom) juge d'instruction du Tribunal de Grande Instance de…… (nom de la ville) ;

Vu la procédure suivie contre X, du chef de coups et blessures volontaires ;

Partie civile : PA……,….. (nationalité, date et lieu de naissance, situation matrimoniale, domicile, etc.) ;

Vu le réquisitoire introductif de Monsieur le procureur de la république en date du…… ;

Vu l'ordonnance de soit-communiqué en date du……, sollicitant les réquisitions du procureur de la république sur le règlement définitif ;

Vu les réquisitions de Monsieur le procureur de la république en date du……, aux fins de non-lieu total ;

Sur les faits de la cause

Attendu qu'il ressort de l'information judiciaire les faits suivants :

Courant.... (date), des cas de vol ont été constatés au site Djé......où se construisait la centrale à gaz au préjudice de la société SE....... ; une enquête policière avait été ouverte par le commissariat de MV......, et qu'en date du....., deux policiers avaient été envoyés sur le site par leur commissaire, en l'occurrence les nommés PA...... et MA......., aux fins de déposer une convocation concernant le nommé MAK......, adjoint chef de chantier de la société SE......, afin qu'il soit entendu sur les lieux, les deux policiers étaient bien mal reçus par les ouvriers travaillant sur le site et ont été bien frappés par lesdits travailleurs exerçant sur le site, jusqu'à perdre connaissance ;

Discussion

Attendu qu'aux termes des dispositions de l'article 311 du Code pénal, se rend coupable du délit de coups et blessures volontaires, quiconque aura porté des coups et fait des blessures sur le corps de l'autre ;

Que lesdits coups consistent en toute impression faite sur le corps d'une personne en la frappant ou en l'atteignant soit directement avec la main ou le pied, soit indirectement avec un objet quelconque ;

Que lesdites blessures s'analysent en une lésion produite sur le corps humain par un choc quelconque : contusion, plaie, fracture, ecchymose ou brûlure..... ;

Qu'il faut que l'auteur ait agi volontairement ; qu'il est constant que les deux policiers ont subi les coups et blessures de la part des ouvriers exerçant sur le site de Djé.......où ils étaient partis déposer une convocation ;

Attendu également qu'en matière pénale, la preuve est un élément primordial pour la caractérisation de l'infraction ;

Qu'en l'espèce PA......soutient avoir été frappé par l'ensemble des travailleurs du site de Djé...... ;

Attendu que les poursuites judiciaires en l'espèce ont été engagées contre X ;

Qu'en matière pénale, la responsabilité pénale est individuelle ;

Que les auteurs de cette agression n'ont pas été identifiés par les victimes et n'ont pas été entendus par le magistrat instructeur ;

Qu'aucun des actes d'instruction n'a pu conduire à l'identification de X ;

Qu'à l'état actuel de la procédure, aucun indice n'a permis d'identifier les auteurs de ces coups et blessures volontaires sur la personne de PA…….. ;

Qu'il n'y a lieu en conséquence à poursuivre contre X de ce chef ;

Renseignements :

Néant ;

Non-lieu total

Attendu qu'il ne résulte pas de l'information judiciaire charges suffisantes contre X, d'avoir à……..(nom de la ville), le…….(date), commis le délit de coups et blessures volontaires sur la personne de PA…… ;

Faits prévus et punis par l'article 311 du Code pénal ;

Vu l'article 163 du code de procédure pénale ;

Déclarons n'y avoir lieu à suivre contre X du chef de coups et blessures volontaires ;

En conséquence

Ordonnons que le dossier de la présente procédure soit déposé au greffe du Tribunal correctionnel de céans pour n'être repris qu'en cas de survenance des nouvelles informations et charges suffisantes.

Fait en notre cabinet, le … (date)

LE JUGE D'INSTRUCTION

Ordonnance n°11

<table><tr><td>

<u>COUR D'APPEL DE.... (NOM DE LA VILLE)</u>

<u>TRIBUNAL DE GRANDE INSTANCE</u>

<u>DE... (NOM DE LA VILLE)</u>

CABINET

DE MONSIEUR..................

<u>JUGE D'INSTRUCTION</u>

</td><td>

RÉPUBLIQUE DU CONGO

Unité-Travail-Progrès

</td></tr></table>

N° R.P .... /

N° R.I .... /

ORDONNANCE AUX FINS DE NON-LIEU TOTAL

Nous,......... (noms et prénom) juge d'instruction du Tribunal de Grande Instance de......(nom de la ville) ;

Vu la procédure suivie contre :

1- NK.....,..... (nationalité, date et lieu de naissance, filiation, profession, situation matrimoniale, domicile, etc.) ;

Inculpée des délits d'adultère et d'abandon du domicile conjugal ;

Faits prévus et punis par les articles 336 et 337 du Code pénal ;

2- EN.....,...... (nationalité, date et lieu de naissance, filiation, profession, situation matrimoniale, domicile, etc.) ;

Inculpé du chef de complicité d'adultère ;

Faits prévus et punis par les articles 59, 60, 336 ,337 et 338 du Code pénal ;

Partie civile : NG….,….. (nationalité, date et lieu de naissance, filiation, profession, situation matrimoniale, domicile, etc.) ;

Vu le réquisitoire introductif de Monsieur le procureur de la république, en date du……. ;

Vu l'ordonnance de soit-communiqué de monsieur le juge d'instruction, en date du….., aux fins de réquisitions définitives de Monsieur le procureur de la république ;

Vu les réquisitions en règlement définitif de Monsieur le procureur de la république en date du……. ;

Sur les faits de la cause

Attendu que l'information a établi les faits suivants :

Qu'étant parti aux champs en date du……, de retour à la maison, monsieur NG……constate que sa femme la nommée NK…….a fait ses sacs et abandonné le domicile conjugal ;

S'étant rapproché de la belle-famille pour se renseigner sur sa femme, cette dernière ne s'y trouvait pas ;

Quelques jours plus tard, monsieur NG……a été informé par NK…….qu'elle avait rejoint son ancien concubin qui n'est autre que EN…… ;

Au regard de ce qui précède, NG……. a déposé plainte contre sa femme NK……pour abandon de domicile conjugal et adultère, ainsi que contre EN……pour complicité d'adultère ;

Discussion :

- **Sur la responsabilité pénale de l'inculpée NK……. :**

Attendu que l'article 337 du code pénal punit la femme convaincue d'adultère et en cas de mariage célébré selon la coutume locale ;

Qu'au sens de ce texte, le délit d'adultère ne peut exister que si la femme auteure de l'acte est engagée dans un lien de mariage, même célébré selon la coutume locale ;

Que ce délit requiert la réunion des éléments constitutifs à savoir : l'état de mariage des époux, la conjonction sexuelle et l'intention délictueuse ;

Attendu que monsieur NG....... N'a jamais marié coutumièrement NK... ;

Qu'en effet, selon la coutume de cette dernière, la somme de quarante mille (40.000) francs CFA et un (1) bidon de 25 litres de vin local symbolisent uniquement la présentation et non la dot ;

Qu'il s'ensuit que les éléments constitutifs du délit d'adultère ne sont pas réunis ;

Qu'il n'y a lieu de suivre contre NK........de ce chef ;

- **Sur la responsabilité pénale de l'inculpée NK..... du chef d'abandon du domicile conjugal :**

Attendu en outre que l'article 337 du code pénal punit la femme qui sans motif grave ou hors les cas prévus par la coutume, aura abandonné le domicile conjugal ;

Qu'il en résulte que le délit d'abandon de domicile conjugal est caractérisé par le fait de se soustraire volontairement aux obligations découlant de la vie commune dans le foyer conjugal ;

Qu'en l'espèce, l'inculpée NK... était déjà en relation intime avec l'inculpé EN... quand ses parents lui ont demandé d'aller habiter au domicile de monsieur NG... ;

Attendu que monsieur NG... et l'inculpée NK... ont vécu séparément pendant cinq (5) ans en concubinage ;

Qu'il appert que monsieur NG... n'a aucune fois pensé à épouser l'inculpée NK... ;

Que par défaut de mariage et de vie commune dans un même domicile, tous les éléments constitutifs du délit d'abandon de domicile conjugal ne sont pas réunis ;

Qu'en conséquence, il n'y a lieu à poursuivre contre l'inculpée NK... de ce délit ;

- **Sur la responsabilité pénale de l'inculpé EN... du chef de complicité d'adultère :**

Attendu que l'article 338 du code pénal punit le complice de la femme ;

Qu'au sens de ce texte, le complice est la personne qui aura entrepris l'acte sexuel avec une femme mariée selon la coutume locale ;

Attendu qu'en l'espèce, l'inculpée NK… avec laquelle, l'inculpé EN… a eu des relations sexuelles n'est pas mariée selon la coutume locale dans la mesure où le geste fait par NG… à l'endroit du père de NK… n'a aucun caractère de dot ou de mariage coutumier ;

Que l'inculpé EN a trouvé NK… en étant célibataire et vivant au domicile parental ;

Que les faits sus-évoqués ne sont pas constitutifs du délit de complicité d'adultère ;

Qu'en conséquence, le délit de complicité d'adultère n'étant pas caractérisé, il n'y a lieu à poursuivre l'inculpé EN… de ce chef ;

Renseignements :

Néant ;

Sur le non-lieu total :

Attendu qu'il ne résulte pas de l'information judiciaire des charges suffisantes contre NK…… et EN….. d'avoir commis les délits d'adultère, de complicité d'adultère et d'abandon du domicile conjugal ;

Faits prévus et punis par les articles 59, 60, 336, 337 et 338 du code pénal ;

Vu les dispositions de l'article 163 du code de procédure pénale ;

Qu'il n'y a lieu à suivre contre eux de ce chef ;

Déclarons non établis les faits de la prévention d'adultère, de complicité d'adultère et d'abandon du domicile conjugal ;

En conséquence :

Ordonnons que le dossier de la présente procédure soit déposé au greffe du Tribunal correctionnel de céans pour n'être repris qu'en cas de survenance des nouvelles informations et charges suffisantes.

Fait en notre cabinet, le … (date)

LE JUGE D'INSTRUCTION

Chapitre III

Les ordonnances aux fins de non-lieu partiel et de renvoi devant le tribunal correctionnel

Ordonnance n°12

COUR D'APPEL DE … (NOM DE LA VILLE)

TRIBUNAL DE GRANDE INSTANCE

DE … (NOM DE LA VILLE)

CABINET

DU JUGE D'INSTRUCTION

REPUBLIQUE DU CONGO

Unité-Travail-progrès

N° R.P ………………/

N° R.I ……………../

ORDONNANCE AUX FINS DE NON-LIEU PARTIEL ET DE RENVOI DEVANT LE TRIBUNAL CORRECTIONNEL

Nous, … (prénoms et nom), juge d'instruction du Tribunal de Grande Instance de … (nom de la ville) ;

Vu la procédure suivie contre :

1- MA…, … (nationalité, date et lieu de naissance, filiation, profession, situation matrimoniale, domicile, etc.) ;

Inculpé des chefs de menaces verbales, de violences et voies de fait et de destruction de bornes ;

2- BA…, … (nationalité, date et lieu de naissance, filiation, profession, situation matrimoniale, domicile, etc.) ;

Inculpé des chefs de violences et voies de fait et de destruction de clôtures ;

3- MB…, … (nationalité, date et lieu de naissance, filiation, profession, situation matrimoniale, domicile, etc.) ;

Inculpé du chef de violences et voies de fait ;

Délits prévus et punis par les articles 308, 311 et 456 du code pénal ;

Non détenus ;

Partie civile : BI … … (nationalité, date et lieu de naissance, filiation, profession, etc.) ;

Vu le réquisitoire introductif de Monsieur le procureur de la république en date du … ;

Vu notre ordonnance de soit-communiqué en date du … sollicitant les réquisitions du procureur de la république sur le règlement définitif ;

Vu les réquisitions en règlement définitif de Monsieur le procureur de la république en date du ...... aux fins de non-lieu partiel et de renvoi devant le Tribunal correctionnel ;

Sur les faits de la cause :

Attendu qu'il résulte de l'instruction préparatoire les faits suivants :

MA… et BI …, deux (2) voisins habitant le même quartier, ont depuis … (date), un différend portant sur la délimitation de leurs parcelles. Pour trouver une solution à ce litige, ils s'étaient rendus auprès des responsables du quartier, de la Direction départementale du développement urbain, de l'habitat et de l'architecture, lesquels avaient décidé que BI … détruise le mur de la clôture par lui érigé au-delà de la mitoyenneté. Les agents du cadastre s'étant rendus sur le terrain avaient commencé à casser ledit mur et avaient demandé à BA… de continuer à démolir ce mur. Ne pouvant pas le faire seul, eu égard à son état de santé, avait demandé à son fils BA… de le faire. Pendant qu'il le faisait, il était surpris de la présence de BI qui s'évertuait à le lui interdire. Suite à cela, il avait pris BI … par le collet et était suppléé par son père MA… et sa mère MB… ;

Discussion :

1- Sur le délit de menaces verbales reprochées à MA…

Attendu qu'aux termes des dispositions de l'article 308 du Code pénal, se rend coupable du délit de menaces verbales de mort, quiconque aura prononcé des propos malveillants, tendant à nuire à la vie d'autrui ;

Que ce délit s'analyse en des propos réitérés, matérialisés sur une image ou tout autre objet ;

Qu'en ce qui concerne les menaces verbales, il faut qu'elles visent une personne déterminée ou au moins déterminable ;

Attendu qu'en l'espèce, MA… est poursuivi pour menaces verbales ;

Qu'interrogé sur les faits, il n'avait pas reconnu les faits mis à sa charge ;

Que de même, des dépositions des témoins, il ne ressort aucune preuve de menaces proférées par MA… à l'encontre de BI … ;

Qu'il ne ressort des pièces du dossier notamment des procès-verbaux, aucun indice permettant de confirmer les menaces verbales ;

Qu'eu égard à ces considérations, il est, sans réserve, clair que le délit de menaces verbales à l'encontre de MA….. n'est pas établi ;

Qu'il n'y a lieu à poursuivre contre lui de ce chef ;

2- Sur le délit de violences et voies de fait reproché à MA…,BA… et MB… ;

Attendu qu'aux termes des dispositions de l'article 311 du Code pénal, se rend coupable du délit de violences et voies de fait, quiconque aura volontairement porté des coups et fait des blessures à autrui ;

Qu'à la lecture de cet article, cette infraction consiste en toute impression faite sur le corps d'une personne, en l'atteignant soit directement avec le pied ou la main, soit indirectement par un objet quelconque ;

Que le délit suppose que, des coups portés et des blessures faites, il n'est résulté aucune incapacité subséquente de travail de plus de vingt et un (21) jours ;

Que, pour être constitué, ce délit nécessite la réunion de certains éléments à savoir un élément matériel qui réside dans les coups et blessures faites sur la personne d'autrui et un élément intentionnel qui réside dans la volonté coupable de commettre l'acte incriminé ;

Attendu qu'en l'espèce MA…, BA… et MB sont poursuivis pour violences et voies de fait ;

Que BI… argue avoir subi de violences et voies de fait de la part de MA…, BA… et MB… ;

Attendu qu'interrogé sur les faits à lui reproché MA… n'a pas reconnu les faits mis à sa charge ;

Qu'il argue n'avoir jamais exercé des violences et voies de fait sur la personne de BI… ;

Que MB… n'a non plus quant à elle reconnu les faits à elle reprochés ;

Qu'elle soutient s'être interposée entre son fils BA… et BI…, au motif que ce dernier tenait une machette ;

Qu'il ne ressort aucunement des pièces du dossier que MA… et MB… avaient porté des coups sur sa personne ;

Qu'aucun témoin n'a non plus apporté les preuves de ces faits ;

Qu'eu égard à cela, il n'y a lieu à suivre contre MA… et MB… de ce chef ;

Mais attendu qu'il ressort des pièces du dossier que BA… avait porté des coups sur la personne de BI… ;

Qu'eu égard à ces considérations, il sied de retenir BA… dans les liens de la prévention du délit de violences et voies de fait ;

3- <u>Sur le délit de destruction de bornes reproché à MA…</u>

Attendu qu'aux termes des dispositions de l'article 456 du code pénal, se rend coupable de destruction de bornes quiconque aura déplacé ou supprimé les bornes qui déterminent les limites entre différentes propriétés ;

Que cette infraction suppose l'intention coupable pour l'auteur de déplacer les bornes qu'il savait être placées pour délimiter des propriétés ;

Attendu qu'en l'espèce MA… est poursuivi pour destruction de bornes ;

Que BI… qui reprochait à MA… d'avoir déplacé les bornes de la parcelle n'a pas apporté la preuve de ses allégations ;

Qu'il ne ressort pas non plus des pièces du dossier que MA… avait déplacé des bornes séparant sa propriété à celle de BI… ;

Qu'eu égard à ces considérations, il n'y a lieu à suivre contre lui de ce chef ;

4- Sur le délit de destruction de clôture reproché à BA…

Attendu qu'aux termes des dispositions de l'article 456 du Code pénal, se rend coupable de destruction de clôture, quiconque aura volontairement détruit une clôture appartenant à autrui ;

Qu'à la lecture de cet article, cette infraction suppose la destruction volontaire d'un bien que l'on sait appartenir à autrui ;

Attendu qu'en l'espèce BA… est poursuivi pour destruction de clôture ;

Qu'il avait sans titre détruit le mur de clôture de BI… ;

Attendu qu'interrogé sur les faits, BA… avait sans réserve reconnu avoir détruit le mur qui sépare la propriété de son père de celle de BI… ;

Qu'eu égard de ces considérations, il y a lieu à suivre contre lui de ce chef ;

Renseignements :

Néant ;

Non-lieu partiel

Attendu qu'il ne résulte pas charges suffisantes contre :

MA…, d'avoir à … (nom de la ville), courant … (date), en tout cas depuis temps n'emportant pas prescription de l'action publique, commis les délits de menaces verbales, de violences et voies de fait et de destruction de bornes à lui reprochés ;

MB…, d'avoir dans les mêmes circonstances de temps et de lieu, commis le délit de violences et voies de fait à elle reproché ;

Vu l'article 163 du code de procédure pénale ;

Qu'il n'y a lieu à suivre contre MA… et MB… de ces chefs ;

Renvoi devant le Tribunal correctionnel

Attendu qu'il résulte de l'information judiciaire charge suffisante contre :

BA…, d'avoir à … (nom de la ville), courant … (date), en tout cas depuis temps n'emportant pas prescription de l'action publique, commis le délit de violences et voies de fait sur la personne de BI… ;

- D'avoir dans les mêmes circonstances de temps et de lieu détruit le mur de clôture appartenant au susnommé ;

Délit prévu et puni par les articles 311 et 456 du code pénal ;

En conséquence :

Ordonnons que le dossier de la présente procédure soit renvoyé devant le tribunal correctionnel de céans pour y être jugé conformément à la loi.

Fait en notre cabinet, le … (date)

LE JUGE D'INSTRUCTION

Ordonnance n°13

COUR D'APPEL DE.... (NOM DE LA VILLE)

TRIBUNAL DE GRANDE INSTANCE

DE... (NOM DE LA VILLE)

CABINET

DU

JUGE D'INSTRUCTION

N° R.P .... /

N° R.I .... /

RÉPUBLIQUE DU CONGO

Unité-Travail-Progrès

ORDONNANCE AUX FINS DE NON-LIEU PARTIEL ET DE RENVOI DEVANT LE TRIBUNAL CORRECTIONNEL

Le doyen des juges d'instruction du tribunal de grande instance de B...;

Vu la procédure d'information judiciaire suivie contre les nommés :

1- MA..., (Nom et prénom, nationalité, date et lieu de naissance, filiation, profession, situation matrimoniale, NSOM, se disant jamais condamné ni poursuivi en justice, adresse...);

Poursuivi pour atteinte à la sécurité intérieure de l'État, complicité d'assassinat, d'évasion des détenus, de détention illégale de munitions et d'armes de guerre;

Faits prévus et punis par les articles 87, 89, 295, 296, 297, 302, 59, 60, 245 du Code pénal, 17 et 31 de l'ordonnance n°24/62 du 16 octobre 1962, fixant le régime des matériels de guerre, des armes et munitions ;

Détenu suivant mandat de dépôt en date du .... ;

Ayant pour conseil Maître IB..., avocat à la Cour ;

2- YI…, (Nom et prénom, nationalité, date et lieu de naissance, filiation, profession, situation matrimoniale, NSOM, se disant jamais condamné, ni poursuivi en justice, adresse…);

Poursuivi pour complicité d'atteinte à la sécurité intérieure de l'État, complicité d'assassinat, d'évasion des détenus, de détention illégale de munitions et d'armes;

Faits prévus et punis par les articles 87, 89, 295, 296, 297, 302, 59, 60, 245 du Code pénal, 17 et 31 de l'ordonnance n°24/62 du 16 octobre 1962, fixant le régime des matériels de guerre, des armes munitions ;

Détenu suivant mandat de dépôt en date du ………..;

3- MA…, (Nom et prénom, nationalité, date et lieu de naissance, filiation, profession, situation matrimoniale, NSOM, se disant jamais condamné, mais déjà poursuivi pour vol, adresse…);

Poursuivi pour assassinat, évasion de détenus, complicité d'atteinte à la sécurité intérieure de l'État et détention illégale d'armes et munitions de guerre;

Faits prévus et punis par les articles 87, 89, 295, 296, 297, 302, 59, 60 du code pénal, 17 et 31 de l'ordonnance n°24/62 du 16 octobre 1962 fixant le régime des matériels de guerre, des armes et munitions ;

Détenu suivant mandat de dépôt en date du ……….;

4- MI…, (Nom et prénom, nationalité, date et lieu de naissance, filiation, profession, situation matrimoniale, NSOM, se disant jamais condamné, mais déjà poursuivi en justice pour abus de confiance, adresse…);

Poursuivi pour assassinat, évasion de détenus, complicité d'atteinte à la sécurité intérieure de l'État et de détention illégale d'armes et munitions de guerre;

Faits prévus et punis par les articles 87, 89, 295, 296, 297, 302, 59, 60, 245 du Code pénal, 17 et 31 de l'ordonnance n°24/62 du 16 octobre 1962 fixant le régime des matériels de guerre, des armes et munitions;

Détenu suivant mandat de dépôt en date du ………….. ;

5- NT…, (Nom et prénom, nationalité, date et lieu de naissance, filiation, profession, situation matrimoniale, NSOM, se disant jamais condamné, mais déjà poursuivi en justice, adresse…);

Poursuivi pour assassinat, évasion de détenus, complicité d'atteinte à la sécurité intérieure de l'État et détention illégale d'armes et munitions de guerre;

Faits prévus et punis par les articles 87, 89, 295, 296, 297, 302, 59, 60, 245 du Code pénal, 17 et 31 de l'ordonnance n°24/62 du 16 octobre 1962 fixant le régime des matériels de guerre, des armes et munitions;

Détenu suivant mandat de dépôt du Doyen des juges d'instruction en date du …………..;

6- MA…, (Nom et prénom, nationalité, date et lieu de naissance, filiation, profession, situation matrimoniale, NSOM, se disant jamais condamné, mais déjà poursuivi en justice pour coups et blessures volontaires, adresse…);

Poursuivi pour assassinat, évasion de détenus, complicité d'atteinte à la sécurité intérieure de l'État et détention illégale d'armes et munitions de guerre;

Faits prévus et punis par les articles 87, 89, 295, 296, 297, 302, 59, 60, 245 du Code pénal, 17 et 31 de l'ordonnance n°24/62 du 16 octobre 1962 fixant le régime des matériels de guerre, des armes et munitions;

Détenu suivant mandat de dépôt du Doyen des juges d'instruction en date du …………;

7-OT…, (Nom et prénom, nationalité, date et lieu de naissance, filiation, profession, situation matrimoniale, NSOM, se disant jamais condamné, mais déjà poursuivi en justice, adresse…);

Poursuivi pour assassinat, évasion de détenus, complicité d'atteinte à la sécurité intérieure de l'État et détention illégale d'armes et munitions de guerre;

Faits prévus et punis par les articles 87, 89, 295, 296, 297, 302, 59, 60, 245 du code pénal, 17 et 31 de l'ordonnance n°24/62 du 16 octobre 1962 fixant le régime des matériels de guerre, des armes et munitions;

Détenu suivant mandat de dépôt en date du …………;

8- ET…, (Nom et prénom, nationalité, date et lieu de naissance, filiation, profession, situation matrimoniale, NSOM, se disant jamais condamné, mais déjà poursuivi en justice, adresse…);

Poursuivi pour assassinat, évasion de détenus, complicité d'atteinte à la sécurité intérieure de l'État et détention illégale d'armes et munitions de guerre;

Faits prévus et punis par les articles 87, 89, 295, 296, 297, 302, 59, 60, 245 du code pénal, 17 et 31 de l'ordonnance n°24/62 du 16 octobre 1962 fixant le régime des matériels de guerre, des armes et munitions;

Détenu suivant mandat de dépôt du Doyen des juges d'instruction en date du .... ;

9- OD..., (Nom et prénom, nationalité, date et lieu de naissance, filiation, profession, situation matrimoniale, NSOM, se disant jamais condamné, mais déjà poursuivi en justice, adresse...);

Poursuivi pour assassinat, évasion de détenus, complicité d'atteinte à la sécurité intérieure de l'État et détention illégale d'armes et munitions de guerre;

Faits prévus et punis par les articles 87, 89, 295, 296, 297, 302, 59, 60, 245 du code pénal, 17 et 31 de l'ordonnance n°24/62 du 16 octobre 1962 fixant le régime des matériels de guerre, des armes et munitions;

Détenu suivant mandat de dépôt en date du .... ;

10- MI..., (Nom et prénom, nationalité, date et lieu de naissance, filiation, profession, situation matrimoniale, NSOM, se disant jamais condamné, mais déjà poursuivi en justice, adresse...);

Poursuivi pour assassinat, évasion de détenus, complicité d'atteinte à la sécurité intérieure de l'État et détention illégale d'armes et munitions de guerre;

Faits prévus et punis par les articles 87, 89, 295, 296, 297, 302, 59, 60, 245 du code pénal, 17 et 31 de l'ordonnance n°24/62 du 16 octobre 1962 fixant le régime des matériels de guerre, des armes et munitions;

Détenu suivant mandat de dépôt en date du ....;

11- DI..., (Nom et prénom, nationalité, date et lieu de naissance, fils de DI... et de BA..., profession, situation matrimoniale, non soumis aux obligations militaires, se disant n'avoir jamais été condamné mais déjà poursuivi en justice, adresse...);

Poursuivi pour assassinat, évasion de détenus, complicité d'atteinte à la sécurité intérieure de l'État et détention illégale d'armes et munitions de guerre;

Faits prévus et punis par les articles 87, 89, 295, 296, 297, 302, 59, 60, 245 du Code pénal, 17 et 31 de l'ordonnance n°24/62 du 16 octobre 1962 fixant le régime des matériels de guerre, des armes et munitions;

Détenu suivant mandat de dépôt en date du ....;

12- ND..., (Nom et prénom, nationalité, date et lieu de naissance, filiation, profession, situation matrimoniale, NSOM, se disant jamais condamné, mais déjà poursuivi en justice, adresse...);

Poursuivi pour assassinat, évasion de détenus, complicité d'atteinte à la sécurité intérieure de l'État et détention illégale d'armes et munitions de guerre;

Faits prévus et punis par les articles 87, 89, 295, 296, 297, 302, 59, 60, 245 du code pénal, 17 et 31 de l'ordonnance n°24/62 du 16 octobre 1962 fixant le régime des matériels de guerre, des armes et munitions;

Détenu suivant mandat de dépôt en date du ....;

13- IT..., (Nom et prénom, nationalité, date et lieu de naissance, filiation, profession, situation matrimoniale, NSOM, se disant jamais condamné, mais déjà poursuivi en justice pour violences et voies de faits, adresse...);

Poursuivi pour assassinat, évasion de détenus, complicité d'atteinte à la sécurité intérieure de l'État et détention illégale d'armes et munitions de guerre;

Faits prévus et punis par les articles 87, 89, 295, 296, 297, 302, 59, 60, 245 du code pénal, 17 et 31 de l'ordonnance n°24/62 du 16 octobre 1962 fixant le régime des matériels de guerre, des armes et munitions;

Détenu suivant mandat en date du ....;

14- KI..., (Nom et prénom, nationalité, date et lieu de naissance, filiation, profession, situation matrimoniale, NSOM, se disant jamais condamné, mais déjà poursuivi en justice pour vol, adresse...);

Poursuivi pour assassinat, évasion de détenus, complicité d'atteinte à la sécurité intérieure de l'État et détention illégale d'armes et munitions de guerre;

Faits prévus et punis par les articles 87, 89, 295, 296, 297, 302, 59, 60, 245 du Code pénal, 17 et 31 de l'ordonnance n°24/62 du 16 octobre 1962 fixant le régime des matériels de guerre, des armes et munitions;

Détenu suivant mandat de dépôt en date du .... ;

15- MA..., (Nom et prénom, nationalité, date et lieu de naissance, filiation, profession, situation matrimoniale, NSOM, se disant n'avoir jamais été condamné, mais déjà poursuivi en justice pour vol, adresse...) ;

Poursuivi pour assassinat, évasion de détenus, complicité d'atteinte à la sécurité intérieure de l'État et détention illégale d'armes et munitions de guerre;

Faits prévus et punis par les articles 87, 89, 295, 296, 297, 302, 59, 60, 245 du code pénal, 17 et 31 de l'ordonnance n°24/62 du 16 octobre 1962 fixant le régime des matériels de guerre, des armes et munitions;

Détenu suivant mandat de dépôt en date du ....;

16- YE..., (Nom et prénom, nationalité, date et lieu de naissance, filiation, profession, situation matrimoniale, NSOM, se disant jamais condamné, mais déjà poursuivi en justice pour vol, adresse...);

Poursuivi pour assassinat, évasion de détenus, complicité d'atteinte à la sécurité intérieure de l'État et détention illégale d'armes et munitions de guerre;

Faits prévus et punis par les articles 87, 89, 295, 296, 297, 302, 59, 60, 245 du Code pénal, 17 et 31 de l'ordonnance n°24/62 du 16 octobre 1962 fixant le régime des matériels de guerre, des armes et munitions

Détenu suivant mandat de dépôt en date du .... ;

17- SA..., (Nom et prénom, nationalité, date et lieu de naissance, filiation, profession, situation matrimoniale, NSOM, se disant jamais condamné, mais déjà poursuivi en justice pour consommation du chanvre indien, adresse...);

Poursuivi pour assassinat, évasion de détenus, complicité d'atteinte à la sécurité intérieure de l'État et détention illégale d'armes et munitions de guerre ;

Faits prévus et punis par les articles 87, 89, 295, 296, 297, 302, 59, 60, 245 du Code pénal, 17 et 31 de l'ordonnance n°24/62 du 16 octobre 1962 fixant le régime des matériels de guerre, des armes et munitions;

Détenu suivant mandat de dépôt en date du .... ;

18- DI…, (Nom et prénom, nationalité, date et lieu de naissance, filiation, profession, situation matrimoniale, NSOM, se disant jamais condamné, mais déjà poursuivi en justice, adresse…);

Poursuivi pour assassinat, évasion de détenus, complicité d'atteinte à la sécurité intérieure de l'État et détention illégale d'armes et munitions de guerre;

Faits prévus et punis par les articles 87, 89, 295, 296, 297, 302, 59, 60, 245 du Code pénal, 17 et 31 de l'ordonnance n°24/62 du 16 octobre 1962 fixant le régime des matériels de guerre, des armes et munitions ;

Détenu suivant mandat de dépôt en date du ……………..;

19- ON…, (Nom et prénom, nationalité, date et lieu de naissance, filiation, profession, situation matrimoniale, NSOM, se disant jamais condamné, mais déjà poursuivi en justice, adresse…) ;

Poursuivi pour assassinat, évasion de détenus, complicité d'atteinte à la sécurité intérieure de l'État et détention illégale d'armes et munitions de guerre;

Faits prévus et punis par les articles 87, 89, 295, 296, 297, 302, 59, 60, 245 du Code pénal, 17 et 31 de l'ordonnance n°24/62 du 16 octobre 1962 fixant le régime des matériels de guerre, des armes et munitions;

Détenu suivant mandat de dépôt en date du ……………..;

20- SA…, (Nom et prénom, nationalité, date et lieu de naissance, filiation, profession, situation matrimoniale, NSOM, se disant jamais condamné, mais déjà poursuivi en justice, adresse…);

Poursuivi pour assassinat, évasion de détenus, complicité d'atteinte à la sécurité intérieure de l'État et détention illégale d'armes et munitions de guerre ;

Faits prévus et punis par les articles 87, 89, 295, 296, 297, 302, 59, 60, 245 du Code pénal, 17 et 31 de l'ordonnance n°24/62 du 16 octobre 1962 fixant le régime des matériels de guerre, des armes et munitions;

Détenu suivant mandat de dépôt en date du ……………;

21- NG…, (Nom et prénom, nationalité, date et lieu de naissance, filiation, profession, situation matrimoniale, NSOM, se disant jamais condamné, mais déjà poursuivi en justice, adresse…);

Poursuivi pour assassinat, évasion de détenus, complicité d'atteinte à la sécurité intérieure de l'État et détention illégale d'armes et munitions de guerre;

Faits prévus et punis par les articles 87, 89, 295, 296, 297, 302, 59, 60, 245 du Code pénal, 17 et 31 de l'ordonnance n°24/62 du 16 octobre 1962 fixant le régime des matériels de guerre, des armes et munitions;

Détenu suivant mandat de dépôt en date du .... ;

22- LO..., (Nom et prénom, nationalité, date et lieu de naissance, filiation, profession, situation matrimoniale, NSOM, se disant jamais condamné, mais déjà poursuivi en justice, adresse...);

Poursuivi pour assassinat, évasion de détenus, complicité d'atteinte à la sécurité intérieure de l'État et détention illégale d'armes et munitions de guerre;

Faits prévus et punis par les articles 87, 89, 295, 296, 297, 302, 59, 60, 245 du code pénal, 17 et 31 de l'ordonnance n°24/62 du 16 octobre 1962 fixant le régime des matériels de guerre, des armes et munitions;

Détenu suivant mandat de dépôt en date du ....;

23-DI..., (Nom et prénom, nationalité, date et lieu de naissance, filiation, profession, situation matrimoniale, NSOM, se disant jamais condamné, mais déjà poursuivi en justice pour consommation du chanvre indien, adresse...);

Poursuivi pour assassinat, évasion de détenus, complicité d'atteinte à la sécurité intérieure de l'État et détention illégale d'armes et munitions de guerre ;

Faits prévus et punis par les articles 87, 89, 295, 296, 297, 302, 59, 60, 245 du Code pénal, 17 et 31 de l'ordonnance n°24/62 du 16 octobre 1962 fixant le régime des matériels de guerre, des armes et munitions ;

Détenu suivant mandat de dépôt en date du ....;

24- DI..., (Nom et prénom, nationalité, date et lieu de naissance, filiation, profession, situation matrimoniale, NSOM, se disant jamais condamné, mais déjà poursuivi en justice pour association de malfaiteur, adresse...);

Poursuivi pour assassinat, évasion de détenus, complicité d'atteinte à la sécurité intérieure de l'État et détention illégale d'armes et munitions de guerre;

Faits prévus et punis par les articles 87, 89, 295, 296, 297, 302, 59, 60, 245 du Code pénal, 17 et 31 de l'ordonnance n°24/62 du 16 octobre 1962 fixant le régime des matériels de guerre, des armes et munitions;

Détenu suivant mandat de dépôt en date du ………………..;

25- TO…, (Nom et prénom, nationalité, date et lieu de naissance, filiation, profession, situation matrimoniale, NSOM, se disant jamais condamné, mais déjà poursuivi en justice pour vol, adresse…);

Poursuivi pour assassinat, évasion de détenus, complicité d'atteinte à la sécurité intérieure de l'État et détention illégale d'armes et munitions de guerre;

Faits prévus et punis par les articles 87, 89, 295, 296, 297, 302, 59, 60, 245 du Code pénal, 17 et 31 de l'ordonnance n°24/62 du 16 octobre 1962 fixant le régime des matériels de guerre, des armes et munitions ;

Détenu suivant mandat de dépôt en date du …………………;

26- MB…, (Nom et prénom, nationalité, date et lieu de naissance, filiation, profession, situation matrimoniale, NSOM, se disant jamais condamné, mais déjà poursuivi en justice pour enlèvement de mineur, adresse…);

Poursuivi pour assassinat, évasion de détenus, complicité d'atteinte à la sécurité intérieure de l'État et détention illégale d'armes et munitions de guerre ;

Faits prévus et punis par les articles 87, 89, 295, 296, 297, 302, 59, 60, 245 du Code pénal, 17 et 31 de l'ordonnance n°24/62 du 16 octobre 1962 fixant le régime des matériels de guerre, des armes et munitions;

Détenu suivant mandat de dépôt en date du ……………………;

27- IB…, (Nom et prénom, nationalité, date et lieu de naissance, filiation, profession, situation matrimoniale, NSOM, se disant jamais condamné, mais déjà poursuivi en justice pour abus de confiance, adresse…);

Poursuivi pour assassinat, évasion de détenus, complicité d'atteinte à la sécurité intérieure de l'État et détention illégale d'armes et munitions de guerre;

Faits prévus et punis par les articles 87, 89, 295, 296, 297, 302, 59, 60, 245 du Code pénal, 17 et 31 de l'ordonnance n°24/62 du 16 octobre 1962 fixant le régime des matériels de guerre, des armes et munitions;

Détenu suivant mandat de dépôt du ....;

28- MA..., (Nom et prénom, nationalité, date et lieu de naissance, filiation, profession, situation matrimoniale, NSOM, se disant jamais condamné, ni poursuivi en justice, adresse...);

Poursuivi pour assassinat, évasion de détenus, complicité d'atteinte à la sécurité intérieure de l'État et détention illégale d'armes et munitions de guerre;

Faits prévus et punis par les articles 87, 89, 295, 296, 297, 302, 59, 60, 245 du Code pénal, 17 et 31 de l'ordonnance n°24/62 du 16 octobre 1962 fixant le régime des matériels de guerre, des armes et munitions ;

Détenu suivant mandat de dépôt en date du ....;;

29- NT..., (Nom et prénom, nationalité, date et lieu de naissance, filiation, profession, situation matrimoniale, NSOM, se disant jamais condamné, mais déjà poursuivi en justice pour coups et blessures volontaires, adresse...);

Poursuivi pour assassinat, évasion de détenus, complicité d'atteinte à la sécurité intérieure de l'État et détention illégale d'armes et munitions de guerre;

Faits prévus et punis par les articles 87, 89, 295, 296, 297, 302, 59, 60, 245 du Code pénal, 17 et 31 de l'ordonnance n°24/62 du 16 octobre 1962 fixant le régime des matériels de guerre, des armes et munitions;

Détenu suivant mandat de dépôt en date du ....;;

30- NG..., (Nom et prénom, nationalité, date et lieu de naissance, filiation, profession, situation matrimoniale, NSOM, se disant jamais condamné, mais déjà poursuivi en justice pour vol, adresse...);

Poursuivi pour assassinat, évasion de détenus, complicité d'atteinte à la sécurité intérieure de l'État et détention illégale d'armes et munitions de guerre;

Faits prévus et punis par les articles 87, 89, 295, 296, 297, 302, 59, 60, 245 du code pénal, 17 et 31 de l'ordonnance n°24/62 du 16 octobre 1962 fixant le régime des matériels de guerre, des armes et munitions ;

Détenu suivant mandat de dépôt en date du .... ;

31- BE..., (Nom et prénom, nationalité, date et lieu de naissance, filiation, profession, situation matrimoniale, NSOM, se disant jamais condamné, mais déjà poursuivi en justice pour viol, adresse...);

Poursuivi pour assassinat, évasion de détenus, complicité d'atteinte à la sécurité intérieure de l'État et détention illégale d'armes et munitions de guerre ;

Faits prévus et punis par les articles 87, 89, 295, 296, 297, 302, 59, 60, 245 du Code pénal, 17 et 31 de l'ordonnance n°24/62 du 16 octobre 1962 fixant le régime des matériels de guerre, des armes et munitions ;

Détenu suivant mandat de dépôt en date du .... ;

32- OS..., (Nom et prénom, nationalité, date et lieu de naissance, filiation, profession, situation matrimoniale, NSOM, se disant jamais condamné, mais déjà poursuivi en justice pour viol, adresse...);

Poursuivi pour assassinat, évasion de détenus, complicité d'atteinte à la sécurité intérieure de l'État et détention illégale d'armes et munitions de guerre ;

Faits prévus et punis par les articles 87, 89, 295, 296, 297, 302, 59, 60, 245 du code pénal, 17 et 31 de l'ordonnance n°24/62 du 16 octobre 1962 fixant le régime des matériels de guerre, des armes et munitions ;

Détenu suivant mandat de dépôt en date du .... ;

33- YA..., (Nom et prénom, nationalité, date et lieu de naissance, filiation, profession, situation matrimoniale, NSOM, se disant jamais condamné, ni poursuivi en justice, adresse...);

Poursuivi pour assassinat, évasion de détenus, complicité d'atteinte à la sécurité intérieure de l'État et détention illégale d'armes et munitions de guerre ;

Faits prévus et punis par les articles 87, 89, 295, 296, 297, 302, 59, 60, 245 du code pénal, 17 et 31 de l'ordonnance n°24/62 du 16 octobre 1962 fixant le régime des matériels de guerre, des armes et munitions ;

Détenu suivant mandat de dépôt en date du .... ;

34- EL..., (Nom et prénom, nationalité, date et lieu de naissance, filiation, profession, situation matrimoniale, NSOM, se disant jamais condamné, ni poursuivi en justice, adresse...);

Poursuivi pour assassinat, évasion de détenus, complicité d'atteinte à la sécurité intérieure de l'État et détention illégale d'armes et munitions de guerre ;

Faits prévus et punis par les articles 87, 89, 295, 296, 297, 302, 59, 60, 245 du Code pénal, 17 et 31 de l'ordonnance n° 24/62 du 16 octobre 1962 fixant le régime des matériels de guerre, des armes et munitions ;

Détenu suivant mandat de dépôt en date du 28 mars 2017 ;

35- EP..., (Nom et prénom, nationalité, date et lieu de naissance, filiation, profession, situation matrimoniale, NSOM, se disant jamais condamné, mais déjà poursuivi en justice pour vol, adresse...);

Poursuivi pour assassinat, évasion de détenus, complicité d'atteinte à la sécurité intérieure de l'État et détention illégale d'armes et munitions de guerre ;

Faits prévus et punis par les articles 87, 89, 295, 296, 297, 302, 59, 60, 245 du Code pénal, 17 et 31 de l'ordonnance n°24/62 du 16 octobre 1962 fixant le régime des matériels de guerre, des armes et munitions ;

Détenu suivant mandat de dépôt en date du ....;;

36- BA..., (Nom et prénom, nationalité, date et lieu de naissance, filiation, profession, situation matrimoniale, NSOM, se disant jamais condamné, mais déjà poursuivi en justice pour viol, adresse...);

Poursuivi pour assassinat, évasion de détenus, complicité d'atteinte à la sécurité intérieure de l'État et détention illégale d'armes et munitions de guerre ;

Faits prévus et punis par les articles 87, 89, 295, 296, 297, 302, 59, 60, 245 du Code pénal, 17 et 31 de l'ordonnance n°24/62 du 16 octobre 1962 fixant le régime des matériels de guerre, des armes et munitions ;

Détenu suivant mandat de dépôt en date du .... ;

37- TA..., (Nom et prénom, nationalité, date et lieu de naissance, filiation, profession, situation matrimoniale, NSOM, se disant jamais condamné, mais déjà poursuivi en justice pour vol, adresse...);

Poursuivi pour assassinat, évasion de détenus, complicité d'atteinte à la sécurité intérieure de l'État et détention illégale d'armes et munitions de guerre ;

Faits prévus et punis par les articles 87, 89, 295, 296, 297, 302, 59, 60, 245 du Code pénal, 17 et 31 de l'ordonnance n°24/62 du 16 octobre 1962 fixant le régime des matériels de guerre, des armes et munitions ;

Détenu suivant mandat de dépôt en date du .... ;

38- MP..., (Nom et prénom, nationalité, date et lieu de naissance, filiation, profession, situation matrimoniale, NSOM, se disant jamais condamné, ni poursuivi en justice, adresse...);

Poursuivi pour assassinat, évasion de détenus, complicité d'atteinte à la sécurité intérieure de l'État et détention illégale d'armes et munitions de guerre ;

Faits prévus et punis par les articles 87, 89, 295, 296, 297, 302, 59, 60, 245 du Code pénal, 17 et 31 de l'ordonnance n°24/62 du 16 octobre 1962 fixant le régime des matériels de guerre, des armes et munitions ;

Détenu suivant mandat de dépôt en date du ....; ;

39- ON..., (Nom et prénom, nationalité, date et lieu de naissance, filiation, profession, situation matrimoniale, NSOM, se disant jamais condamné, ni poursuivi en justice, adresse...);

Poursuivi pour assassinat, évasion de détenus, complicité d'atteinte à la sécurité intérieure de l'État et détention illégale d'armes et munitions de guerre ;

Faits prévus et punis par les articles 87, 89, 295, 296, 297, 302, 59, 60, 245 du Code pénal, 17 et 31 de l'ordonnance n°24/62 du 16 octobre 1962 fixant le régime des matériels de guerre, des armes et munitions ;

Détenu suivant mandat de dépôt de monsieur le Doyen des juges d'instruction en date du .... ;

40- KO..., (Nom et prénom, nationalité, date et lieu de naissance, filiation, profession, situation matrimoniale, NSOM, se disant jamais condamné, mais déjà poursuivi en justice pour association de malfaiteur, adresse...);

Poursuivi pour assassinat, évasion de détenus, complicité d'atteinte à la sécurité intérieure de l'État et détention illégale d'armes et munitions de guerre ;

Faits prévus et punis par les articles 87, 89, 295, 296, 297, 302, 59, 60, 245 du Code pénal, 17 et 31 de l'ordonnance n°24/62 du 16 octobre 1962 fixant le régime des matériels de guerre, des armes et munitions ;

Détenu suivant mandat de dépôt en date du ………………..;

41- MO… (nom et prénom, nationalité, date et lieu de naissance, filiation, profession, situation matrimoniale, NSOM, se disant jamais condamné, ni poursuivi en justice, adresse…);

Poursuivi pour assassinat, évasion de détenus, complicité d'atteinte à la sécurité intérieure de l'État et détention illégale d'armes et munitions de guerre ;

Faits prévus et punis par les articles 87, 89, 295, 296, 297, 302, 59, 60, 245 du Code pénal, 17 et 31 de l'ordonnance n°24/62 du 16 octobre 1962 fixant le régime des matériels de guerre, des armes et munitions ;

Détenu suivant mandat de dépôt en date du ……………….; ;

42- MA… (nom et prénom, nationalité, date et lieu de naissance, filiation, profession, situation matrimoniale, NSOM, se disant jamais condamné, ni poursuivi en justice, adresse…) ;

Poursuivi pour assassinat, évasion de détenus, complicité d'atteinte à la sécurité intérieure de l'État et détention illégale d'armes et munitions de guerre ;

Faits prévus et punis par les articles 87, 89, 295, 296, 297, 302, 59, 60, 245 du Code pénal, 17 et 31 de l'ordonnance n°24/62 du 16 octobre 1962 fixant le régime des matériels de guerre, des armes et munitions ;

Détenu suivant mandat de dépôt en date du ……………..; ;

43- AG…, (Nom et prénom, nationalité, date et lieu de naissance, filiation, profession, situation matrimoniale, NSOM, se disant jamais condamné, mais déjà poursuivi en justice pour viol, adresse…);

Poursuivi pour assassinat, évasion de détenus, complicité d'atteinte à la sécurité intérieure de l'État et détention illégale d'armes et munitions de guerre ;

Faits prévus et punis par les articles 87, 89, 295, 296, 297, 302, 59, 60, 245 du Code pénal, 17 et 31 de l'ordonnance n°24/62 du 16 octobre 1962 fixant le régime des matériels de guerre, des armes et munitions ;

Détenu suivant mandat de dépôt en date du ……………….; ;

44- LO… (nom et prénom, nationalité, date et lieu de naissance, filiation, profession, situation matrimoniale, NSOM, se disant jamais condamné, ni poursuivi en justice, adresse…);

Poursuivi pour assassinat, évasion de détenus, complicité d'atteinte à la sécurité intérieure de l'État et détention illégale d'armes et munitions de guerre ;

Faits prévus et punis par les articles 87, 89, 295, 296, 297, 302, 59, 60, 245 du code pénal, 17 et 31 de l'ordonnance n°24/62 du 16 octobre 1962 fixant le régime des matériels de guerre, des armes et munitions ;

Détenu suivant mandat de dépôt en date du .... ;

45- MI… (nom et prénom, nationalité, date et lieu de naissance, filiation, profession, situation matrimoniale, NSOM, se disant jamais condamné, mais déjà poursuivi en justice pour coups et blessures, adresse…);

Poursuivi pour assassinat, évasion de détenus, complicité d'atteinte à la sécurité intérieure de l'État et détention illégale d'armes et munitions de guerre ;

Faits prévus et punis par les articles 87, 89, 295, 296, 297, 302, 59, 60, 245 du code pénal, 17 et 31 de l'ordonnance n°24/62 du 16 octobre 1962 fixant le régime des matériels de guerre, des armes et munitions ;

Détenu suivant mandat de dépôt du .... ;

46- AM… (nom et prénom, nationalité, date et lieu de naissance, filiation, profession, situation matrimoniale, NSOM, se disant jamais condamné, ni poursuivi en justice, adresse…);

Poursuivi pour assassinat, évasion de détenus, complicité d'atteinte à la sécurité intérieure de l'État et détention illégale d'armes et munitions de guerre ;

Faits prévus et punis par les articles 87, 89, 295, 296, 297, 302, 59, 60, 245 du code pénal, 17 et 31 de l'ordonnance n°24/62 du 16 octobre 1962 fixant le régime des matériels de guerre, des armes et munitions ;

Détenu suivant mandat de dépôt du .... ;

47- GU… (nom et prénom, nationalité, date et lieu de naissance, filiation, profession, situation matrimoniale, NSOM, se disant jamais condamné, ni poursuivi en justice, adresse…);

Poursuivi pour assassinat, évasion de détenus, complicité d'atteinte à la sécurité intérieure de l'État et détention illégale d'armes et munitions de guerre ;

Faits prévus et punis par les articles 87, 89, 295, 296, 297, 302, 59, 60, 245 du Code pénal, 17 et 31 de l'ordonnance n°24/62 du 16octobre 1962 fixant le régime des matériels de guerre, des armes et munitions ;

Détenu suivant mandat de dépôt du ……………….. ;

48- IT… (nom et prénom, nationalité, date et lieu de naissance, filiation, profession, situation matrimoniale, NSOM, se disant jamais condamné, mais déjà poursuivi en justice pour vol, adresse…);

Poursuivi pour assassinat, évasion de détenus, complicité d'atteinte à la sécurité intérieure de l'État et détention illégale d'armes et munitions de guerre ;

Faits prévus et punis par les articles 87, 89, 295, 296, 297, 302, 59, 60, 245 du Code pénal, 17 et 31 de l'ordonnance n°24/62 du 16 octobre 1962 fixant le régime des matériels de guerre, des armes et munitions ;

Détenu suivant mandat de dépôt du ……………….. ;

49- BA… (nom et prénom, nationalité, date et lieu de naissance, filiation, profession, situation matrimoniale, NSOM, se disant jamais condamné, mais déjà poursuivi en justice pour vol, adresse…) ;

Poursuivi pour assassinat, évasion de détenus, complicité d'atteinte à la sécurité intérieure de l'État et détention illégale d'armes et munitions de guerre ;

Faits prévus et punis par les articles 87, 89, 295, 296, 297, 302, 59, 60, 245 du code pénal, 17 et 31 de l'ordonnance n°24/62 du 16 octobre 1962 fixant le régime des matériels de guerre, des armes et munitions ;

Détenu suivant mandat de dépôt du ………………..; ;

50- FO… (nom et prénom, nationalité, date et lieu de naissance, filiation, profession, situation matrimoniale, NSOM, se disant jamais condamné, mais déjà poursuivi en justice pour vol, adresse…);

Poursuivi pour assassinat, évasion de détenus, complicité d'atteinte à la sécurité intérieure de l'État et détention illégale d'armes et munitions de guerre ;

Faits prévus et punis par les articles 87, 89, 295, 296, 297, 302, 59, 60, 245 du code pénal, 17 et 31 de l'ordonnance n°24/62 du 16 octobre 1962 fixant le régime des matériels de guerre, des armes et munitions ;

Détenu suivant mandat de dépôt en date du …………….. ;

51- KI… (nom et prénom, nationalité, date et lieu de naissance, filiation, profession, situation matrimoniale, NSOM, se disant jamais condamné, mais déjà poursuivi en justice pour association de malfaiteur, adresse…);

Poursuivi pour assassinat, évasion de détenus, complicité d'atteinte à la sécurité intérieure de l'État et détention illégale d'armes et munitions de guerre ;

Faits prévus et punis par les articles 87, 89, 295, 296, 297, 302, 59, 60, 245 du code pénal, 17 et 31 de l'ordonnance n°24/62 du 16 octobre 1962 fixant le régime des matériels de guerre, des armes et munitions ;

Détenu suivant mandat de dépôt en date du ………………….; ;

52- BA… (nom et prénom, nationalité, date et lieu de naissance, filiation, profession, situation matrimoniale, NSOM, se disant jamais condamné, mais déjà poursuivi en justice, adresse…);

Poursuivi pour assassinat, évasion de détenus, complicité d'atteinte à la sécurité intérieure de l'État et détention illégale d'armes et munitions de guerre ;

Faits prévus et punis par les articles 87, 89, 295, 296, 297, 302, 59, 60, 245 du Code pénal, 17 et 31 de l'ordonnance n°24/62 du 16 octobre 1962 fixant le régime des matériels de guerre, des armes et munitions ;

Détenu suivant mandat de dépôt du ……………..;;; ;

53- DI… (nom et prénom, nationalité, date et lieu de naissance, filiation, profession, situation matrimoniale, NSOM, se disant jamais condamné, mais déjà poursuivi en justice pour viol, adresse…);

Poursuivi pour assassinat, évasion de détenus, complicité d'atteinte à la sécurité intérieure de l'État et détention illégale d'armes et munitions de guerre ;

Faits prévus et punis par les articles 87, 89, 295, 296, 297, 302, 59, 60, 245 du code pénal, 17 et 31 de l'ordonnance n°24/62 du 16 octobre 1962 fixant le régime des matériels de guerre, des armes et munitions ;

Détenu suivant mandat de dépôt du …………………;; ;

54- NG… (nom et prénom, nationalité, date et lieu de naissance, filiation, profession, situation matrimoniale, NSOM, se disant jamais condamné, mais déjà poursuivi en justice pour coups et blessures volontaires, adresse…);

Poursuivi pour assassinat, évasion de détenus, complicité d'atteinte à la sécurité intérieure de l'État et détention illégale d'armes et munitions de guerre ;

Faits prévus et punis par les articles 87, 89, 295, 296, 297, 302, 59, 60, 245 du code pénal, 17 et 31 de l'ordonnance n°24/62 du 16 octobre 1962 fixant le régime des matériels de guerre, des armes et munitions ;

Détenu suivant mandat de dépôt du ....;; ;

55- BO... (nom et prénom, nationalité, date et lieu de naissance, filiation, profession, situation matrimoniale, NSOM, se disant jamais condamné, ni poursuivi en justice, adresse...);

Poursuivi pour assassinat, évasion de détenus, complicité d'atteinte à la sécurité intérieure de l'État et détention illégale d'armes et munitions de guerre ;

Faits prévus et punis par les articles 87, 89, 295, 296, 297, 302, 59, 60, 245 du code pénal, 17 et 31 de l'ordonnance n°24/62 du 16 octobre 1962 fixant le régime des matériels de guerre, des armes et munitions ;

Détenu suivant mandat de dépôt en date du ....;;;

56- KI... (nom et prénom, nationalité, date et lieu de naissance, filiation, profession, situation matrimoniale, NSOM, se disant jamais condamné, mais déjà poursuivi en justice pour association de malfaiteur, adresse...);

Poursuivi pour assassinat, évasion de détenus, complicité d'atteinte à la sécurité intérieure de l'État et détention illégale d'armes et munitions de guerre ;

Faits prévus et punis par les articles 87, 89, 295, 296, 297, 302, 59, 60, 245 du code pénal, 17 et 31 de l'ordonnance n°24/62 du 16 octobre 1962 fixant le régime des matériels de guerre, des armes et munitions ;

Détenu suivant mandat de dépôt du ....;; ;

57- KI... (nom et prénom, nationalité, date et lieu de naissance, filiation, profession, situation matrimoniale, NSOM, se disant jamais condamné, mais déjà poursuivi en justice pour vol, adresse...);

Poursuivi pour assassinat, évasion de détenus, complicité d'atteinte à la sécurité intérieure de l'État et détention illégale d'armes et munitions de guerre ;

Faits prévus et punis par les articles 87, 89, 295, 296, 297, 302, 59, 60, 245 du Code pénal, 17 et 31 de l'ordonnance n°24/62 du 16 octobre 1962 fixant le régime des matériels de guerre, des armes et munitions ;

Détenu suivant mandat de dépôt en date du ……………..;; ;

Partie civile : État congolais, prise en la personne du Ministre de la Justice, des Droits humains et de la Promotion des peuples autochtones, cabinet sis, … (adresse) ;

Vu l'ordonnance de soit-communiqué à Monsieur le procureur de la république en date du… sur le règlement définitif de la présente procédure ;

Vu le réquisitoire définitif de non- lieu partiel et de renvoi devant le tribunal du … (date) ;

Sur les faits

Attendu que l'information judiciaire a établi les faits suivants :

Dans la journée du … (date)…, aux environs de 13 heures, les nommés YI… et MA…, visiteurs du détenu MA… sont interpellés par la brigade de recherche de la gendarmerie au sortir de leur visite.

Informé de cette arrestation, le détenu MA…, sortait de sa cellule de détention et du bâtiment principal de la maison d'arrêt pour s'enquérir de la situation auprès du chef de détachement de la gendarmerie qui se trouvait dans la cour.

Surpris de voir le détenu MA… à cet endroit en colère, il s'affairait aussitôt à le réintégrer dans sa cellule, quittant momentanément son poste et désorganisait ainsi les services de sécurité de la maison d'arrêt centrale de B...

De par l'agitation qui s'ensuivit, certains détenus qui s'affairaient aux tâches relatives à la corvée d'eau dans la cour, profitaient de l'occasion pour lapider les gendarmes et, dans cet élan, s'emparaient des armes de guerre de type PMK et en faisaient usage. Dans cet échange de tirs d'armes automatiques, quatre (04) personnes trouvèrent la mort, au rang desquelles le gendarme DA…

C'est dans ce contexte qu'une évasion de masse des détenus à la maison d'arrêt sera constatée. Nombreux d'entre eux seront repris par la force publique, venue en renfort des gendarmes de service.

Une procédure d'information judiciaire pour atteinte à la sécurité intérieure de l'État, d'assassinat, de détention illégale de munitions et d'armes de guerre, d'évasion, de complicité d'assassinat, d'évasion des détenus, de détention illégale de munitions et d'armes de guerre sera ouverte par Monsieur le procureur de la république.

Discussion :

Attendu qu'il est reproché aux inculpés MA… et autres les faits d'atteinte à la sécurité intérieure de l'État, d'assassinat, de détention illégale de munitions et d'armes de guerre et d'évasion de détenus, de complicité de crime d'assassinat, des délits de détention illégale de munitions et d'armes de guerre et d'évasion de détenus ;

Qu'il y a lieu de rechercher l'imputabilité de ces faits à leur égard ;

1- Sur le crime d'atteinte à la sécurité intérieure de l'État

Attendu qu'aux sens combinés des articles 87, 88, et 89 du code pénal, le crime d'atteinte à la sécurité intérieure de l'État est retenu à l'encontre de celui qui aura commis ou tenté de commettre un attentat, dont le but est, soit de détruire ou de changer un régime constitutionnel, soit d'exciter les citoyens ou habitants à s'armer contre l'autorité de l'État ;

Que pour la constitution de cette infraction, il faut que l'auteur manifeste l'intention de porter atteinte à l'intégrité du territoire national et à l'ordre constitutionnel établi ;

Qu'il faut, pour l'auteur, de manifester sa volonté de passer à l'exécution ou tenter d'exécuter ou d'entreprendre son acte ;

Attendu qu'en l'espèce, le nommé MA… est poursuivi pour le crime d'atteinte à la sécurité intérieure de l'État;

Qu'interrogé sur les faits qui lui sont reprochés, il ne les a pas reconnus à toutes les étapes de la présente procédure ;

Qu'il ne ressort ni de ses déclarations, ni des personnes entendues au cours de l'instruction de cette affaire, des éléments permettant d'établir la culpabilité de l'inculpé MA… d'avoir organisé une opération de renversement du régime légalement établi au … (nom du pays) ou d'inciter les citoyens à s'armer contre le gouvernement en place ;

Que de même, les déclarations des différents témoins auditionnés dans la présente procédure ne relèvent pas que l'inculpé aurait mûri l'intention de renverser les institutions de la République … (nom du pays) ;

Que mieux, l'examen des différentes pièces du dossier ne révèle pas l'existence d'une conspiration contre le gouvernement … (nom du pays) formée par l'inculpé MA…;

Que le défaut des éléments matériels et moraux fait tomber la prévention d'atteinte à la sécurité intérieure de l'État reprochée à l'inculpé;

Que dans ces conditions, disons qu'il n'y a lieu à suivre contre l'inculpé de ce chef;

2- <u>Sur le crime de complicité d'atteinte à la sécurité intérieure de l'État</u>

Attendu que l'article 60 alinéa 1 du Code pénal dispose que : « seront punis comme complices d'une action qualifiée de crime ou de délit, ceux qui, par dons, promesses, menaces, abus d'autorité ou de pouvoir, machinations ou artifices coupables, auront provoqué cette action ou donné des instructions pour la commettre … ;

Qu'il en résulte que l'infraction de complicité ne peut être retenue qu'à l'encontre de celui qui aura procuré les moyens nécessaires à la réalisation, ou aura, en connaissance de cause, aidé ou assisté l'auteur de l'action, dans les faits qui l'auront préparée ou facilitée, ou dans ceux qui l'auront consommée ;

Qu'en l'espèce, les inculpés YI…, MA…, NT… et l'ensemble des inculpés sont poursuivis pour complicité du crime d'atteinte à la sécurité intérieure de l'État reproché à MA…;

Qu'interrogés par le magistrat instructeur, les inculpés n'ont pas reconnu les faits qui leur sont reprochés;

Attendu qu'à l'analyse des pièces du dossier rien ne permet d'affirmer que les inculpés YI…, MA…, NT… et autres auraient commis les faits à eux reprochés;

Que par ailleurs, la complicité étant une infraction de conséquence, sa consommation suppose l'existence d'une infraction préalable;

Que l'infraction principale n'étant pas caractérisée, celle de complicité ne pourrait l'être davantage;

Que dans ces conditions, disons n'y avoir lieu à suivre contre YI…, MA…, NT… et l'ensemble des inculpés de ce chef;

3- <u>Sur le crime d'assassinat</u>

Attendu que selon les dispositions des articles 296 et suivants du Code pénal, l'assassinat consiste à donner volontairement la mort à autrui;

Qu'il s'ensuit que, pour sa constitution, l'existence d'un élément intentionnel, en l'occurrence l'intention de tuer ou de donner la mort est nécessaire;

Attendu qu'en l'espèce, il est reproché aux inculpés NT…, OD…, OT… et l'ensemble des inculpés d'avoir commis les faits d'assassinat qui leur sont reprochés;

Que tant à l'enquête préliminaire que devant le magistrat instructeur, les inculpés n'ont pas reconnu les faits mis à leur charge;

Que de l'examen minutieux des faits et des pièces du dossier, rien ne permet de soutenir que les inculpés ont commis les faits qui leur sont reprochés ;

Que mieux, les témoins auditionnés dans la présente procédure n'ont pas rapporté la preuve de ce que les inculpés auraient donné la mort au maréchal de logis chef DA…, quoique son corps, sans vie, a été criblé de balles;

Qu'au regard de ce qui précède, aucun élément du dossier ne permet de dire que le décès du maréchal de logis chef DA… et autres est imputable aux inculpés;

Que le fait matériel de donner la mort ne peut être imputable à une personne donnée inculpée de ce chef ;

Qu'il convient de dire qu'il n'y a lieu à suivre contre les inculpés NT… et l'ensemble des inculpés de chef d'assassinat;

4- <u>Sur le crime de complicité d'assassinat</u>

Attendu que l'article 60 alinéa 1 du Code pénal dispose que seront punis comme complices d'une action qualifiée de crime ou de délit, ceux qui, par dons, promesses, menaces, abus d'autorité ou de pouvoir, machinations ou artifices coupables, auront provoqué cette action ou donné des instructions pour la commettre ;

Qu'il en résulte que l'infraction de complicité ne peut être retenue qu'à l'encontre de celui qui aura procuré les moyens nécessaires à sa réalisation, ou aura, en connaissance de cause, aidé ou assisté l'auteur de l'action, dans les faits qui l'auront préparée ou facilitée, ou dans ceux qui l'auront consommée ;

Attendu qu'en l'espèce, il est reproché aux inculpés MA…, MA… et YI… de s'être rendu complices du crime d'assassinat ;

Que les inculpés n'ont pas reconnu les faits qui leur sont reprochés tant à l'enquête préliminaire que devant le magistrat instructeur;

Attendu que de l'analyse minutieuse des pièces du dossier rien ne permet d'affirmer que les inculpés auraient commis les faits qui leur sont reprochés;

Que par ailleurs, la complicité étant une infraction de conséquence, sa constitution suppose l'existence d'une infraction principale imputable à l'auteur principal;

Que l'infraction préalable n'étant pas imputable à un auteur principal déterminé, celle de complicité ne pourrait l'être davantage;

Que dans ces conditions, disons qu'il n'y a lieu à suivre contre les MA… MA… et YI… de ce chef;

5- Sur le délit de détention illégale d'armes et munitions de guerre

Attendu qu'aux termes de l'article 17 de l'ordonnance n°24- 62 du 16 octobre 1962, fixant le régime des matériels de guerre, des armes et des munitions : « la détention des matériels, armes et munitions des deux premières catégories par des personnes autres que celles appartenant aux forces armées ou aux forces de police, et les agents de l'administration appartenant à certaines catégories déterminées par décret pris en Conseil des ministres, est interdite » ;

Qu'il résulte de cette disposition que la détention d'une arme de guerre est subordonnée à une autorisation préalable ;

Attendu qu'en l'espèce, les inculpés KI…, OD… et OT… et NT… étaient en possession des armes et munitions de guerre;

Qu'interpellés et inculpés pour détention illégale d'armes et munitions de guerre, les inculpés n'ont pas reconnu les faits à eux reprochés;

Que de son interrogatoire de première comparution, il a fait la déclaration suivante : « Pour ma part, j'avais choisi de sortir par le petit portail donnant accès au Tribunal de Grande Instance de B… (nom de la ville) où j'ai croisé le nommé KA…, lequel détenait par-devers lui une arme de guerre dont j'ignore la marque ; et qu'il m'a donné, que j'ai tenu avant de l'abandonner dans l'herbe » ; (PV I du … (date) ;

Que mieux, les inculpés KI…, OD…, OT… et NT… ont été plusieurs fois cités dans les déclarations des co-inculpés comme ceux qui avaient détenu les armes le jour des faits;

Qu'il ressort des pièces du dossier que les inculpés KI…, OD…., OT… et NT…, étant tous détenus à la maison d'arrêt centrale de B… (nom de la ville), s'étaient introduits dans une pièce servant de magasin d'armes et s'étaient emparés d'une dizaine d'armes de type PM AK et munitions de guerre;

Qu'ayant détenu des armes de type PM AK, alors qu'ils ne sont pas les éléments de la force publique, les inculpés se sont rendu coupables du délit de détention illégale d'armes de guerre mis à leur charge;

Qu'il convient de les retenir dans les liens de la prévention de ce chef;

6- Sur le délit de complicité de détention illégale d'armes et munitions de guerre

Attendu que l'article 60 alinéa 1 du Code pénal dispose que : seront punis comme complices d'une action qualifiée de crime ou de délit, ceux qui, par dons, promesses, menaces, abus d'autorité ou de pouvoir, machinations ou artifices coupables, auront provoqué cette action ou donné des instructions pour la commettre »;

Qu'il en résulte que l'infraction de complicité ne peut être retenue qu'à l'encontre de celui qui aura procuré les moyens nécessaires à sa réalisation, ou aura, en connaissance de cause, aidé ou assisté l'auteur de l'action, dans les faits qui l'auront préparée ou facilitée, ou dans ceux qui l'auront consommée;

Attendu qu'en l'espèce, les nommés MA…, YI… et MA…, BA…, DI…, NG…, BO… KI… et autres, sont poursuivis pour les faits de complicité de détention illégale d'armes et munitions de guerre;

Que tant de l'enquête préliminaire que devant le juge d'instruction, il n'existe pas au dossier des éléments pouvant justifier qu'ils se sont rendu complices du délit de complicité de détention illégale d'armes et munitions de guerre;

Qu'en conséquence, il n'y a lieu à suivre contre les inculpés MA…, MA… et YI… de ce chef;

7- <u>Sur le délit d'évasion</u>

Attendu que selon l'article 245 du Code pénal, sera puni pour évasion, des détenus qui se seront évadés ou qui auront tenté de s'évader par bris de prison ou par violence;

Qu'en l'espèce, NT… et l'ensemble des inculpés qui sont poursuivis pour les faits d'évasion étaient légalement détenus à la maison d'arrêt centrale de B… (nom de la ville);

Que les inculpés ont reconnu les faits qui leur sont reprochés à l'enquête préliminaire que devant le magistrat instructeur;

Qu'ayant, tous, reconnu sans ambages les faits d'évasion mis à leur charge, il n'en faut plus davantage pour les retenir dans les liens de la prévention de ce chef ;

8- <u>Sur le délit de complicité d'évasion de détenus</u>

Attendu que l'article 60 alinéa 1 du Code pénal dispose que : "seront punis comme complices d'une action qualifiée de crime ou de délit, ceux qui, par dons, promesses, menaces, abus d'autorité ou de pouvoir, machinations ou artifices coupables, auront provoqué cette action ou donné des instructions pour la commettre » ;

Qu'il en résulte que l'infraction de complicité ne peut être retenue qu'à l'encontre de celui qui aura procuré les moyens nécessaires à sa réalisation, ou aura, en connaissance de cause, aidé ou assisté l'auteur de l'action, dans les faits qui l'auront préparée ou facilitée, ou dans ceux qui l'auront consommée ;

Que dans la présente procédure, l'inculpé MA… est poursuivi pour complicité d'évasion des détenus;

Que devant le juge d'instruction, MA… n'a pas reconnu les faits;

Que lors de son interrogatoire au fond, il a fait la déclaration suivante : « le … (date) j'ai été informé de ce que deux de mes visiteurs ont été interpellés, séquestrés, enlevés puis conduits à la direction départementale de la surveillance du territoire.

Sur ces entrefaites j'ai résolu de m'enquérir de la situation en allant à la rencontre du chef de détachement de la gendarmerie en poste à la maison d'arrêt centrale de B... (nom de la ville)»;

Que sur interpellation réponse du magistrat instructeur, il a déclaré ce qui suit : « Je m'inscris en faux dans le sens où il y a eu corrélation avec ma démarche et l'action ayant conduit au mouvement d'évasion, d'assassinat et de détention illégale d'armes »;

Que contrairement à ces déclarations, l'audition des témoins dans la présente procédure révèle que l'inculpé MA... avait, à cette occasion, tenu les propos suivants : « AR..., faut pas blaguer avec moi, si vous ne libérez pas mes gars, vous allez voir aujourd'hui, moi le président ... (nom du président de la République) me connaît » (CF. le PV d'audition de témoin du ... (date) »;

Que l'analyse minutieuse des pièces du dossier de la procédure nous permet de soutenir que la démarche de MA... vers le chef de détachement est à l'origine de l'action ayant conduit à l'évasion des détenus ;

Que mieux, cette démarche a été à l'origine de la désorganisation des services de sécurité de la maison d'arrêt centrale de B... (nom de la ville) par l'agitation qui s'ensuivit;

Que d'ailleurs, devant le juge d'instruction, il a même affirmé que, habituellement, le chef de peloton de la gendarmerie n'arrive pas jusqu'aux cellules, du moins je ne l'ai jamais vu;

Qu'en l'espèce, étant surpris de voir le détenu MA... à cet endroit en colère, il s'affairait aussitôt à le réintégrer dans sa cellule, quittant momentanément son poste et désorganisait ainsi les services de sécurité de la maison d'arrêt centrale de B... (nom de la ville);

Que de par l'agitation qui s'ensuivit, certains détenus qui s'affairaient aux tâches relatives à la corvée d'eau dans la cour, profitaient de l'occasion pour lapider les gendarmes et, dans cet élan, s'emparèrent des armes de guerre de type PM AK et en faisaient usage;

Que dans cet échange de tirs d'armes automatiques, quatre (04) personnes trouvaient la mort; au rang desquelles, le gendarme DA...;

Que le comportement de l'inculpé MA... est qualifié de machinations ou artifices ayant provoqué l'évasion des détenus de la maison d'arrêt de B... (nom de la ville) du ... (date);

Que dans ces conditions, il convient de le retenir dans les liens de cette prévention;

Attendu que les nommés MA… et YI… sont également poursuivis pour les mêmes faits;

Que tant à l'enquête préliminaire que devant le magistrat instructeur, les inculpés n'ont pas reconnu les faits à eux reprochés;

Que mieux, il ressort des pièces du dossier de la procédure que YI… et MA… auraient commis des faits de complicité d'évasion;

Qu'au moment où l'évasion des détenus s'était produite, ils se trouvaient hors de la maison d'arrêt, interpellés par les gendarmes ;

Que l'information judiciaire n'ayant révélé aucun élément pouvant justifier leur culpabilité, disant qu'il n'y a lieu à suivre contre YI… et MA… de ce chef;

Sur le non-lieu

1) Attendu qu'il ne résulte pas de l'information des charges suffisantes contre :

MA…,

- D'avoir à B… (nom de la ville), le … (date), dans les délais de la prescription criminelle, commis le crime d'atteinte à la sécurité intérieure de l'État à lui reproché;

Faits prévus et punis par les articles 87 et 89 du code pénal;

- De s'être dans les mêmes circonstances de temps et de lieu, ensemble et de concert avec YI… et MA…, rendu complices du crime d'assassinat perpétré sur la personne de DA…;

Faits prévus et punis par les articles 59, 60, 295, 296, 297 et 302 du code pénal;

- De s'être toujours, dans les mêmes circonstances de temps et de lieu, ensemble et de concert avec les nommés YI…, MA…, BA…, DI…, NG…, BO…, KI… et autres, rendu complices du délit de complicité de détention illégale d'armes et munitions de guerre commis par OD… et autres;

Faits prévus et punis par les articles 59, 60 du Code pénal, 17 et 31 de l'ordonnance n°24/62 du 16 octobre 1962, fixant le régime des matériels de guerre, des armes et munitions;

2) Attendu qu'il ne résulte pas de l'information des charges suffisantes contre :

YI… , MA…, NT…, YE…, BA…, DI…, NG…,BO…, KI… et autres;

- De s'être à B… (nom de la ville) , le… (date), dans les délais de la prescription criminelle, ensemble et de concert avec OD… , DI… , SA… , et autres rendu complices du crime d'atteinte à la sécurité intérieure de l'État reproché à MA… ;

Faits prévus et punis par les articles 59, 60, 87 et 89 du code pénal;

3) Attendu qu'il ne résulte pas de l'information des charges suffisantes contre : YI… et MA… ;

- De s'être dans les mêmes circonstances de temps et de lieu, ensemble et de concert avec MA…, rendu complices du délit d'évasion de détenus à la maison d'arrêt de B… (nom de la ville) où ils étaient légalement détenus;

Faits prévus et punis par les articles 59, 60 et 245 du code pénal;

4) Attendu qu'il ne résulte pas de l'information des charges suffisantes contre :

OD…, YE…, DI…, SA…, NT… et autres :

- D'avoir à B…. (nom de la ville), le … (date), dans les délais de la prescription criminelle, volontairement donné la mort à DA… et autres;

Faits prévus et punis par les articles 295, 296, 297 et 302 du Code pénal ;

En conséquence

Vu les dispositions de l'article 163 du code de procédure pénale ;

Disons n'y avoir lieu à suivre contre les intéressés de ces chefs;

Renseignements et personnalités

Néant ;

Sur le renvoi

1- Attendu qu'il résulte de l'information des charges suffisantes contre :

NT… de s'être, à B… (nom de la ville), en date du …, dans les délais de la prescription correctionnelle, ensemble et de concert avec, YE…, KI…, DI…, SA…, MA…, MI…, MA…, OT…, ET…, OD…, MI…, DI…, ND…, IT…, KI…, MA…, ON…, SA…, NG…, LO…, DI…, DI…, TO…, MB…, IB…, MA…, NT…, NG…, BE…, OS…, YA…, EL…, EP…, BA…, TA…, MP…, ON…, KO…, MO…, AG…, LO…,

MI…, AM…, GU…, IT…, BA…, FO…, KI…, BA…, DI…, NG… et BO…, avec bris de serrures et violences évadés de la maison d'arrêt centrale de B… (nom de la ville) , lieu où ils étaient légalement détenus ;

Faits prévus et réprimés par l'article 245 du Code pénal :

2- Attendu qu'il résulte de l'information des charges suffisantes contre KI… d'avoir, à B… (nom de la ville), le … (date), dans les délais de la prescription correctionnelle, ensemble et de concert avec OD… et OT… et NT… et autres, illégalement détenus les armes et munitions de guerre ;

Faits prévus et réprimés par les articles 17 et 31 de l'ordonnance n°24/62 du 16 octobre 1962 fixant le régime des matériels de guerre, des armes et munitions;

3- Attendu qu'il résulte de l'information des charges suffisantes contre M… de s'être à B… (nom de la ville), le … (date), dans les délais de la prescription correctionnelle, rendu complice du délit d'évasion de détenus commis par NT… et autres ;

Faits prévus et réprimés par les articles 59, 60 et 245 du code pénal ;

En conséquence

Vu l'article 165 du code de procédure pénale ;

Ordonnons leur renvoi devant le juge correctionnel du Tribunal de Grande Instance de B… (nom de la ville) pour y être jugés conformément à la loi.

Fait en notre cabinet, le… (date)

LE JUGE D'INSTRUCTION

Ordonnance n°14

<table>
<tr><td>COUR D'APPEL DE.... (NOM DE LA VILLE)</td><td>RÉPUBLIQUE DU CONGO</td></tr>
<tr><td>TRIBUNAL DE GRANDE INSTANCE</td><td>Unité-Travail-Progrès</td></tr>
<tr><td>DE... (NOM DE LA VILLE)</td><td>-------------</td></tr>
</table>

CABINET DE MONSIEUR.................

JUGE D'INSTRUCTION

N° R.P .... /

N° R.I ° .... /

ORDONNANCE AUX FINS DE NON-LIEU PARTIEL ET DE RENVOI DEVANT LE TRIBUNAL CORRECTIONNEL ET DE MISE EN LIBERTE PROVISOIRE

Nous,.......... (noms et prénom) juge d'instruction au Tribunal de Grande Instance de...... (nom de la ville) ;

Vu l'information suivie contre :

1- WA...... ,....... (nationalité, date et lieu de naissance, filiation, profession, situation matrimoniale, domicile, etc.) ;

2- MO........,........ (nationalité, date et lieu de naissance, filiation, profession, situation matrimoniale, domicile, etc.) ;

Inculpés d'escroquerie ;

3- MI.......,........ (nationalité, date et lieu de naissance, filiation, profession, situation matrimoniale, domicile, etc.) ;

4- NG.......,........ (nationalité, date et lieu de naissance, filiation, profession, situation matrimoniale, domicile, etc.) ;

5- MOU.......,........(nationalité, date et lieu de naissance, filiation, profession, situation matrimoniale, domicile, etc.) ;

Inculpés de complicité d'escroquerie et recel ;

Tous détenus suivant mandats de dépôt en dates des……. ;

Partie civile : MP…….,……..(nationalité, date et lieu de naissance, filiation, profession, situation matrimoniale, domicile, etc.) ;

Vu le réquisitoire introductif de Monsieur le procureur de la république en date du…… ;

Vu l'article 162 du code de procédure pénale ;

Vu notre ordonnance de soit-communiqué en date du…….., sur le règlement définitif et la mise en liberté provisoire ;

Sur les faits de la cause :

Attendu que l'instruction a établi les faits suivants :

Que courant…..(date), en exécution d'un manège qu'il avait savamment orchestré avec ses acolytes MO……., PA……..et autres, WA…… s'est rapproché progressivement de monsieur MP……, un ancien cadre de banque retraité, à qui il va faire croire un jour, en sortant d'un culte à la grotte de Javouhet, qu'il a reçu une bonne vision divine le concernant, que Dieu Tout-puissant lui montrait des grandes choses, des miracles qui allaient s'accomplir dans la vie de MP…… et que d'ici peu ce dernier allait déjà recevoir un appel téléphonique important de l'étranger ;

Qu'aussitôt après qu'ils se sont séparés, WA…… communiquait les coordonnées téléphoniques de monsieur MP…… au nommé PA…….., un sujet camerounais, en cavale depuis, pour que ce dernier puisse appeler monsieur MP…….par le roaming avec un numéro du Gabon, en se présentant à lui comme étant un de ses anciens clients de la banque…..(nom de la banque), actuellement basé au Gabon, à qui il aurait rendu un grand service jadis, pour lui demander finalement son concours, en ce qu'il avait un produit précieux, très recherché sur la place de Brazzaville et de Kinshasa dénommé « matières Montol Pakistanin 200g », lequel précieux produit pouvait leur rapporter 800.000.000 Frs cfa pour un investissement minime que monsieur MP……devait financer s'il entendait bénéficier de 800.000.000 Frs promis, et monsieur MP…… ainsi appâté, va mordre à l'hameçon en engloutissant, chiffre-t-il, 149.280.000 Frs de sa fortune dans de telles entreprises ;

Qu'avec le produit du délit, WA...... et MO....... ont acquis des véhicules terrestres à moteur qu'ils exploitent dans le transport routier comme taxi ou taxi-bus ;

Discussion

Sur le délit d'escroquerie

Attendu que les inculpés WA........et MO........ ont reconnu les faits non sans difficulté ;

Attendu que l'article 405 alinéa 1er du Code pénal dispose : « Quiconque, soit en faisant usage de faux noms ou de fausses qualités, soit en employant des manœuvres frauduleuses, pour persuader de l'existence de fausses entreprises, d'un pouvoir ou d'un crédit imaginaire ou pour faire naître l'espérance ou la crainte d'un succès, d'un accident ou de tout autre événement chimérique, se sera fait remettre ou délivrer ou aura tenté de se faire remettre ou délivrer des fonds, des meubles ou des obligations, dispositions, billets, promesses, quittances ou décharges et aura, par un de ces moyens, escroqué ou tenté d'escroquer la totalité ou partie de la fortune d'autrui, sera puni d'un emprisonnement d'un an au moins et de cinq ans au plus et d'une amende de 240.000 francs au moins et de 2.400.000 francs au plus » ;

Qu'il résulte des dispositions précitées que l'escroquerie est un délit consistant à porter préjudice à autrui en obtenant d'une personne la remise volontaire d'un bien non immobilier, un engagement, ou la fourniture d'un service par une tromperie résultant de la prise d'un faux nom ou d'une fausse qualité, de l'abus d'une qualité vraie ou de l'emploi de manœuvres frauduleuses ;

Que le délit d'escroquerie comporte quatre (4) éléments constitutifs que sont :

1- L'emploi par l'agent d'un des trois moyens mentionnés en l'article 405, à savoir : soit un usage d'un faux nom, soit un usage d'une fausse qualité, soit un déploiement de manœuvres frauduleuses de nature à persuader la victime de l'existence de fausses entreprises, d'un pouvoir ou d'un crédit imaginaire, ou à faire naître en elle un faux espoir ou une fausse crainte ;

2- L'agent opérant ainsi avec mauvaise foi, c'est-à-dire avec la connaissance qu'il travaille à escroquer autrui, que son action est frauduleuse ;

3- Ladite action ayant abouti, ou ayant au moins tendu à aboutir à la remise matérielle par la victime à l'escroc de quelque chose convoitée par celui-ci ;

4- Cette chose enfin devant être une de celles qu'énumère l'article 405 du code pénal précité, et non une autre, à savoir : fonds, meubles, obligations, dispositions, billets, promesses, quittances, ou décharges ;

Qu'ainsi s'analyse rigoureusement le délit d'escroquerie ;

Attendu qu'en l'espèce, il résulte des éléments du dossier que courant début……(date), WA…….a fait usage de manœuvres frauduleuses, non seulement en alléguant avoir reçu de Dieu tout-puissant des révélations, des prophéties, par lesquelles Dieu lui aurait montré des miracles, des grandes choses qui allaient se manifester et s'accomplir dans la vie de monsieur MP……, mais encore pour donner crédit à ses mensonges, a rassuré monsieur MP……que ce dernier allait déjà recevoir sous peu un appel téléphonique important de l'étranger et que dans les jours qui ont suivi, monsieur MP……a, en effet reçu un coup de fil du nommé PA……, apparemment du Gabon sous le numéro……., qui lui propose une affaire fort juteuse, alors qu'à la vérité, c'est WA…...qui a communiqué MP…….à PA…….en donnant à ce dernier des consignes pour appâter MP…….et, continuellement au gré de la crédulité et de la naïveté de MP……, WA……., PA…….., MO…… et autres DO……. ou LO……. vont donner corps à leurs manœuvres frauduleuses en réussissant à parfaitement berner MP….. qui du reste ne s'est aperçu de rien, les manœuvres frauduleuses étant définies comme une machination, une combinaison des faits, l'arrangement de stratagèmes, l'organisation de ruses, soit une mise en scène ayant pour but de donner crédit au mensonge, tel est le cas en l'espèce, en effet ;

Qu'en outre, MO……. a usé de faux noms et de fausses qualités en se faisant passer pour monsieur SI……, un agent de l'OMS, ce qu'il n'est pas, le faux nom ou la fausse qualité constituant en un mensonge ayant porté sur l'identité, l'état civil (nationalité, naissance, filiation et autres liens de famille), soit par l'occupation exercée (fonction, profession, métier), soit sur les titres possédés (titres universitaires, notamment) :mensonge qui a dû avoir pour but, d'inspirer confiance à la victime et de l'inciter à remettre la chose convoitée, tel est le cas en l'espèce ;

Que WA……., MO…….. et leurs acolytes ont livré de la camelote à monsieur MP……. en lui faisant croire qu'il s'agissait du fameux précieux produit très recherché, laquelle camelote a fait espérer un événement chimérique à monsieur MP……., victime, l'acquisition d'un précieux produit d'entrer, en possession des 800.000.000 francs promis ;

Qu'il est patent que WA……., MO……. et leurs acolytes ont intentionnellement agi avec mauvaise foi manifeste, en sachant pertinemment qu'ils s'ingéniaient là frauduleusement à escroquer monsieur MP……. ;

Que conséquemment leur action a abouti à la remise volontaire par leur victime, MP……., entre leurs mains, des fonds, la somme de 149.280.000 francs CFA, selon la victime, de 17.000.000 francs CFA seulement selon WA…..et MO…….. ;

Que dès lors, il y a lieu de retenir les inculpés WA……. et MO…….. dans les liens de la prévention du chef d'escroquerie ;

Renseignements :

Néant ;

Renvoi devant le Tribunal :

Attendu qu'il résulte de l'information suivie des charges suffisantes contre WA……. et MO…… d'avoir à…….(nom de la ville), circonscription judicaire du Tribunal de Grande Instance de B……(nom de la ville), courant….(date), en tout cas depuis temps tel que les faits ne sont pas couverts par la prescription de l'action publique, soit en faisant usage de faux noms ou de fausses qualités, soit en employant des manœuvres frauduleuses, pour persuader l'existence de fausse entreprise, d'un pouvoir ou d'un crédit imaginaire ou pour faire naître l'espérance ou la crainte d'un succès, d'un accident ou de tout autre événement chimérique, fait remettre ou délivrer la somme 149.280.000 francs CFA au préjudice de MP……… et d'avoir par un de ces moyens escroqué la totalité ou partie de la fortune de ce dernier ;

Attendu que ces faits sont prévus et punis par l'article 405 alinéa 1er du code pénal ;

Vu l'article 165 alinéa 1er du code de procédure pénale ;

Ordonnons le renvoi de l'affaire devant le Tribunal correctionnel de céans pour y être jugée conformément à loi ;

Sur la complicité d'escroquerie et recel

Attendu que MI…….., NG……et MO……. sont inculpés pour complicité d'escroquerie et recel ;

Attendu qu'aux termes des dispositions des articles 59 et 60 combinés du code pénal disposent :

« Les complices d'un crime ou d'un délit seront punis de la même peine que les auteurs mêmes de ce crime ou de ce délit sauf les cas où la loi en aurait disposé autrement.»

« Seront punis comme complices d'une action qualifiée crime ou délit, ceux qui par dons, promesses, menaces, abus d'autorité ou de pouvoir, machinations ou artifices coupables, auront provoqué cette action ou donné des instructions pour la commettre ; (….)» ;

Qu'il découle des dispositions précitées que la complicité est la contribution à la réalisation soit par aide et assistance à l'auteur de celle-ci, soit par instigation qui expose le complice à être puni comme l'auteur principal ;

Qu'est complice, tout individu qui, sans réunir en sa personne les éléments constitutifs de l'infraction, a, par un comportement positif et volontaire, aidé ou facilité sa réalisation ; ou plus précisément, celui qui, sciemment, par aide ou assistance, a facilité la préparation ou la consommation d'un crime ou d'un délit, ou celui qui par don, promesse, menace, ordre, abus d'autorité ou de pouvoir, aura provoqué une infraction ou donné des instructions pour la commettre ;

Attendu qu'en l'espèce, il résulte plutôt des éléments du dossier que les inculpés MI…….. et MO…… ont certes servi de prête-nom à WA………et à MO………, mais ils n'étaient nullement au courant et n'avaient absolument pas connaissance de l'origine frauduleuse de l'acquisition par WA…..de trois Toyota Corolla, familièrement appelées « cuisse de poulet » immatriculées…….et par MO…… d'un minibus Toyota Hiace de marque Toyota Corolla immatriculés……. ;

Qu'il suit qu'on ne saurait valablement retenir les inculpés MI……. et MO……dans les liens du délit de complicité d'escroquerie ;

Que de même, il ne saurait être retenu contre eux le délit de recel au sens de l'article 460 du code pénal, en ce sens que le recel de choses n'est pas constitué en l'espèce, tout simplement parce que les deux inculpés précités n'avaient pas connaissance de l'origine, de la provenance frauduleuse des véhicules suscités ;

Attendu que c'est par méprise que NG……a été appréhendé par la police judiciaire et déféré au parquet, puis devant nous et inculpé de complicité d'escroquerie et recel au même titre que MI…… et MO…….. ;

Qu'au regard de tout ce qui précède, il suit qu'il est de bon droit de déclarer qu'il n'y a pas lieu à suivre contre les inculpés MI……, MO…… et NG…… ;

En conséquence

En application des dispositions de l'article 163 alinéas 1 et 2 du code de procédure pénale, il y a lieu d'ordonner leur mise en liberté de droit ;

Non-lieu partiel

Attendu qu'il ne résulte pas de l'information des charges suffisantes contre MI……, MO…… et NG…… d'avoir à……. (nom de la ville), circonscription judiciaire du Tribunal de Grande Instance de……. (nom de la ville), courant….(date), en tout cas depuis temps tel que les faits ne sont pas prescrits commis les délits de recel et de complicité d'escroquerie qui leur sont reprochés ;

Vu les dispositions de l'article 163 alinéa 1er du code de procédure pénale ;

Déclarons n'y avoir lieu à suivre contre les inculpés MI……., MO…… et NG…… ;

Ordonnons la mise en liberté de droit des inculpés Mi……, Mo…… et NG……. ;

Sur la mise en liberté provisoire

Attendu qu'il est de principe que la liberté est la règle et la détention préventive l'exception ;

Qu'aux termes des dispositions des articles 121 et 122 du code de procédure pénale, que la détention préventive ne peut excéder quatre mois et qu'en toute matière, lorsqu'elle n'est pas de droit, la mise en liberté provisoire peut être ordonnée d'office par le juge d'instruction, après avis du procureur de la république ;

Que la détention provisoire vise essentiellement à garantir la représentation de l'inculpé en prévenant que ce dernier ne puisse se soustraire à la justice ou corrompre des témoins éventuels ;

Que le juge d'instruction peut ordonner la mise en liberté provisoire de l'inculpé dès lors qu'il estime la procédure avancée, le risque de subornation de témoins ou de concertation frauduleuse entre l'inculpé et toute personne susceptible d'éclairer l'instruction, et la représentation de l'inculpé garanti ;

Attendu qu'en l'espèce et à ce jour, nous constatons que les inculpés MI……, NG……., WA……, MO…… et MO……., placés en détention préventive sous mandat de dépôt en dates respectivement des…. sont déjà pratiquement à quatre mois, sinon plus, de détention préventive, soit plus de quatre mois de détention préventive, sans prolongation, à la date de ce jour……. ;

Qu'ils ont tous et chacun un domicile familial connu et s'engagent à se mettre à la disposition de la justice, chaque fois que nécessaire ;

Qu'au stade actuel de la procédure, le maintien en détention préventive des inculpés précités n'est plus nécessaire à la manifestation de la vérité, d'autant plus que le délai légal de quatre mois est révolu, sinon dépassé et qu'aucune prolongation de la détention préventive des inculpés n'a été requise ou ordonnée dans les délais légaux ;

Qu'au regard de tout ce qui précède, il suit qu'il y a donc tout lieu, conformément aux réquisitions du parquet en date du……. ; d'ordonner la mise en liberté provisoire des inculpés MI……, MO……., NG…….., WA…… et MO……., non seulement sur le fondement des dispositions de l'article 163 alinéa 1 et 2 du code de procédure pénale, pour les trois premiers, bénéficiaires d'un non-lieu, mais encore sur le fondement des dispositions combinées des articles 121 et 122 du même code précité, à charge pour les inculpés de prendre l'engagement de se représenter à tous les actes de la procédure aussitôt qu'ils en seront requis et de tenir informé le magistrat instructeur de tous leurs déplacements ;

Que dès lors, le directeur de la maison d'arrêt centrale de……. (nom de la ville) se doit impérativement et sans condition, de mettre immédiatement en liberté les inculpés MI……., MO…….., NG………, WA…… et MO……… ;

Attendu que l'article 124 paragraphes 6 du code de procédure pénale dispose :

« (….) dans tous les cas où un individu inculpé, prévenu ou accusé est laissé ou mis en liberté provisoire, la juridiction compétente peut lui assigner pour résidence un lieu dont il ne devra s'éloigner définitivement, sous les peines prévues à l'article 45 du Code pénal » ;

Qu'il découle des dispositions précitées que l'assignation à résidence est une mesure facultative laissée à la discrétion du juge d'instruction en l'espèce, qui peut en user selon la personnalité de l'inculpé, notamment lorsque ce dernier n'offre pas de garanties suffisantes de représentation une fois mis en liberté ;

Attendu qu'en la présente cause, les inculpés MI……, MO……, NG….. , WA…… et MO…… offrent des garanties suffisantes de leur représentation à la justice, qu'ils ont, en outre, des conseils, notamment les cabinets d'avocats…….(noms de ces cabinets d'avocats) ;

Qu'il s'ensuit qu'il n'est pas nécessaire d'assortir leur mise en liberté provisoire d'une mesure d'assignation à résidence ;

En conséquence :

Vu les articles 121, 122 et 163 du code de procédure pénale ;

Ordonnons la mise en liberté provisoire des inculpés MI……, MO……., WA……, NG……, MO…….., placés en détention préventive sous mandats de dépôt en dates respectivement des………. (pour les deux premiers), ……… (3 et 4), et ………. (pour le dernier) ;

Disons que le directeur de la maison d'arrêt centrale de……(nom de la ville) mettra, sans condition ni délai et immédiatement, en liberté, les inculpés précités, à charge pour ces derniers de se présenter à tous les actes de la procédure aussitôt qu'ils en seront requis ;

Sur les véhicules terrestres à moteur saisis

Attendu que par ordonnance en date à…… (nom de la ville) du …… (date) nous avons placé sous mains de justice des véhicules terrestres à moteur de marque Toyota immatriculés……, propriétés de WA….., et…….(immatriculation), propriétés de MO…… ;

Qu'il ressort de l'instruction que lesdits véhicules ont été acquis par WA…… et MO….. avec l'argent provenant de la fraude de l'escroquerie dont MP……. est victime ;

Que pour sauvegarder les intérêts de la partie civile, il est de bon aloi de maintenir le placement de ces véhicules sous mains de justice jusqu'au règlement du litige par le Tribunal correctionnel ;

Ordonnons le maintien du placement sous mains de justice des véhicules terrestres à moteur immatriculés…….propriétés de WA…… et……. (Immatriculation), propriétés de MO……jusqu'au règlement du litige par le Tribunal correctionnel devant lequel la présente procédure sera renvoyée.

Fait en notre cabinet, le … (date)

LE JUGE D'INSTRUCTION

Ordonnance n° 15

COUR D'APPEL DE.... (NOM DE LA VILLE)

TRIBUNAL DE GRANDE INSTANCE

DE... (NOM DE LA VILLE)

CABINET

DE MONSIEUR.................

JUGE D'INSTRUCTION

N° R.P .... /

N° R.I .... /

RÉPUBLIQUE DU CONGO

Unité-Travail Progrès

ORDONNANCE AUX FINS DE NON-LIEU PARTIEL, DE REQUALIFICATION ET DE RENVOI DEVANT LE TRIBUNAL CORRECTIONNEL

Nous,......... (noms et prénom) juge d'instruction au Tribunal de Grande Instance de...... (nom de la ville) ;

Vu le dossier de la procédure suivie contre :

1- OM........ (noms et prénom, nationalité, date et lieu de naissance, filiation, profession, situation matrimoniale, domicile, etc.) ;

2- OM...... (noms et prénom, nationalité, date et lieu de naissance, filiation, profession, situation matrimoniale, domicile, etc.) ;

3- OK..... (noms et prénom, nationalité, date et lieu de naissance, filiation, profession, situation matrimoniale, domicile, etc.) ;

4- OS..... (noms et prénom, nationalité, date et lieu de naissance, filiation, profession, situation matrimoniale, domicile, etc.) ;

5- ET…... (noms et prénom, nationalité, date et lieu de naissance, filiation, profession, situation matrimoniale, domicile, etc.) ;

6- AL…… (noms et prénom, nationalité, date et lieu de naissance, filiation, profession, situation matrimoniale, domicile, etc.) ;

7- AK….. (noms et prénom, nationalité, date et lieu de naissance, filiation, profession, situation matrimoniale, domicile, etc.) ;

8- OK…… (noms et prénom, nationalité, date et lieu de naissance, filiation, profession, situation matrimoniale, domicile, etc.) ;

Détenus suivant mandats de dépôt en date du……. ;

Mis en liberté suivant ordonnance de mise en liberté provisoire en date du……. ;

9- ET….. (noms et prénom, nationalité, date et lieu de naissance, filiation, profession, situation matrimoniale, domicile, etc.) ;

10- DZ…. (noms et prénom, nationalité, date et lieu de naissance, filiation, profession, situation matrimoniale, domicile, etc.) ;

Libres ;

Inculpés de menaces de mort et complicité, violences et voies de fait, incendie volontaire, violation de domicile, diffamation ;

Faits prévus et punis par les articles 305 à 308, 59, 60, 184 al. 2,434 al. 3 du code pénal, 195 et 198 de la loi n°8-2001 du 12 novembre 2001 sur la liberté de l'information et de la communication ;

Parties civiles :

1- OB……. (noms et prénom, nationalité, date et lieu de naissance, filiation, profession, situation matrimoniale, domicile, etc.) ;

2- OB…… (noms et prénom, nationalité, date et lieu de naissance, filiation, profession, situation matrimoniale, domicile, etc.) ;

Vu le réquisitoire introductif de Monsieur le procureur de la république en date du…... ;

Sur les faits de la cause

Attendu que l'information a permis d'établir les faits suivants :

Courant……. (date), dame OM…...succombait deux (02) jours après son accouchement ; quelques mois plus tard, OS……concubin de la défunte prenait l'initiative d'aller aux consultations fétichistes en

République démocratique du Congo sous l'aval de la belle-famille en compagnie d'OM….. frère de la défunte, pour rechercher les causes de ce décès.

À l'issue de ces consultations fétichistes, OS…….ramenait une carte mémoire qui contenait la révélation du voyant qui incriminait OB…..absent dans la ville pendant plus d'une année comme étant à l'origine de la mort de sa cousine. Aussitôt, un climat d'hostilité s'instaurait au sein de la famille.

Courant…….. (date), sieur OB……, père biologique d'OB……. s'était réveillé dans la matinée aux environs de 4 heures par des propos diffamatoires que tenaient dame DZ…….. à l'endroit de leur malfaiteur, en compagnie de son fils OM….. et beau-fils OS……. Soudain, surgissait un groupe de personnes composé des membres de la famille de dame DZ….. et quelques habitants du village faisant irruption à son domicile. Il est l'objet des menaces, de violences et voies de fait ayant à leur tête OK…… oncle paternel de dame DZ…….., chef de famille.

Deux (02) jours après, sieur OB…….. prenait l'initiative d'aller au village……. (nom du village) faire part de son indignation auprès de leur frère ainé. C'est ainsi que la nouvelle se répand que le sieur OB….. serait en fuite.

Exaspéré par cette nouvelle, OM……., embarqué à bord d'une moto par AL……, se mettait immédiatement sur ses traces et trousses jusqu'au village……….(nom du village) en vain, très vite suivis par OM…… et son gendre OS……. à bord d'une moto, les rattrapaient sur la route dudit village et embarqués jusqu'au village………(nom du village) où ils ont été interceptés par leurs prédécesseurs dont OB……. était sévèrement menacé par OM……. et AL……..

Courant fin mois d'avril et début mai…. (année), un conseil de famille est tenu à ……. (nom de la ville), lequel formait une expédition et décidait d'aller en consultation fétichiste hors de la République démocratique du Congo aux fins de connaître le véritable auteur de la mort de la défunte OM………

Le lendemain, l'expédition prenait la route qui devait la conduire entre le Gabon ou le Cameroun pour effectuer ladite consultation fétichiste.

Etant à……(nom de la ville), OM………s'opposait d'aller aux pays convenus sous prétexte qu'ils devaient repartir là où ils avaient entrepris les précédentes consultations fétichistes en République démocratique du Congo.

OB….. et son père OB…….. furent déçus et courroucés. Ils rebroussèrent chemin en direction de……. (nom de la ville) après leur séparation où OM….. répandit une fausse nouvelle dans la contrée selon laquelle l'auteur du décès de dame OM…… n'est autre que OB……., puisqu'il vient de s'opposer et de se soustraire de la délégation qui allait consulter les voyants.

C'est ainsi que les maisons d'OB…….. et de son petit-fils furent incendiées dans la même nuit aux environs de 23 heures au village…… (nom du village) pendant que les deux parties se trouvaient à…….. (nom de la ville).

C'est ainsi qu'ils ont déposé plainte à la gendarmerie. OM……., OK…… et autres ont été interpellés et déférés au parquet de la République qui requerrait l'ouverture d'une information judiciaire.

Inculpés, puis interrogés pour menaces de mort, de menaces de violences et voies de fait, complicité de menaces verbales de mort, d'incendie volontaire de domicile, OM……., OK……., OM…….., OS…….., AK……., ET……….., OK……, ET…… n'ont pas reconnu les faits qui leur sont reprochés, par contre AL……. a reconnu partiellement les faits. Mais en ce qui concerne le délit de diffamation, OM…….., DZ…….., OS………., OM……… ont reconnu les faits qui leur sont reprochés.

Discussion :

Sur le chef de menaces de mort

Attendu que OK……., OM………, AL…….., AK………., OS…….., OM…….., ET…….., OK……., ET……… sont inculpés de menaces de mort, délit prévu et puni par l'article 307 du Code pénal ;

Attendu que la menace est l'annonce d'un mal que l'on veut faire. Elle trouble celui qui en est l'objet et constitue à son égard une violence morale ;

Que la menace peut être adressée directement à la victime, elle peut aussi lui être faite par l'intermédiaire d'un tiers, il suffit que cette menace ait été, dans l'esprit de l'auteur, destinée à parvenir à la victime même s'il n'est pas établi que celle-ci en a eu effectivement connaissance ;

Que pour que le délit soit constitué, il doit y avoir eu un acte de menace et une intention coupable de l'auteur ;

Attendu qu'en l'espèce AK……., OM………, OS…….. n'ont pas reconnu les faits qui leur sont reprochés et prétendent, pour le premier, n'avoir pas été sur les lieux lors des faits et n'ayant aucun lien de parenté avec les protagonistes pouvant justifier son implication dans une telle affaire, en sus, au motif que pendant cette période de congé de pâque il serait bel et bien à…….. (nom du village ; cf. PV d'interrogatoire de première comparution) ;

Que ce qui est curieux, c'est que pendant sa seconde comparution il a été révélé que ce dernier est le cousin de la défunte et serait à…….. (nom du village) à une veillée mortuaire pendant la même période, alors qu'il défendait mordicus qu'il serait au village……..(nom du village) au moment des faits ;

Qu'en outre, il avait commencé son premier trimestre au CEG de…… (nom de la ville), le second trimestre au CEG de……(nom du village) et ayant déposé son dossier de candidature du BEPC au CEG……..(nom d'un autre village) ;

Qu'il convient de relever que ses explications sont confuses et contradictoires ;

Tandis que l'infortuné soutenait que celui-ci avait déjà abandonné ses études et s'était installé au village……… (nom du village) ;

Que l'examen du dossier nous conduit à déduire que les allégations avancées par l'inculpé ne constituent qu'un moyen pour travestir la vérité ;

Qu'il y a lieu à suivre contre AK……. de ce chef ;

Quant à OM……., il ,prétend avoir posé simplement la question de savoir où est ce que le sieur OB……. partait tout en lui faisant quelques leçons de morale, alors qu'ils étaient convaincus que celui-ci serait en cavale ; OS……. par contre prétend avoir embarqué OM…… pour rechercher OB……. qui serait en fuite ;

Que pourtant, il convient de relever que OS……. étant sûr et convaincu de l'origine de ses malheurs en provenance de OB……., fils de OB……. était absent dans la localité à l'issue de nombreuses consultations fétichistes ;

Que le seul moyen pour atteindre son malfaiteur était d'exercer une contrainte morale sur le père de son bourreau de genre « tant que ton fils ne revient pas, je te tuerai avant de repartir à mon village natal » ;

Que la négation des faits par OS……. n'est qu'un moyen destiné à escamoter la vérité ;

Que dans tous les cas, ces prétentions sont l'expression d'un sentiment de haine collective des membres d'une famille ayant déjà une idée sur leur malfaiteur, nourri contre OB……., car ce qui vaut pour le malheur de la famille OM…… , voudrait bien pour le malheur de la famille DZ……… ;

Qu'en toute évidence, après la mort de OM………, quelques mois plus tard, sieur OM……. et madame DZ……. formaient une expédition pour rechercher l'auteur de leur malheur qui révélerait que OB……. serait à l'origine de ce décès ;

Que malgré leurs délégations, il y a lieu à suivre contre OM……., OS……., de ce chef ;

Que s'agissant des inculpés OM…….., ET………, AL………, ET……… et OK……, ils nient les faits à eux reprochés ;

Attendu que ces prétentions n'ont pas été contredites par la victime, qu'il suit de là que le délit de menaces de mort n'est pas constitué contre les susnommés ;

Qu'il n'y a pas lieu à suivre contre eux de ce chef ;

Sur le chef de complicité de menaces de mort

Attendu que les inculpés OM…… et autres sont poursuivis selon la qualification du parquet sous la prévention de complicité de menaces de mort ;

Qu'aux termes de l'article 60 du code pénal, les complices d'une action qualifiée crime ou délit, ceux-ci, par dons, promesses, menaces, abus d'autorité ou de pouvoir, machinations ou artifices coupables, auront provoqué cette action ou donné des instructions pour la commettre ;

Que la complicité peut se matérialiser par la fourniture d'armes, d'instruments ou par tout autre moyen qui aura servi à l'action sachant qu'ils devaient y servir avec connaissance, aide et assistance l'auteur ou les auteurs de l'action dans les faits qui l'auront préparée ou facilitée ;

Qu'en l'espèce, interrogés OM…….. et autres nient les faits ;

Qu'il résulte des éléments recueillis par l'instruction que les faits allégués par la victime à l'encontre des inculpés n'ont été confirmés par aucun élément matériel et par aucun témoignage ;

Qu'en conséquence, qu'il n'y a lieu à suivre contre eux de ce chef ;

Attendu au contraire que AL......... reconnaît avoir embarqué OM...... à bord de sa moto jusqu'au village........(nom du village) pour rechercher OB....... qui serait en cavale ;

Qu'en l'espèce, AL....... a, par connaissance, aide et assistance, facilité la commission du délit commis par OM........ à l'encontre de OB........ au village.......(nom du village) ;

Qu'ayant agi ainsi, AL.......... s'est rendu coupable du délit de complicité de menaces de mort ;

Sur le chef des menaces de voies de fait ou violences

Attendu que les inculpés OM......., OK....... et autres sont poursuivis selon la qualification du parquet sous la prévention du chef de menaces de violences et de voies de fait ;

Attendu qu'aux termes des dispositions de l'article 308 du code pénal quiconque aura menacé, verbalement ou par écrit, de voies de fait sera coupable du délit des menaces de voies de fait ou violences ;

Que les menaces de voies de fait ou violences est un délit constitué dès lors que la menace est faite soit au moyen d'images, de symboles, d'écrits ou de paroles ;

Que les menaces doivent, pour être constituées, avoir un caractère sérieux et qu'elles aient pour but de peser méchamment par un moyen de contrainte morale sur la volonté d'autrui ;

Qu'interrogés pour ce chef, les inculpés ont catégoriquement nié les faits ; tandis que la victime soutient avoir été violentée par les inculpés à l'aide des pierres et toute sorte d'objets confondus ;

Attendu qu'en l'espèce, les agissements subis par OB...... constituent clairement les violences et voies de fait, délit prévu et puni par l'article 311 du code pénal, et non celui des menaces de violences et voies de fait, 'où il convient de donner aux faits leur vraie qualification juridique ;

Requalification

Attendu qu'après l'analyse des déclarations des parties et des éléments du dossier, il résulte que les faits reprochés aux inculpés sous la qualification de menaces de violences et voies de fait constituent en réalité le délit de violences et voies de fait ;

Attendu que selon la doctrine et la jurisprudence, les violences et voies de fait consistent en des agissements qui portent atteinte à l'intégrité physique de la personne ou sans atteindre matériellement la victime sont de nature à l'impressionner vivement ; il n'est pas nécessaire que les agissements aient laissé des traces, mais ils doivent produire une impression physique sur la personne ;

Que l'infraction est constituée dès lors qu'il existe un acte volontaire de violences et voies de fait, quel que soit le mobile qui l'ait inspiré et alors même que son auteur n'aurait pas voulu causer le dommage qui en est résulté ;

Attendu que ET….., AL……, OM…… et AK……. précédemment inculpés d'une part pour menaces des violences et voies de fait, puis requalifiées en violences et voies de fait sur la personne de OB…… nient les faits à eux reprochés et prétendent n'avoir pas été sur les lieux au moment des faits ;

Attendu que ces prétentions n'ont pas été contredites par la victime, qu'il suit de là que le délit de violences et voies de fait n'est pas constitué contre les susnommés ;

Qu'il n'y a lieu à suivre contre eux de ce chef ;

Qu'interrogé en outre, ET……. nie les faits dès sa première comparution prétend n'avoir pas été sur les lieux et pendant la seconde comparution, il reconnaît avoir été sur les lieux des faits et assisté à la dispute ;

Que pourtant, il convient de relever que ET……. né et grandi à…….. (nom du village) ayant vécu les faits ne pouvait pas connaître les protagonistes de son village natal et d'ailleurs qu'il n'avait jamais jeté les pierres sur la victime, pas non plus sur sa maison d'habitation ; alors qu'à la gendarmerie il avouait avoir jeté quelques pierres ;

Qu'en ce qui concerne OK……, interrogé, nie les faits à lui reprochés et allègue n'avoir pas été sur les lieux ni informé et aucune ramification avec les protagonistes ;

Qu'après un examen profond du dossier, l'instruction a permis de révéler que OK…….. est l'oncle paternel de dame DZ……., qu'habitant ainsi le même village de tels faits ne pouvaient lui échapper ;

Que les déclarations des faits de violences et voies de fait réitérées et concordantes réalisées par la victime à l'encontre de OK……. renforcent la crédibilité, d'autant que celle-ci ont été confortées par les différentes planches photographiques ;

Que la dénégation des faits par l'inculpé n'est qu'un moyen destiné à se soustraire de la rigueur de la loi ;

Qu'il y a lieu à suivre contre OK…….. de ce chef ;

Que s'agissant de OM…….., OS……, OK……. interrogés, nient également les faits à eux reprochés et prétendent n'avoir pas été sur les lieux, alors que la victime les citait nommément ;

Que l'examen profond du dossier nous conduit à déduire aisément que ces derniers ne pouvaient ignorer ces agissements vis-à-vis de l'infortuné, en raison des liens qui les unissent ;

Qu'il y a lieu de les retenir dans les liens de la prévention de ce chef ;

Sur le chef de l'incendie volontaire

Attendu qu'il est également reproché aux inculpés OM…… et autres d'avoir incendié les maisons d'habitation au préjudice de sieur OB…… suivant la prévention visée par le parquet au sens de l'article 434 alinéa 2 du code pénal ;

Attendu qu'interrogés, OM…… et autres nient les faits à eux reprochés et prétendent n'avoir pas été sur les lieux au moment des faits ;

Que ces prétentions n'ont pas été contestées par la victime qui se contentait simplement de dire qu'étant tous à…….. (nom de la ville) seul OM……. qui connaissait les auteurs de cet incendie ;

Attendu que les dispositions du Code pénal sont d'interprétation stricte ;

Qu'il n'y a lieu à suivre contre eux de ce chef ;

Sur la complicité de l'incendie volontaire

Attendu qu'il est aussi reproché aux inculpés OM……. et autres de complicité d'incendie volontaire ;

Attendu qu'aux termes de l'article 60 du Code pénal, les complices d'une action qualifiée crime ou délit, ceux qui, par dons, promesses, menaces, abus d'autorité ou de pouvoir, machinations ou artifices coupables, auront provoqué cette action ou donné des instructions pour la commettre ;

Que la complicité peut se matérialiser par la fourniture d'armes, d'instruments, ou tout autre moyen qui aura servi à l'action sachant qu'ils devaient y servir avec connaissance, aide et assistance l'auteur ou les auteurs de l'action, dans les faits qui l'auront préparée ou facilitée, ou dans ceux qui l'auront consommée ;

Qu'interrogés, les inculpés ont nié les faits mis à leur charge et soutiennent avoir été absents du village au moment des faits ;

Que ces prétentions sont confirmées par la victime qui, lors de confrontation avec les inculpés, les mis-hors-de-cause, excepté OM…… qu'elle indexait sans pouvoir circonscrire son implication dans cet incendie ;

Que l'infraction de complicité n'est pas constituée contre OM……. et autres ;

Qu'il n'y a lieu à suivre contre eux de ces chefs ;

Sur le chef de violation de domicile

Attendu que OK……., OM……, OS…….., OK………., ET……., OM…….., ET……, AL…….. sont inculpés pour violation de domicile de OB………. ;

Attendu qu'aux termes de l'article 184 alinéa 2 du Code pénal «tout individu qui se sera introduit à l'aide de menaces ou de violences dans le domicile d'un citoyen, sera puni……» ;

Que le domicile d'un citoyen que protège l'article précité n'est pas uniquement celui que définit l'article 102 du Code civil et qui est, pour l'exercice des droits civils, au lieu seul où ce citoyen a son principal établissement ;

Mais qu'au sens de cette disposition, on doit entendre par domicile toute demeure permanente ou temporaire occupée par celui qui y a droit, ou, de son consentement, par un tiers, ou encore le lieu où, qu'elle habite ou non, une personne a le droit de se dire chez elle, quel que soit le titre juridique de son occupation et l'affectation donnée aux locaux ;

Que les menaces selon l'esprit et la lettre de l'article suscité ne s'entendent pas uniquement comme celles qui se font par paroles ou par gestes, mais une réunion de personnes faisant irruption ou se présentant d'un air décidé, et que par violences doivent s'entendre, outre les coups, blessures ou voies de fait sur la personne, toutes les violences ou voies de fait commises sur les choses elles-mêmes, notamment des actes tels que jet de pierres sur la maison d'autrui ou toute sorte d'objets confondus ;

Attendu qu'interrogés, les inculpés nient les faits à eux reprochés et prétendent pour ET……. , OM…….., AL……, et AK…….., n'avoir pas été sur les lieux au moment des faits ;

Que ces allégations n'ont pas été contestées par la victime ;

Qu'il suit de là que le délit de violation de domicile n'est pas constitué contre les susnommés ;

Qu'il n'y a lieu à suivre contre eux de ce chef ;

Quant à l'inculpé OK…….., il prétend n'avoir entendu des faits pareils et ne pouvait en aucun cas s'interférer dans un tel conflit dans la mesure où il n'a aucun lien de parenté avec ces protagonistes, lorsque sieur OB…… le citait nommément ;

Que ces allégations corroborent la thèse de sieur ET……. président de comité du village selon laquelle « puisque c'était une affaire familiale, je ne pouvais m'interférer» (cf. PV d'interrogatoire de première comparution) ;

Qu'après l'examen profond et minutieux des faits, il convient de dire que la négation des faits par OK……. n'est qu'un système de défense destiné à se soustraire à la rigueur de la loi ;

Qu'il y a lieu à suivre contre lui de ce chef ;

Qu'enfin, s'agissant des inculpés Et……. et OK……., arguant pour le premier être sur les lieux des faits en qualité de curieux, pour le deuxième n'avoir pas été sur les lieux au moment des faits, alors que ces prétentions sont sérieusement contestées par la victime en ces termes : « ceux-ci sont toujours impliqués dans toute sorte de conflits dans notre village» ;

Qu'en poussant le raisonnement jusqu'au bout de la logique, il convient de dire que les dénégations des faits, par ET....... et OK....... ne constituent qu'un alibi destiné à échapper aux poursuites pénales ;

Que malgré leurs dénégations, il y a lieu à suivre contre ET....... et OK........ du chef de violation de domicile ;

Sur le chef de diffamation

Attendu qu'aux termes des dispositions de l'article 195 alinéa 2 de la loi n°8-2001 du 12 novembre 2001 sur la liberté de l'information et de la communication, la diffamation s'entend comme « toute allégation ou imputation d'un fait qui porte atteinte à l'honneur et à la considération de la personne ou du corps auquel le fait est imputé est une diffamation » ;

Qu'il résulte de cette disposition des éléments matériels et moraux qui caractérisent la diffamation à savoir : l'allégation qui consiste à diffuser, répéter ou reproduire des faits, propos, écrits ou circonstances, contenant des imputations diffamatoires attribuées à un tiers ;

En revanche, l'imputation prétend exprimer une attitude due à la connaissance personnelle ;

Que la diffamation suppose que l'auteur de l'infraction fasse référence à un fait suffisamment précis ;

Que le fait doit être de nature à porter atteinte à l'honneur ou à la considération. Il y a atteinte à l'honneur dès lors que le fait invoqué est contraire à la probité, à la loyauté ou à la morale. Porte aussi atteinte à la considération, le fait qui peut compromettre la situation sociale de la personne visée. Il peut s'agir distinctement de faits touchant la vie privée, publique, ou professionnelle de la personne concernée ;

Que l'élément moral consiste en la conscience qu'a le diffamateur que son propos atteint l'honneur ou la considération de la personne visée et d'autre part, en la volonté ou l'intention de nuire ;

Qu'enfin pour être constituée en délit, la diffamation doit avoir un caractère public ;

Qu'en l'espèce, il est indéniable que BZ...... ; OS......, OM......, et OM....... ont reconnu unanimement avoir traité OB...... de sorcier ;

Que leur responsabilité pénale ne fait l'ombre d'aucun doute ;

Qu'il y a lieu de suivre contre eux du chef de diffamation ;

Renseignements

Attendu qu'il ne ressort pas de l'information, que OM……. et autres font l'objet d'antécédents judiciaires ;

Non-lieu partiel

Attendu qu'il ne résulte pas de l'information des charges suffisantes contre OM……, ET……., OK…….., ET……., OK…….. et AL……. d'avoir au village……(nom du village), circonscription judiciaire du Tribunal de Grande Instance de……..(nom de la ville), courant……(date), en tout cas depuis temps tel que les faits ne sont pas couverts par la prescription de l'action publique, ensemble et de concert, menacé de mort OB……. ;

Faits prévus et punis par l'article 307 du code pénal ;

- Contre OM……, ET……., OK…….., ET……., OK…….. de s'être dans les mêmes circonstances de temps et de lieu, ensemble et de concert, par aide et assistance fournit de moyen ou par autres artifices coupables, rendu complices de OM…… et OS…….. dans la commission du délit de menaces de mort à l'encontre de OB…….... ;

Faits prévus et punis par les articles 59 et 60 du Code pénal ;

- Contre OM……., ET……., OK…….., ET……., OK…….. d'avoir dans les mêmes circonstances de temps et de lieu, ensemble et de concert, par quelque moyen que ce soit avec ordre ou sous condition menacé de violences et voies de fait OB……. ;

Faits prévus et punis par l'article 308 du code pénal ;

- contre OM……., ET……., OK…….., ET……., OK…….. d'avoir dans les mêmes circonstances de temps et de lieu ensemble et de concert, volontairement mis feu aux maisons d'habitation appartenant à OB…... ;

Faits prévus et punis par l'article 434 du Code pénal ;

- Contre OM……., ET……., OK…….., ET……., OK……. de s'être dans les mêmes circonstances de temps et de lieu, ensemble et de concert, par aide et assistance fournit de moyen ou par autres artifices coupables, rendu complices du crime d'incendie volontaire des maisons d'habitation de sieur OB……. ;

Faits prévus et punis par les articles 59 et 60 du Code pénal ;

- Contre OM……., ET……., AK…….., et AL……., de s'être dans les mêmes circonstances de temps et de lieu, ensemble et de concert, introduits à l'aide de menaces ou de violences dans le domicile de OB…….;

Faits prévus et punis par l'article 184 du Code pénal ;

- Contre AK……., ET……., OK…….., ET……., OK……. et AL……. d'avoir dans les mêmes circonstances de temps et de lieu, ensemble et de concert, porté des allégations ou imputations d'un fait de nature à porter atteinte à l'honneur et à la considération de OB……. en le traitant de sorcier ;

Faits prévus et punis par les articles 195, alinéa 2 et 198 de la loi n°8-2001 du 12 novembre 2001 sur la liberté de l'information et de la communication ;

Qu'il n'y a lieu à suivre contre eux de ces chefs ;

Renvoi devant le Tribunal correctionnel

Attendu qu'il résulte de l'information des charges suffisantes contre OM……., AK……. et OS……. d'avoir aux villages…….. et……… (noms de ces villages), circonscription judiciaire du Tribunal de Grande Instance de……. (nom de la ville), courant….. (date), en tout cas depuis temps tel que les faits ne sont pas couverts par la prescription de l'action publique, ensemble et de concert, menacé de mort OB….. ;

Faits prévus et punis par les articles 306 et 307 du Code pénal ;

- Contre AL…….. de s'être, dans les mêmes circonstances de temps et de lieu, par aide et assistance, fourni des moyens ou autres artifices, rendu coupables et complices de OM…… dans la commission du délit de complicité de menaces de mort à l'encontre de OB…… ;

Faits prévus et punis par les articles 59 et 60 du Code pénal ;

- Contre OM……, ET……., OK…….., ET……., OK…….. et OS…….. d'avoir, dans les mêmes circonstances de temps et de lieu, ensemble et de concert, exercé des violences et voies de fait sur la personne de OB…… ;

Faits prévus et punis par les articles 311 du Code pénal ;

- Contre OM……, ET……., OK…….., OS……., OK…….. de s'être dans les mêmes circonstances de temps et de lieu, ensemble et de concert, introduits à l'aide de menaces ou de violence dans le domicile de OB...... ;

Faits prévus et punis par les articles 184 du Code pénal ;

- Contre OM......, DZ........, OM......., OS........ d'avoir dans les mêmes circonstances de temps et de lieu, ensemble et de concert, fait des allégations ou imputations des faits qui ont porté atteinte à l'honneur et à la considération de OB........ en l'accusant de sorcier ;

Faits prévus et punis par les articles 195 et 198 de la loi n°8-2001 du 12 novembre 2001 sur la liberté de l'information et de la communication ;

En conséquence

Vu les articles 162, 163 et 165 du code de procédure pénale ;

Déclarons suffisamment établie la prévention des faits ci-dessus spécifiés contre les inculpés ;

Ordonnons le renvoi de l'affaire devant le Tribunal Correctionnel pour y être jugée conformément à la loi ;

Disons que l'entier dossier de la procédure sera transmis sans délai à Monsieur le procureur de la république pour les formalités d'usage, en vertu de l'article 166 du code de procédure pénale.

Fait en notre cabinet, le..........(date)

LE JUGE D'INSTRUCTION

Ordonnance n° 16

COUR D'APPEL DE.... (NOM DE LA VILLE)

TRIBUNAL DE GRANDE INSTANCE

DE... (NOM DE LA VILLE)

CABINET

DE MONSIEUR..................

JUGE D'INSTRUCTION

N° R.P .... /

N° R.I .... /

RÉPUBLIQUE DU CONGO

Unité-Travail-Progrès

ORDONNANCE AUX FINS DE NON-LIEU PARTIEL ET DE RENVOI DEVANT LE TRIBUNAL CORRECTIONNEL

Nous,......... (noms et prénom) juge d'instruction au Tribunal de Grande Instance de......(nom de la ville) ;

Vu les pièces de la procédure suivie contre :

BO........,.......... (nationalité, date et lieu de naissance, filiation, profession, situation matrimoniale, domicile, etc.) ;

Inculpé d'excitation d'une jeune fille à la débauche et de complicité d'avortement ;

Faits prévus et punis par les articles 59, 60, 317 et 334 du Code pénal ;

Partie civile : FO.....,......... (nationalité, date et lieu de naissance, filiation, profession, situation matrimoniale, domicile, etc.) ;

Vu le réquisitoire introductif en date du..... ;

Vu notre ordonnance de soit-communiqué de monsieur le juge d'instruction, en date du……, aux fins de réquisitions définitives de Monsieur le procureur de la république ;

Vu les réquisitions en règlement définitif de Monsieur le procureur de la république, en date du…… ;

Sur les faits de la cause :

L'information a établi les faits suivants :

Courant……. (date), le nommé BO……. et la nommée FO…… âgée de 17 ans commençaient à entretenir des relations sexuelles ;

Au mois de…… (date), l'épouse de BO…… précisément la nommée LO….. était informée des relations intimes entre son époux et la nommée FO……. C'est ainsi qu'elle rassemblait les parents de FO……. en présence de son époux et elle leur faisait injonction de dire à leur fille d'arrêter les relations intimes avec son époux ;

Dans les mêmes temps, les parents de FO……. disaient qu'elle était déjà enceinte et exigeaient de faire un examen médical parce que BO….. et FO……. soutenaient au contraire qu'elle attendait voir les règles mensuelles notamment le…….. (date) ;

Toutefois, BO…… leur remettait la somme de vingt mille (20.000) francs CFA pour entreprendre un examen médical. A la polyclinique Ki….. , le médecin GA…… observait que FO….. portait déjà une grossesse de six (6) semaines et dressait un certificat médical le…….. (date) ;

Cependant, FO……. continuait à soutenir qu'elle n'était pas en état de grossesse ;

Ainsi sa cousine ND…… et son amie FE……. l'obligeaient à repartir en consultation à la clinique SA…… où le médecin observait au contraire qu'elle n'était pas en état de grossesse. À cause de ce résultat négatif que certainement elle s'est fait avortée en accord avec son ami BO……. C'est pour cette raison que le père de FO…… déposait une plainte contre BO…….. pour avortement, complicité d'avortement et excitation d'une fille mineure à la débauche ;

Discussion :

Attendu que le nommé BO……… est inculpé de complicité d'avortement et d'excitation d'une fille mineure à la débauche ;

Sur le délit de complicité d'avortement

Attendu qu'aux termes des dispositions combinées des articles 60 et 317 du Code pénal, le délit de complicité est constitué lorsqu'un individu a fait des dons, des promesses, des menaces, un abus d'autorité ou autres moyens pour aider ou assister un autre individu en vue de faire procéder à l'avortement d'une femme enceinte ou supposée être enceinte ;

Qu'en l'espèce, FO……âgée de 17 ans a été observée enceinte de six (6) semaines le…….. (date) par le médecin GA……… à la polyclinique KI…….., tel que les parents soutenaient ;

Que cependant, elle a été observée sans être enceinte à la clinique SA……. après quelques semaines en présence de ses parents ; tel que FO……. et son amant BO……. soutenaient continuellement ;

Que malgré cette contradiction, des deux (2) observations, l'auteur et le lieu de l'avortement n'ont pas été indiqués et les soins médicaux relatifs au traitement de l'avortement n'ont pas été constatés par les parents ;

Qu'il convient de constater l'absence de preuves sur l'état de grossesse de FO……. et sur l'auteur et les actes matériels de l'avortement ;

Que dans le même sens, aucun acte de preuves de complicité n'a été apportée contre BO…… ;

Qu'il sied de retenir que les faits de la cause ne constituent pas le délit de complicité d'avortement reproché à BO…... ;

Qu'il n'y a lieu à poursuivre contre lui de ce chef en application de l'article 163 du code de procédure pénale ;

Sur le délit d'excitation d'une fille mineure à la débauche

Attendu que l'article 334 dernier alinéa dispose : «…… sera puni des peines portées au paragraphe premier, quiconque aura attenté aux mœurs, soit en excitant, favorisant ou facilitant habituellement la débauche ou la corruption de la jeunesse de l'un ou l'autre sexe au-dessous de l'âge de 21 ans, ou, même, occasionnellement, des mineures de 16 ans » ;

Qu'en l'espèce, BO……. âgé de 40 ans a reconnu avoir entrepris des relations sexuelles régulièrement avec la mineure FO……., alors âgée de 17 ans sans avoir été reconnu comme époux ou futur époux par les parents de cette dernière ;

Qu'en droit, les faits mis à la charge de BO……. constituent le délit d'excitation d'une mineure à la débauchc ;

Que l'élément légal de ce délit est l'article 334 du Code pénal, l'âge de la mineure au-dessous de 21 ans, l'élément matériel est constitué par les actes successifs d'entretien des relations sexuelles et l'élément moral est la volonté et la conscience manifestée par BO……. en accomplissant régulièrement des actes sexuels dans des conditions interdites par la loi pénale ;

Qu'il sied d'ordonner le renvoi de l'inculpé BO……. et le dossier de la procédure devant le Tribunal correctionnel en application de l'article 165 du code de procédure pénale pour y être jugé conformément à la loi ;

Renseignements

Néant ;

Non-lieu partiel

Attendu qu'il ne résulte pas de l'information judiciaire des charges suffisantes contre BO……. de s'être à…….. (nom de la ville), courant……(date), en tout cas depuis temps tel que les faits ne sont pas couverts par la prescription de l'action publique, rendu complice de l'avortement pratiqué sur la mineure FO……, âgée de 17 ans ;

Délit prévu et puni par l'article 334 du Code pénal ;

Que les faits de la cause ne constituent pas le délit de complicité d'avortement ;

Qu'il n'y a lieu à poursuivre contre lui de ce chef ;

Renvoi devant le Tribunal correctionnel

Attendu a contrario qu'il résulte de la même information judiciaire des charges suffisantes contre BO…… d'avoir à……… (nom de la ville), courant……. (date), en tout cas depuis temps tel que les faits ne sont pas couverts par la prescription de l'action publique, excité à la débauche la mineure FO…….., âgée de 17 ans ;

Délit prévu et puni par l'article 334 du Code pénal ;

Qu'il sied d'ordonner le renvoi de l'inculpé BO……. et le dossier de la procédure devant le Tribunal correctionnel en application de l'article 165 du code de procédure pénale pour y être jugé conformément à la loi ;

En conséquence

Vu l'article 163 du code de procédure pénale ;

Constatons et ordonnons que les faits mis à la charge de BO……. ne constituent pas le délit de complicité d'avortement ;

Qu'il n'y a lieu à poursuivre contre lui de ce chef ;

Constatons et ordonnons a contrario que les faits de la cause constituent le délit d'excitation d'une fille mineure à la débauche conformément à l'article 334 du Code pénal ;

Vu l'article 165 du code de procédure pénale ;

Ordonnons le renvoi de l'inculpé BO……. et du dossier de la procédure devant le Tribunal correctionnel de céans pour y être jugé conformément à la loi.

Fait en notre cabinet, le……. (date)

LE JUGE D'INSTRUCTION

Ordonnance n°17

COUR D'APPEL DE.... (NOM DE LA VILLE)

TRIBUNAL DE GRANDE INSTANCE

DE... (NOM DE LA VILLE)

CABINET

DE MONSIEUR..................

JUGE D'INSTRUCTION

N° R.P .... /

N° R.I .... /

RÉPUBLIQUE DU CONGO

Unité-Travail-Progrès

ORDONNANCE AUX FINS DE NON-LIEU PARTIEL ET DE RENVOI DEVANT LE TRIBUNAL CORRECTIONNEL

Nous,......... (noms et prénom) juge d'instruction au Tribunal de Grande Instance de...... (nom de la ville) ;

Vu la procédure suivie :

MO....,... (nationalité, date et lieu de naissance, filiation, profession, situation matrimoniale, domicile, etc.) ;

Inculpé de tentative de viol et de coups et blessures volontaires ;

Libre ;

Partie civile : MB.... en personne et es qualité de sa nièce mineure BA... (nationalité, date et lieu de naissance, filiation, profession, situation matrimoniale, domicile, etc.) ;

Vu le réquisitoire introductif de Monsieur le procureur de la république, en date du ... ;

Vu l'ordonnance de soit-communiqué de monsieur le juge d'instruction, en date du …. , aux fins de réquisitions définitives de Monsieur le procureur de la république ;

Vu les réquisitions en règlement définitif de Monsieur le procureur de la république, en date du … ;

Sur les faits de la cause

Attendu que l'information judiciaire a établi les faits suivants :

Courant… (date), dame MB… , locataire dans la parcelle de la sœur de MO…, parcelle dans laquelle vit ce dernier, avait reçu sa mère, la nommée BA…. qui était venue vivre avec elle ;

Intéressé par la nièce de dame MB…….. , MO… lui faisait des avances qui n'avaient pas abouti, en raison du refus de ladite nièce, la nommée BA… ;

N'ayant pas pu la convaincre avec les mots, MO… profitait de l'absence de dame MB… pour s'introduire furtivement dans la chambre où dormait BA… , montait sur le lit, retirait le pagne dont elle se couvrait et au moment où il voulait enlever son slip, celle-ci se réveillait et criait, ce qui fera que MO… l'ait poussé et par la suite pris la fuite ;

Informée des faits, dame MB…….. informait à son tour son mari, lequel rassemblait MO…… et son épouse, dame MB…… et BA…… qui exposait les faits, niés totalement par MO……. qui disait blaguer avec elle ;

À la suite de cet entretien, le climat avait négativement changé entre eux, de sorte qu'ils ne se saluaient plus. Ne l'ayant pas supporté, MO……. servait un préavis d'un mois à dame MB…… qui, en réaction, n'hésitait pas de tenir des propos injurieux à l'endroit de MO….. ;

C'est ainsi que MO…… avait porté des coups sur les personnes de dame MB…… et de BA……… , coups ayant occasionné des douleurs abdominales internes et un saignement à cette dernière, puis une intervention chirurgicale en date du ……. ,pour appendicite. Le certificat médical délivré à BA….. a établi qu'elle souffre d'une contusion abdominale sur la région para-ombilicale droite, un *pretium doloris* important et une incapacité de travail personnel de vingt et un (21) jours ;

Discussion

Sur le crime de tentative de viol

Attendu que le crime de viol puni par les dispositions de l'article 332 du Code pénal, suppose qu'il y a eu pénétration forcée du membre viril de l'homme dans l'organe génital de la femme sans son consentement ;

Attendu que l'article 2 du Code pénal dispose que toute tentative de crime qui aura été manifestée par un commencement d'exécution, si elle n'a été suspendue ou si elle n'a manqué son effet que par des circonstances indépendantes de la volonté de son auteur, est considérée comme le crime même ;

Attendu qu'à la lecture des dispositions combinées de ces deux (2) articles, il ressort qu'il n'y a tentative de viol que lorsque l'agent pénal pose les actes préparatoires de pénétration, en s'apprêtant réellement à pénétrer sexuellement une femme par violence, contrainte ou par surprise, mais qui doit l'interrompre à cause d'une circonstance étrangère à sa volonté qui peut être la vive opposition de la victime ;

Attendu qu'en l'espèce, BA…….. a soutenu qu'elle avait été surprise par la présence de MO……. dans son lit, en culotte, alors qu'elle dormait ;

Que MO…… était entré dans la maison qui n'était pas fermée, et avait déjà réussi à enlever le pagne avec lequel BA…… avait couvert son corps et s'apprêtait à lui enlever le slip, manœuvre qu'il n'a pu faire au motif qu'elle s'était réveillée et criait pour repousser celui-ci ;

Que pris de honte, MO…… avait poussé violemment BA…… et avait pris la fuite ;

Attendu qu'il est patent que ces faits ne peuvent s'analyser en actes préparatoires de pénétration tel qu'il résulte de la figure jurisprudentielle des articles 2 et 332 du code pénal précités ;

Qu'en plus, la déclaration des faits faite par BA……… a été contestée par MO…… qui, du reste, n'a pas nié faire des avances voilées à BA……, en disant qu'elle sera sa femme et en reconnaissant que ces avances n'étaient pas sérieuses ;

Que ni BA……., ni sa tante MB…… n'ont pu rapporter la preuve de ces allégations ;

Qu'en cela, le crime de tentative de viol ne peut être retenu à l'endroit de MO...... ;

Qu'il n'y a pas lieu à suivre de ce chef ;

Sur le délit de coups et blessures volontaires

Attendu que tombe sous le coup des dispositions de l'article 309 du Code pénal, celui qui volontairement aura porté des coups et fait des blessures sur autrui, s'il est résulté desdits coups portés et blessures faites une incapacité de travail personnel de plus de vingt et un (21) jours ;

Attendu que tombe sous le coup des prescriptions de l'article 311 du Code pénal, celui qui aura porté des coups et fait des blessures sur la personne d'autrui, s'il ne résulte pas desdits coups portés et blessures faites une incapacité de travail personnel de plus de vingt et un (21) jours ;

Attendu que ces deux (2) délits ont les mêmes éléments constitutifs, en l'occurrence, l'élément matériel, manifesté par l'acte matériel de porter les coups ou de blesser et l'élément intentionnel ou la volonté de porter des coups ou de blesser autrui ;

Attendu qu'en l'espèce, MO........ a reconnu avoir administré des coups sur la personne de dame MB...... , sous l'empire de la colère , et a cependant nié avoir porté mains sur BA...... ;

Attendu que dame MB....... n'a cependant pas produit au dossier copie du certificat médical permettant d'établir les conséquences résultant des coups que MO...... a reconnu avoir porté sur sa personne ;

Attendu dès lors que MO....... a reconnu devant le juge instructeur avoir porté des coups sur la personne de dame MB....... , cet aveu judiciaire ôte tout doute sur sa culpabilité et son imputabilité aux faits de la cause, quant à la situation de dame MB....... ;

Qu'en cela, il est de bon droit de lui faire application des dispositions de l'article 311 du Code pénal ;

Attendu par contre qu'il est établi, suivant avis médical de l'homme de l'art, en date du......, que demoiselle BA....... se plaignait d'une douleur intense avec appréciation difficile des organes intra abdominaux, et préconisait la nécessité d'une exploration échographique ;

Qu'en date du….. , l'homme de l'art, poursuivant ses investigations, relevait que BA… présentait une contusion abdominale, siégeant sur la région para-ombilicale droite, suite des coups et blessures volontaires ;

Que son état nécessitait un traitement médical ;

Attendu que tous ces faits établissent la responsabilité de MO… ;

Que le fait pour lui de nier avoir porté des coups sur la personne de demoiselle BA…. ne constitue qu'un moyen de défense qui ne saurait faire douter de sa culpabilité ;

Que MO…. ne pouvait, sans user de mensonge, prétendre faire des blagues avec demoiselle BA….., sans réellement développer l'envie de vouloir profiter de son corps juvénile, de sorte que le refus opposé par celle-ci a créé des rancœurs à l'endroit de celui-ci ;

Que d'ailleurs, il lui sera plus aisé de trouver un mobile à ses agissements dès lors qu'il est et était conscient de ce que demoiselle BA… est et était la source de son humiliation, et de ce qu'il a qualifié de « climat malsain dans la parcelle», avec la révélation des faits à sa tante dame MB….. ;

Qu'en s'attaquant à ladite tante, il ne pouvait rester sans agir contre demoiselle BA…. ;

Qu'ayant un mobile, l'intention de MO…. de porter des coups et de blesser demoiselle BA…. doit être tirée de ce mobile ;

Qu'il y a lieu de dire établis les faits de coups et blessures volontaires des articles 309 et 311 du Code pénal sur la personne de MO….. ;

Renseignement

Néant ;

Sur le non-lieu partiel

Attendu qu'il ne résulte pas de l'instruction des charges suffisantes contre MO… d'avoir commis le crime de tentative de viol ;

Vu l'article 163 du code de procédure pénale ;

Disons qu'il n'y a lieu à le suivre de ce chef ;

Sur le renvoi

Attendu qu'il résulte de l'information définitive des charges suffisantes contre MO.... d'avoir à.... (nom de la ville), courant.... (date), en tout cas depuis temps tels que les faits ne sont pas couverts par la prescription de l'action publique volontairement porté des coups et fait des blessures sur la personne de dame MB...., avec la circonstance que desdits coups portés et blessures faites il est résulté une incapacité de travail personnel non encore déterminée ;

Faits prévus et punis par l'article 311 du Code pénal ;

D'avoir dans les mêmes circonstances de temps et de lieu, volontairement porté des coups et fait des blessures sur la personne de BA.... , avec la circonstance que desdits coups portés et blessures faites, il est résulté une incapacité de travail personnel de plus de vingt et un (21) jours ;

Faits prévus et punis par l'article 309 alinéa 1er du Code pénal ;

En conséquence

Vu l'article 165 du code de procédure pénale ;

Déclarons suffisamment établie la prévention des faits de coups et blessures des articles 309 et 311 du Code pénal sur la personne de MO... ;

Ordonnons le renvoi de la présente procédure devant le Tribunal correctionnel de céans pour y être jugée conformément à la loi.

Fait en notre cabinet, le.... (date)

LE JUGE D'INSTRUCTION

Ordonnance n°18

COUR D'APPEL DE…. (NOM DE LA VILLE)

TRIBUNAL DE GRANDE INSTANCE

DE… (NOM DE LA VILLE)

CABINET

DE MONSIEUR………………

JUGE D'INSTRUCTION

N° R.P ……………………….... /

N° R.I ………...…………….. /

RÉPUBLIQUE DU CONGO

Unité-Travail-Progrès

ORDONNANCE AUX FINS DE NON-LIEU PARTIEL ET DE RENVOI DEVANT LE TRIBUNAL CORRECTIONNEL

Nous,……... (noms et prénom) juge d'instruction au Tribunal de Grande Instance de… (nom de la ville) ;

Vu la procédure suivie contre :

1- MB…,……. (nationalité, date et lieu de naissance, filiation, profession, situation matrimoniale, domicile, etc.) ;

2- ON…,……. (nationalité, date et lieu de naissance, filiation, profession, situation matrimoniale, domicile, etc.) ;

3- NI…,……. (nationalité, date et lieu de naissance, filiation, profession, situation matrimoniale, domicile, etc.) ;

Non détenus ;

Comparants ;

Inculpés de vol et trouble à l'ordre public ;

Faits prévus et punis par les articles 379,401 et 479 alinéa 8 du Code pénal ;

Partie civile : KA…,……. Représenté par AK…,…….. (nationalité, date et lieu de naissance, filiation, profession, situation matrimoniale, domicile, etc.) ;

Vu le réquisitoire introductif de Monsieur le procureur de la république, en date du… ;

Vu l'ordonnance de soit-communiqué de monsieur le juge d'instruction, en date du…, aux fins de réquisitions définitives de Monsieur le procureur de la république, en date du… ;

Vu les réquisitions en règlement définitif de Monsieur le procureur de la république, en date du….. ;

Sur les faits de la cause

Attendu que l'information a établi les faits suivants :

Courant… (date), aux environs de 12 heures, les nommés MB…, NI…. et ON….. , d'un plan concerté, se rendent au domicile de KA… qu'ils savaient absent, où ils vont pour un premier temps faire le mur, défoncer la porte et soustraire des rideaux et des coussins de fauteuils ;

De peur d'être vus par les voisins et la population environnante, ces derniers décident de garder ces objets dans l'herbe ;

Profitant de la nuit, vers 22 heures, ceux-ci reviennent à ce domicile où cette fois-ci, ils ont soustrait à nouveau, une tablette en vitre et emporté avec eux les objets gardés dans l'herbe, avant d'aller vendre la tablette auprès de ND… au prix de quinze mille (15.000) francs CFA ;

Informé de ces actes, AK…, par ses propres investigations a réussi à retrouver et à récupérer les objets volés, avant d'aller déposer plainte contre MB….., NI…., et ON….., déjà arrêtés par la police suite à une bagarre à laquelle ils auraient fait partie ;

Après enquêtes préliminaires, ceux-ci étaient déférés devant le procureur de la république qui a ouvert une information ;

Discussion :

Sur la responsabilité pénale des inculpés MB….. , NI…., et ON….., du chef de vol

Attendu que les articles 379 et 401 du Code pénal prévoient et punissent quiconque aura soustrait frauduleusement la chose d'autrui ;

Qu'au sens de ce texte, le vol est caractérisé par une soustraction frauduleuse, c'est-à-dire par la possession d'une chose mobilière contre le gré de son propriétaire, dans le but de s'en approprier ;

Qu'en l'espèce, les inculpés MB….., NI…., et ON….. se sont, ensemble et de concert, introduits au domicile de KA…. où ils ont soustrait des coussins de fauteuils, des rideaux et une tablette en vitre ;

Qu'interrogés aussi bien devant les services de police que devant le juge d'instruction, les inculpés ont nié les faits de vol mis à leur charge ;

Que leur culpabilité ne fait l'ombre d'aucun doute dans la mesure où ils ont vendu la tablette en vitre et utilisé le reste des objets pour meubler leur maison ;

Qu'il y a lieu de les retenir chacun dans les liens de la prévention du chef de vol ;

Sur la responsabilité pénale des inculpés MB….., NI…., et ON….., du chef de trouble à l'ordre public

Attendu que l'article 479 alinéa 8 du Code pénal punit les auteurs ou complices de bruit, tapages ou attroupements injurieux ou nocturnes troublant la tranquillité des habitants ;

Attendu que pour qu'un individu soit reconnu coupable d'une infraction, il faut qu'il ait été l'auteur ou le complice de la commission de celle-ci ;

Qu'en l'espèce, les inculpés MB…., NI….., et ON….. ne reconnaissent pas s'être livrés à la bagarre et d'avoir troublé l'ordre public tel qu'il leur est reproché ;

Qu'aucune preuve de la commission d'une telle infraction par ceux-ci n'a été rapportée ;

Qu'en conséquence, il n'y a lieu à poursuivre contre eux de ce chef ;

Renseignement

Néant ;

Non-lieu partiel

Attendu qu'il ne résulte pas de l'information judiciaire, des charges suffisantes contre MB…., NI….., et ON….. d'avoir commis le délit de trouble à l'ordre public à eux reprochés ;

Vu les dispositions de l'article 163 du code de procédure pénale ;

Déclarons non-établis les faits de la prévention de trouble à l'ordre public mis à leur charge ;

Renvoi devant le Tribunal Correctionnel :

Attendu qu'il résulte de l'information des charges suffisantes contre MB…., NI….., et ON….. d'avoir à….. (lieu), courant… (date), en tout cas depuis temps tel que les faits ne sont pas couverts par la prescription de l'action publique, ensemble et de concert, soustrait frauduleusement de nombreux biens au préjudice de KA… qui en était légitime propriétaire ;

Faits prévus et punis par les articles 379 et 401 du Code pénal ;

Vu l'article 165 du code de procédure pénale ;

Déclarons suffisamment établis les faits de la prévention du vol mis à leur charge ;

En conséquence

Ordonnons le renvoi de la présente procédure devant la deuxième chambre correctionnelle du Tribunal de Grande Instance de céans pour y être jugée conformément à la loi.

Fait en notre Cabinet, le…. (date)

LE JUGE D'INSTRUCTION

Ordonnance n°19

COUR D'APPEL DE…. (NOM DE LA VILLE)

TRIBUNAL DE GRANDE INSTANCE

DE… (NOM DE LA VILLE)

CABINET

DE MONSIEUR………………

JUGE D'INSTRUCTION

N° R.P ……………………... /

N° R.I ………...…………….. /

RÉPUBLIQUE DU CONGO

Unité-Travail-Progrès

ORDONNANCE AUX FINS DE DISQUALIFICATION, DE NON-LIEU PARTIEL ET DE RENVOI DEVANT LE TRIBUNAL CORRECTIONNEL

Nous,……... (noms et prénom) juge d'instruction au Tribunal de Grande Instance de… (nom de la ville) ;

Vu la procédure suivie contre :

1- MO…,……. (nationalité, date et lieu de naissance, filiation, profession, situation matrimoniale, domicile, etc.) ;

   Détenu suivant mandat de dépôt du…. (évadé) ;

2- Di….,……. (nationalité, date et lieu de naissance, filiation, profession, situation matrimoniale, domicile, etc.) ;

Inculpé de viol ;

Partie civile : MB… (nationalité, date et lieu de naissance, filiation, profession, situation matrimoniale, domicile, etc.) ;

Vu le réquisitoire introductif de Monsieur le procureur de la république en date du… ;

Vu notre ordonnance de soit-communiqué en date du….., sollicitant les réquisitions de Monsieur le procureur de la république sur le règlement définitif ;

Vu le réquisitoire définitif de Monsieur le procureur de la république en date du….., aux fins de disqualification, de non-lieu partiel et de renvoi devant le Tribunal correctionnel de céans ;

Vu l'article 162 du Code de procédure pénale ;

Attendu que l'information a établi les faits suivants ;

Attendu qu'il échet de reprendre en les adoptant les motifs exposés dans le réquisitoire définitif de Monsieur le procureur de la république ;

Renseignement

MO…… et DI……., ne font l'objet d'aucun antécédent judiciaire connu à ce jour ;

Le casier judiciaire de DI….. porte la mention "néant" ;

Ordonnance de disqualification

Attendu que les faits imputés à DI…… sous la qualification de viol s'analysent en réalité en outrage public à la pudeur ;

Qu'il leur a exhibé sa verge, que ces faits constituent bien le délit d'outrage public à la pudeur ;

Vu l'article 67 du code de procédure pénale ;

Requiert disqualification dans ce sens ;

Ordonnance de non-lieu :

Attendu qu'il ne résulte pas de l'information des charges suffisantes contre MO…… et DI…… d'avoir commis le crime de viol ;

Vu l'article 163 du code de procédure pénale ;

Disons insuffisamment caractérisée la prévention des faits spécifiés contre MO…… et DI…… et en conséquence disons n'y avoir lieu à suivre contre les susnommés de ce chef ;

Ordonnance de renvoi

Attendu par contre qu'il résulte de l'information des charges suffisantes contre DI……. d'avoir à ……. (nom de la localité), courant…….. (date), en tout cas depuis temps tels que les faits ne sont pas prescrits par l'action publique, commis un outrage public à la pudeur ;

Délit prévu et puni par l'article 330 du Code pénal ;

Vu les articles 165 et 166 du code de procédure pénale ;

Ordonnons le renvoi de l'affaire devant le Tribunal correctionnel de céans pour y être jugée conformément à la loi ;

En conséquence

Ordonnons que le dossier de cette procédure avec la présente ordonnance sera transmis à Monsieur le procureur de la république ;

Vu l'article 122 du code procédure pénale ;

Ordonnons la mise en liberté d'office de DI.

Fait en notre Cabinet, le……. (date)

LE JUGE D'INSTRUCTION

Ordonnance n°20

COUR D'APPEL DE.... (NOM DE LA VILLE)

TRIBUNAL DE GRANDE INSTANCE

DE... (NOM DE LA VILLE)

CABINET

DE MONSIEUR..................

JUGE D'INSTRUCTION

RÉPUBLIQUE DU CONGO

Unité-Travail-Progrès

N° R.P .... /

N° R.I .... /

ORDONNANCE AUX FINS DE DISQUALIFICATION ET DE RENVOI DEVANT LE TRIBUNAL CORRECTIONNEL

Nous,......... (noms et prénom) juge d'instruction au Tribunal de Grande Instance de...... (nom de la ville) ;

Vu la procédure d'information suivie contre les nommés :

1- IT.....,....... (nationalité, date et lieu de naissance, filiation, profession, situation matrimoniale, domicile, etc.) ;

   Inculpé du chef de viol ;

   Détenu suivant mandat de dépôt du ....(date) ;

   Fait prévus et punis par l'article 332 du Code pénal ;

2- NK.....,....... (nationalité, date et lieu de naissance, filiation, profession, situation matrimoniale, domicile, etc.) ;

3- EL.....,....... (nationalité, date et lieu de naissance, filiation, profession, situation matrimoniale, domicile, etc.) ;

Inculpés de complicité de viol ;

Faits prévus et punis par les articles 59, 60 et 332 du Code pénal ;

Partie civile : MO……,…… es qualité de sa fille mineure FA……,……(nationalité, date et lieu de naissance, filiation, profession, situation matrimoniale, domicile, etc.) ;

Vu le réquisitoire introductif de Monsieur le procureur de la république en date du…… ;

Vu notre ordonnance de soit-communiqué de règlement définitif en date du……. ;

Vu le réquisitoire définitif de Monsieur le procureur de la république en date du……, aux fins de transmission des pièces à Monsieur le procureur général près la Cour d'appel de……. (nom de la ville) ;

Vu l'article 162 du Code de procédure pénale ;

Sur les faits de la cause :

Attendu que l'information judiciaire a établi les faits suivants :

Courant……. (date), l'enfant FA……. à la fin du culte s'était vu confier la mission de ramener les baffles au domicile de leur pasteur en compagnie d'autres sœurs de l'église ;

Que juste après s'être séparée de ces dernières, l'enfant FA…….. décidant d'aller chercher son cahier de biologie auprès de la sœur cadette de IT…….. , y étant elle avait été interpellée par ce dernier à l'aide de ruse qui consistait à faire croire à cette dernière qui aurait dit à madame EL……. qu'elle devait être sa copine et la proposait de se rendre au domicile de madame EL……. afin de la confronter ;

Que grande avait été sa surprise de se retrouver au domicile de NK….. qui s'y trouvait en compagnie de deux (2) garçons et d'une fille qui lui proposaient à tour de rôle de les rejoindre dans la maison, proposition qui demeurait infructueuse, constatant que l'enfant FA…… se sentant gênée, ceux-ci étaient obligés de quitter les lieux afin de leur céder la maison, c'était à partir de ce moment que IT……. la persuadait d'entrer dans la maison dont le frère cadet de NK…… qui s'était placé devant la porte assis sur une chaise en plastique et s'était retiré, après le départ du frère cadet de ce dernier, IT…… profitait de bloquer la porte à l'aide d'une grosse pierre et entretenait des rapports sexuels avec la victime dont celle-ci passait toute une nuit avec IT….. et une fille par peur de réprimande à la maison, la petite FA……. est restée ensemble avec

IT…… au point où sa mère la cherchait et y a conduit la police après avoir découvert là où sa fille avait passé nuit ;

Qu'inculpés et interrogés, les inculpés ont reconnu les faits de viol et de complicité de viol mis à leur charge ;

Discussion

1- Sur la disqualification

Attendu qu'il est reproché à l'inculpé IT……. les faits de viol prévus et punis par l'article 332 du Code pénal ;

Qu'aux termes de cette disposition susvisée : « quiconque aura commis le crime de viol, sera puni des travaux forcés à temps. Si le crime a été commis sur la personne d'un enfant au-dessous de l'âge de treize ans accomplis, le coupable subira le maximum de la peine des travaux forcés à temps. Quiconque aura commis un attentat à la pudeur, consommé ou tenté, avec violence contre des individus de l'un ou l'autre sexe, sera puni de la réclusion. Si le crime a été commis sur la personne d'un enfant au-dessous de l'âge de treize ans accomplis, le coupable subira la peine des travaux forcés à temps. » ;

Que le crime de viol prévu et puni par l'article 332 du Code pénal est aggravé à l'alinéa 2 de cette disposition lorsqu'il a été commis sur la personne d'un enfant au-dessous de l'âge de treize ans ;

Attendu qu'en l'espèce FA…… est âgée de quatorze ans ;

Qu'en République du Congo, une loi spéciale protège cette catégorie de personnes, en l'occurrence les enfants ;

Qu'aux termes de l'article premier de la loi n°4-2010 du 14 juin 2010 portant protection de l'enfant en République du Congo, dite loi Potignon : «…… un enfant s'entend de tout être humain âgé de moins de dix-huit ans et qui n'a pas encore atteint l'âge de la majorité par disposition spéciale.» ;

Attendu en outre que l'article 67 de la loi de 2010 susvisée qualifie les faits de la cause en délit de pratique pédophile, en ces termes « est interdite, toute pratique pédophile. Une pratique pédophile s'entend de tout acte de pénétration sexuelle ou d'agression sexuelle, de quelque nature que ce soit, commis sur la personne d'un enfant, de toute exposition ou exploitation de photographies, films ou dessins à caractère pornographique mettant en scène un ou plusieurs enfants » ;

Que le contrevenant est réprimé par les dispositions de l'article 121 de la même loi, en ces termes : «Tout contrevenant aux dispositions de l'article 67 de la présente loi sera puni d'un emprisonnement de trois ans à cinq ans et d'une amende de 1.000.000 à 10.000.000 de francs CFA.» ;

Qu'ainsi, au regard de cette loi portant protection de l'enfant, et de ses dispositions précitées (article 1er,67,121 et 131), il y a lieu de disqualifier les faits de crime de viol de l'article 332 du Code pénal initialement retenus à l'encontre de IT...... en délit de pratique pédophile de l'article 67 de la loi n°4-2010 du 14 juin 2010 portant protection de l'enfant en République du Congo ;

Que l'acte de pénétration sexuelle s'entend par la conjonction sexuelle, c'est-à-dire l'introduction du membre viril de l'homme dans l'organe génital de la femme ;

Qu'en l'espèce, il découle des éléments du dossier que dans la nuit du...... (date), l'inculpé IT...... s'était livré à des pratiques pédophiles sur la personne de l'enfant mineure âgée de quatorze (14) ans, la nommée FA....... ;

Que cette déposition de la victime est corroborée par l'aveu de l'inculpé IT...... ;

Que l'inculpé a procédé à maintes reprises à des attouchements et frottements sur les parties intimes de l'enfant mineure ;

Que ces pratiques ont poussé l'enfant FA......., malgré son jeune âge, à passer toute une nuit avec l'inculpé IT........., pour la simple raison qu'elle serait réprimandée par sa mère ;

Que d'ailleurs, lors de son audition en date du..., elle a expliqué comment l'inculpé la pénétrait : « après le départ d'un jeune qui était assis devant la porte, IT....... se précipitait pour fermer la porte à l'aide des pierres, se retournant vers moi, il me poussait sur le lit, me déshabillait et me faisait l'amour sans se protéger, étant donné qu'il faisait tard j'étais contrainte de passer la nuit avec ce dernier » ;

Quoi qu'il en soit, ces actes s'analysent au regard de la loi portant protection de l'enfant en République du Congo, en son article 67, en pratique de pédophile ;

Que la volte-face de l'inculpé devant le magistrat instructeur, en revenant sur ses aveux faits à l'enquête préliminaire ne saurait le dédouaner de sa responsabilité sur les actes posés ;

Qu'en agissant ainsi, IT……. s'est rendu coupable du délit de pratique pédophile sur la personne de FA……, enfant mineure de quatorze (14) ans au jour des faits ;

Qu'il y a lieu de la retenir dans les liens de la prévention de ce chef ;

2- Sur la complicité du crime de viol

Attendu qu'aux termes de l'article 60 du code pénal, le complice d'une action qualifié crime ou délit est celui qui, par dons, promesses, menaces, abus d'autorité ou de pourvoir, machinations ou autorités ou de pouvoir provoqué cette action ordonné des instructions pour la commettre ;

Que la complicité peut se matérialiser par la fourniture d'armes, d'instruments ou de tout autre moyen qui aura servi à l'action, tout en sachant, qu'ils devaient y servir, d'une part, ou par l'aide ou l'assistance de l'auteur ou des auteurs de l'action, avec connaissance, des faits qui l'auront préparée ou facilitée, ou de ceux qui l'auront consommée, d'autre part ;

Qu'en l'espèce, il résulte du dossier que NK….. et MO……. tentaient à tour de rôle de persuader mademoiselle FA…… d'entrer dans leur maison. Malgré son refus, ils avaient libéré la maison pour permettre à IT……. de satisfaire son désir ;

Qu'en agissant ainsi, les inculpés avaient aidé IT……. dans la commission du délit de pratique de pédophile qui lui est reproché ;

Que dès lors qu'il est établi que NK…… et MO…… savaient que IT……. était venu chez eux pour entretenir des relations intimes avec FA……., la complicité de pratique de pédophilie qu'on leur reproche est donc constituée ;

3- Sur la disqualification du crime de viol en délit d'excitation de mineure à la débauche

Attendu qu'à la lumière des éléments du dossier, les faits initialement poursuivis sous la qualification de complicité de viol, constituent en réalité le délit d'excitation de mineure à la débauche ;

Qu'aux termes de l'article 334 bis du code pénal, se rend coupable du délit d'excitation de mineure à la débauche, quiconque aura attenté aux mœurs, soit en excitant, favorisant ou facilitant habituellement la débauche ou la corruption de la jeunesse de l'un ou l'autre sexe au-dessous de l'âge de vingt et un ans, ou, même occasionnellement, des mineurs de seize ans ;

Qu'en l'espèce, le délit est caractérisé par le fait que EL……. , majeure, transmettait à mademoiselle FA……. mineure de quatorze (14) ans des messages au sens amoureux provenant de IT……, car ces messages obscènes ont pour impact de corrompre cette dernière et de l'exciter à la débauche ;

Qu'ainsi, en transmettant des messages obscènes à mademoiselle FA……. , mineure, EL……. s'est rendu coupable du délit d'excitation de mineure à la débauche ;

Ordonnance de renvoi

Attendu qu'il résulte de l'information judiciaire des charges suffisantes contre IT……. d'avoir à…….(nom de la ville), circonscription judiciaire du Tribunal de grande instance de Céans, courant……(date), en tout cas depuis temps tel que les faits ne sont pas couverts par la prescription de l'action publique, commis un acte de pédophilie sur la personne de FA……, enfant mineure âgée de quatorze (14) ans, en procédant aux attouchements, caresses et à la pénétration de son membre viril dans la cavité vaginale de sa victime ;

Délit prévu et puni par les articles 67 et 121 de la loi n°4-2010 du 14 juin 2010 portant protection de l'enfant en République du Congo ;

Attendu qu'il résulte de l'information des charges suffisantes contre NK…… et MO……. de s'être à……. (nom de la ville), courant……. (date), en tout cas depuis temps tel que les faits ne sont pas couverts par la prescription de l'action publique, rendu complice du délit de pratique de pédophilie commis par IT…….. sur la personne de FA…… mineure de quatorze (14) ans ;

Faits prévus et punis par les articles 59 et 60 du code pénal, 1er, 67 et 121 de la loi n°4-2010 du 14 juin 2010 portant protection de l'enfant en République du Congo ;

Attendu qu'il résulte de l'information des charges suffisantes contre EL….. d'avoir, à……. (nom de la ville), courant……. (date), en tout cas depuis temps tel que les faits ne sont pas couverts par la prescription de l'action publique, attenté aux mœurs en excitant, favorisant et facilitant occasionnellement la débauche de FA……, mineure âgée de quatorze (14) ans ;

Faits prévus et punis par l'article 334 bis du Code pénal.

En conséquence

Déclarons suffisamment établie la prévention des faits ci-dessus spécifiés contre l'inculpé ;

Ordonnons le renvoi de l'affaire devant le Tribunal correctionnel de céans pour y être jugée conformément à la loi ;

Disons que l'entier dossier de la procédure sera transmis sans délai à Monsieur le procureur de la république en vertu de l'article 166 du code de procédure pénale ;

Fait en notre Cabinet, le……. (date)

LE JUGE D'INSTRUCTION

Ordonnance n°21

COUR D'APPEL DE.... (NOM DE LA VILLE)

TRIBUNAL DE GRANDE INSTANCE

DE... (NOM DE LA VILLE)

CABINET

DE MONSIEUR..................

JUGE D'INSTRUCTION

N° R.P .... /

N° R.I .... /

RÉPUBLIQUE DU CONGO

Unité-Travail-Progrès

ORDONNANCE AUX FINS DE RENVOI DEVANT LE TRIBUNAL CORRECTIONNEL

Nous,......... (noms et prénom) juge d'instruction au Tribunal de Grande Instance de...... (nom de la ville) ;

Vu la procédure suivie contre :

1- OK.....,....... (nationalité, date et lieu de naissance, filiation, profession, situation matrimoniale, domicile, etc.) ;

2- MO.....,....... (nationalité, date et lieu de naissance, filiation, profession, situation matrimoniale, domicile, etc.) ;

3- MON.....,....... (nationalité, date et lieu de naissance, filiation, profession, situation matrimoniale, domicile, etc.) ;

Inculpés du chef de participation à l'organisation d'une manifestation interdite sur la voie publique ;

Délit prévu et puni par l'article 7 de l'ordonnance n°62-28 du 23 octobre 1962 relative aux manifestations sur la voie publique ;

Détenus suivant mandats de dépôt en date du....... ;

Partie civile : le ministère public ;

Vu le réquisitoire introductif de Monsieur le procureur de la république en date du…… ;

Vu l'ordonnance de soit-communiqué de monsieur le juge d'instruction en date du…… ;

Vu les réquisitions en règlement définitif de Monsieur le procureur de la république en date du……. ;

Sur les faits de la cause

Attendu que l'information a établi les faits suivants :

En date du……, le collectif des présidents de la coalition…… (partis politiques) composé des NG……. , ont dressé à monsieur l'administrateur-maire de la communauté urbaine de….., une lettre d'information sur la tenue d'une marche de protestation contre le référendum du….. ; cette marche devrait soutenir pacifiquement conformément aux instructions de leur hiérarchie, le…… (date) de 14heures à 17heures 30 minutes, en partant du dépôt jusqu'au siège de……. (parti politique), en passant par la route nationale et l'Avenue disvanel ;

En réponse à cette lettre d'information, monsieur l'administrateur-Maire de la communauté urbaine de……(nom de la localité), sur instruction de sa hiérarchie a, en date du……. , adressé une correspondance au coordonnateur du collège des présidents de…… (partis politiques), dans laquelle il interdit la tenue de ladite marche pour des raisons d'ordre public et du fait que les textes en vigueur n'autorisent pas des marches de protestation en période électorale ;

Par la même occasion, monsieur l'administrateur-maire a donné l'autorisation aux intéressés de pouvoir bien organiser un meeting au cours duquel ils expliqueraient en toute indépendance à leurs militants d'opter soit pour le «Oui», soit pour le «Non», mais jamais pour le boycott, dans l'objectif à tous de préserver la paix ;

Cependant, monsieur OK……., en sa qualité de coordonnateur de la coalition……, considérant que l'interdiction des activités de cette nature étaient un mensonge, n'a pas informé aux militants qui, à la date convenue du……, seront rassemblés au siège de…… (parti politique) pour la marche prévue ;

Ce n'est qu'à cette occasion qu'il leur a donné lecture de la réponse de monsieur l'administrateur-maire ; n'ayant pas pris celle-ci en considération, les militants auraient traité OK……. de corrompu du parti au pouvoir, puis ils ont commencé ladite marche de protestation ;

Sur incitation de certains militants qui l'auraient menacé de mort, monsieur OK…… a rejoint tout le groupe qui marchait, dans lequel se trouvaient également MO….. et MON…... ;

Parvenus à hauteur de la banque commerciale internationale, ils ont constaté la présence d'un barrage constitué des éléments de la force publique qui, devant leur détermination de vouloir passer de force, ont fait usage des bombes lacrymogènes pour les disperser ;

Par la suite, les services de police ont procédé à l'interpellation de treize (13) personnes à savoir Ok……, MO……, OK……., KI……, NG……, KY……, MP……, NG……, MON……, NK……, ON……, NG……, et OD…… ;

Après enquête préliminaire au niveau du service départemental de la police judiciaire, seulement trois (3) d'entre eux, en l'occurrence OK……, MO…… et MON…… , ont été déférés devant le procureur de la république, puis devant le juge d'instruction pour le délit de participation à l'organisation d'une manifestation interdite sur la voie publique ;

Discussion

Attendu que les inculpés Ok……, MO…… et MON… , sont poursuivis pour délit de participation à l'organisation d'une manifestation interdite sur la voie publique ;

Que la responsabilité pénale étant individuelle, il y a lieu d'établir l'imputabilité de chaque inculpé quant à la commission de ladite infraction ;

1- Sur la responsabilité pénale de l'inculpé OK………

Attendu que l'article 7 de l'ordonnance n°62-28 du 23 octobre 1962 relative aux manifestations sur la voie publique, punit ceux qui ont participé à l'organisation d'une manifestation interdite sur la voie publique ;

Qu'au sens de ce texte, toute manifestation sur la voie publique, en dehors de certaines dispenses, déterminées à l'article 2 de la même ordonnance, est soumise à autorisation du ministre de l'intérieur et du préfet qui ont seul qualité pour accorder ou refuser l'autorisation demandée, notamment lorsque la manifestation projetée est jugée de nature à troubler l'ordre public ;

Attendu qu'en l'espèce, le ministre de l'intérieur, au regard du trouble de l'ordre public occasionné par les précédentes manifestations de la plate-forme…….. (Partis politiques) à…….. (nom d'une ville) et à……. (nom d'une autre ville), a fait passer un communiqué sur les médias en date du…….. interdisant l'organisation des manifestations sur les places publiques sur toute l'étendue du territoire national ;

Que dans le même objectif de préserver la paix, l'administrateur-maire de la communauté urbaine de……(nom d'une localité), agissant sous l'autorité du sous-préfet et du préfet du département de……, en réponse à la lettre adressée par le collectif des présidents de la plate-forme politique…… de……. (nom d'une ville), a interdit l'organisation de la marche de protestation contre le référendum projetée par ceux-ci, par une note parvenue au Coordonnateur de ladite plate-forme en la personne de OK…… le ……. (date) ;

Que cependant, celui-ci a mis en doute cette interdiction d'organiser toute manifestation sur la voie publique, en organisant la marche de protestation tel que prévu avec tous les militants le….. (date) aux environs de 13 heures ;

Attendu en effet, qu'en vertu des dispositions de l'article 109 du décret n°2003-20 du 6 février 2003 portant fonctionnement des circonscriptions administratives territoriales, l'administrateur-maire est dépositaire du pouvoir de police générale et à ce titre, il veille au maintien de l'ordre public et peut prendre toutes mesures utiles au maintien et au rétablissement de l'ordre public ;

Que de ce fait la note d'interdiction par l'administrateur-maire, utile au maintien de l'ordre public, s'imposerait au collectif des présidents de la plate-forme politique……. qui, par voie de conséquence, devraient annuler leur manifestation sur la voie publique, tenant compte également du Communiqué du ministre de l'intérieur ;

Attendu qu'interrogé sur les faits mis à sa charge, l'inculpé OK….. reconnait avoir marché ensemble et de concert avec MO……. et MON….., assistés d'une grande foule constituée des militants des partis et d'autres jeunes qui l'auraient menacée de mort au cas où il ne marcherait pas avec eux tel que prévu, sous prétexte qu'il serait corrompu par le parti au pouvoir ;

Qu'il s'ensuit qu'en organisant ladite marche de protestation sur la voie publique dans ces circonstances, l'inculpé OK……. a commis le délit de participation à l'organisation d'une manifestation interdite au sens de l'article 7 de l'ordonnance n°62-28 du 23 octobre 1962 susvisé ;

Qu'il y a lieu de le retenir dans les liens de la prévention de ce chef ;

2- <u>Sur la responsabilité pénale de l'inculpé MON…..</u>

Attendu qu'il ressort de l'examen des pièces du dossier de la présente procédure que l'inculpé MON…… a pris activement part à la marche de protestation contre le changement de la constitution organisée par la plate-forme politique…….. à …….. (lieu) le…….. (date) ;

Qu'il reconnaît avoir été informé que ladite marche a été interdite et que seulement le meeting serait organisé au siège de leur parti ;

Que cependant par l'esprit de militantisme et sous prétexte de ne pas être traité de tout par les autres membres du parti, il a décidé de marcher avec les autres partant du siège de leur parti, en passant par la route nationale jusqu'au barrage constitué par les éléments de la force publique ;

Qu'il a assisté les jeunes au moment où ceux-ci voulaient forcer le passage avant d'être dispersés par les éléments de la force publique qu'ont fait usage des bombes lacrymogènes ;

Que malgré sa participation à ladite marche, l'inculpé MON…… a déclaré ne pas être d'accord avec eux qui l'ont organisée et que l'intervention des éléments de la force publique était la bienvenue pour interrompre cette foule devenue incontrôlable susceptible de créer des débordements que les dirigeants ne pourraient plus maîtriser ;

Que quoi qu'il en soit, en marchant sur la voie publique avec les autres militants, sachant que cette marche a été interdite, l'inculpé MON…….a commis le délit de participation à l'organisation d'une manifestation interdite au sens de l'article 7 de l'ordonnance n°62-28 du 23 octobre 1962 susvisé ;

Qu'il échet de le retenir dans les liens de la prévention de ce chef ;

3- **Sur la responsabilité pénale de l'inculpé MO……**

Attendu qu'après quelques dénégations, l'inculpé MO……. a reconnu avoir pris part active à l'organisation de la marche de protestation contre le changement de la constitution de la plate-forme politique……. dont il est membre ;

Qu'il ressort de ses déclarations, qu'il a joué un rôle important au cours de cette marche, notamment au moment de la rencontre de la foule avec les éléments de la force publique, en s'interposant entre ceux-ci et les jeunes qui voulaient forcer le passage ;

Qu'en effet, l'inculpé MO……. s'était rendu au siège où dirigeants préparaient ladite marche aux environs de 11 heures, ensuite il a pris part à celle-ci, après avoir été dispersés par les éléments de la force publique, il a rejoint le coordonnateur de leur plate-forme politique en l'occurrence OK……. pour aller demander la libération des personnes interpellées par les services de police à cette occasion ;

Qu'en tout état de cause, le comportement de l'inculpé MO…… ne fait l'ombre d'aucun doute quant à sa participation à l'organisation de la marche de protestation, sachant bien que celle-ci a été interdite ;

Qu'il appert que sa responsabilité pénale est établie conformément aux dispositions de l'article 7 de l'ordonnance n°62-28 du 23 octobre 1962 susvisé ;

Renseignement

Néant ;

Renvoi devant le Tribunal Correctionnel

Attendu qu'il résulte de l'information charges suffisantes contre OK……, MO…… et MON…….. d'avoir , à……. (lieu), Courant…….. (date), en tout cas depuis temps tel que les faits ne sont pas couverts par la prescription de l'action publique, ensemble et de concert, participé à l'organisation d'une manifestation sur la voie publique après qu'elle ait été interdite ;

Faits prévus et punis par l'article 7 de l'ordonnance n°62-28 du 23 octobre 1962 relative aux manifestations sur la voie publique ;

En conséquence

Vu l'article 165 du code de procédure pénale ;

Déclarons suffisamment établie la prévention de manifestation interdite sur la voie publique, sur les personnes de OK……, MO…… et MON…….. ;

Ordonnons le renvoi de la présente procédure devant le Tribunal correctionnel de céans pour y être jugée conformément à la loi.

Fait en notre Cabinet, le……. (date)

LE JUGE D'INSTRUCTION

Ordonnance n°22

COUR D'APPEL DE…. (NOM DE LA VILLE)	RÉPUBLIQUE DU CONGO
TRIBUNAL DE GRANDE INSTANCE	Unité-Travail-Progrès
DE… (NOM DE LA VILLE)	-------------
CABINET	
DE MONSIEUR………………	
JUGE D'INSTRUCTION	

N° R.P ………………………... /

N R.I ………...……………….. /

ORDONNANCE AUX FINS DE RENVOI DEVANT LE TRIBUNAL CORRECTIONNEL

Nous,…….... (noms et prénom) juge d'instruction au Tribunal de grande instance de…… (nom de la ville) ;

Vu la procédure suivie contre :

SI……,……. (nationalité, date et lieu de naissance, filiation, profession, situation matrimoniale, domicile, etc.) ;

Inculpé du chef d'homicide involontaire ;

Délit prévu et puni par l'article 319 du Code pénal ;

Partie civile : Les ayants droit de feu NG……,……. (nationalité, date et lieu de naissance, filiation, profession, situation matrimoniale, domicile, etc.) ;

Vu le réquisitoire introductif de Monsieur le procureur de la république en date du……. ;

Vu l'ordonnance de soit-communiqué de monsieur le juge d'instruction, en date du……, aux fins de réquisitions définitives de Monsieur le procureur de la république ;

Vu les réquisitions en règlement définitif de Monsieur le procureur de la république en date du…….. ;

Sur les faits de la cause

Attendu que l'information a établi les faits suivants :

En date du……, aux environs de 24 heures, étant au volant d'un véhicule automobile de marque Mercedes fourgonnette de type……, immatriculé sous le numéro……. en provenance de…… (nom d'une ville), le nommé SI…….. circulait à une vitesse excessive ; parvenu à 55 mètres environ de l'entrée de l'hôtel……, il est surpris de la présence d'une personne en la personne de NG…… allongée au milieu de la chaussée ; pris de panique, il a percuté de plein fouet celle-ci en la projetant à 22,70 mètres du point de choc, entraînant ainsi sa mort sur-le-champ ; au regard de ce qui précède, SI…….. a été interpellé par la police et présenté au procureur de la république ;

Discussion

Attendu qu'aux termes de l'article 319 du code pénal, quiconque, par maladresse, imprudence, inattention, négligence ou inobservation des règlements, aura commis involontairement un homicide ou en aura involontairement été la cause, sera puni…… ;

Qu'il en résulte que pour que le délit d'homicide involontaire soit constitué, l'inculpé doit avoir commis une faute intentionnelle d'imprudence, de négligence, de maladresse, d'inattention ou d'inobservation des règlements occasionnant un dommage ;

Qu'en l'espèce, SI……., traversant l'agglomération de……. (nom d'une localité) de nuit savait qu'il est interdit de rouler à vive allure dans une zone habitée ou dans un village et de surcroît il se trouvait près d'un virage, étant donné qu'il savait que son véhicule avait des problèmes de phares de visibilité ;

Qu'en outre, l'inculpé a reconnu les faits qui lui sont reprochés ;

Qu'en conséquence, il sied de le retenir dans les liens de la prévention du chef d'homicide involontaire ;

Renseignement

Néant ;

Sur le renvoi devant le Tribunal correctionnel

Attendu qu'il résulte de l'information définitive des charges suffisantes contre SI....... d'avoir à...... (nom d'une localité), courant....... (date), en tout cas depuis temps tel que les faits ne sont pas couverts par la prescription de l'action publique, par maladresse, imprudence, négligence, inattention ou inobservation des règlements, involontairement causé la mort de NG....... ;

Faits prévus et punis par l'article 319 du code pénal ;

En conséquence

Vu l'article 165 du code de procédure pénale ;

Déclarons suffisamment établie la prévention des faits d'homicide involontaire sur la personne de SI...... ;

Ordonnons le renvoi de la présente procédure devant le Tribunal correctionnel de céans pour y être jugée conformément à la loi.

Fait en notre Cabinet, le....... (date)

LE JUGE D'INSTRUCTION

Ordonnance n°23

COUR D'APPEL DE.... (NOM DE LA VILLE)

TRIBUNAL DE GRANDE INSTANCE

DE... (NOM DE LA VILLE)

CABINET

DE MONSIEUR.................

JUGE D'INSTRUCTION

N° R.P .... /

N R.I .... /

RÉPUBLIQUE DU CONGO

Unité-Travail-Progrès

ORDONNANCE AUX FINS DE RENVOI DEVANT LE TRIBUNAL CORRECTIONNEL

Nous,......... (noms et prénom) juge d'instruction au Tribunal de grande instance de...... (nom de la ville) ;

Vu le dossier de la procédure suivie contre les nommés :

1- ND........,......... (nationalité, date et lieu de naissance, filiation, profession, situation matrimoniale, domicile, etc.) ;

Inculpé de destruction de cabane et des propriétés mobilières ;

détenu ;

2- DO........,......... (nationalité , date et lieu de naissance , filiation, profession , situation matrimoniale , domicile , etc.) ;

Non comparu ;

Inculpé de destruction de cabane et des propriétés mobilières ;

Non détenu ;

Partie civile : LO……..,……... (nationalité, date et lieu de naissance, filiation, profession, situation matrimoniale, domicile, etc.) ;

Vu le réquisitoire introductif de Monsieur le procureur de la république, en date du……. ;

Vu le procès-verbal de non-comparution de DO……. dressé par le magistrat instructeur en date du……. ;

Vu l'ordonnance de soit-communiqué de monsieur le juge d'instruction en date du …….aux fins des réquisitions définitives de Monsieur le procureur de la république ;

Vu les réquisitions définitives de Monsieur le procureur de la république, en date du…….. reçues en notre cabinet le……., par lesquelles il a requis le renvoi des parties devant le Tribunal correctionnel de céans ;

Sur les faits de la procédure :

Attendu que l'information a établi les faits suivants :

LO……, régisseur au service du cadastre à la direction départementale de…… (nom de la ville), à la suite d'un lotissement effectué par le cadastre au quartier…….., à la demande de la famille SO……., la direction du cadastre avait reçu attribution de deux (2) blocs soit un total de vingt (20) parcelles de terrain. Le sieur LO…… avait bénéficié d'une parcelle de terrain, faisant partie de l'attribution du cadastre, parcelle dont les références sont les suivantes : section CL, BLOC 216, parcelle n°01 d'une superficie de 500 mètres carrés. Courant…….. (date), il a érigé une maison en planches éclatées de six (6) mètres sur trois (3), maison habitée. Deux (2) ans après, donc en……. (date), un certain ND……., s'est déclaré propriétaire de la même parcelle de terrain, portant les références cadastrales :

Section……, Bloc……, parcelle n°……, acquis auprès de la famille LOU…… les deux (2) prenaient un rendez-vous pour se retrouver devant les deux (2) familles, mais en vain, rendez-vous que devait fixer le sieur LO…… après avoir réuni les moyens financiers ; qu'ainsi en date du……, le sieur LO…… reçoit l'appel téléphonique de madame PO……., membre de la famille LOU……, qui lui faisait savoir que ladite parcelle de terrain querellée était la propriété de monsieur ND……., celle-ci lui faisait passer le fils de monsieur ND……., qui est policier, avec qui ils prenaient rendez-vous afin de rencontrer les deux

(2) familles foncières, les membres de la famille SO…… n'étaient pas présents, qu'ainsi pris de colère, le fils de monsieur ND……. décidait de déloger les occupants de ladite parcelle de terrain, en enlevant les fenêtres de la maison le….. et le……... (dates), il revenait avec son père sur les lieux, enlevaient les portes et cassaient les briques qui s'y trouvaient et détruisaient ladite cabane ;

Discussion

1- Sur la responsabilité pénale de monsieur ND……. :

a - Sur le délit de destruction de cabane :

Attendu que le nommé ND…… est poursuivi pour destruction de cabane ;

Qu'aux termes des dispositions de l'article 451 du Code pénal, ce délit est caractérisé si l'agent pénal a de manière délibérée détruit une cabane de gardiens, de parc de bestiaux et d'instruments d'agriculture ;

Qu'à la lecture de cette disposition, se rend coupable de cette infraction, celui qui agit en sachant que le bien ou la cabane qu'il détruit appartient à autrui, sans que le mobile qui l'anime soit à prendre en considération ;

Qu'en l'espèce, monsieur ND……., ensemble avec ses enfants ont enlevé les fenêtres et portes de la cabane appartenant à monsieur LO……. et par la suite détruit ladite cabane propriété de LO……. ;

Qu'interrogé sur ces faits par-devant nous, monsieur ND……. a reconnu les faits qui lui sont reprochés ;

Qu'en agissant ainsi, monsieur ND……. s'est rendu coupable du délit de destruction de cabane ;

Qu'il sied de le retenir dans les liens de la prévention de ce chef ;

b- Sur le délit de destruction des propriétés mobilières :

Attendu que ND……. est également poursuivi pour destruction de propriétés mobilières ;

Qu'aux termes des dispositions de l'article 483 alinéa 6, ce délit se caractérise lorsque l'agent pénal aura volontairement causé du dommage aux propriétés mobilières d'autrui ;

Qu'en l'espèce, ND……. a dans son entreprise de destruction emporté les briques et enlevé les boutures de maniocs qui faisaient offices de clôture de ladite parcelle de terrain appartenant à monsieur LO……., et par la suite les a détruites ensemble et de concert avec ses enfants ;

Qu'interrogé sur les faits, il les a reconnus sans difficulté, en arguant que ladite parcelle lui appartenait ;

Qu'ainsi, dès lors qu'il a reconnu les faits mis à sa charge, sa culpabilité ne devait plus faire l'ombre d'aucun doute ;

Qu'il convient de le retenir dans les liens de la prévention de ce chef ;

2- Sur la responsabilité pénale de DO………

a- Sur le délit de destruction de cabane

Attendu que le nommé DO……… est poursuivi pour destruction de cabane. ;

Qu'aux termes des dispositions de l'article 451 du Code pénal, ce délit est caractérisé si l'agent pénal a de manière délibérée détruit une cabane de gardiens, de parc de bestiaux et d'instruments d'agriculture ;

Qu'à la lecture de cette disposition, se rend coupable de ce délit, celui qui agit en sachant que le bien ou la cabane qu'il détruit appartient à autrui, sans que le mobile qui l'anime soit à prendre en considération ;

Attendu que l'inculpé DO……. n'a pas comparu, malgré nos multiples convocations ;

Qu'un procès-verbal de non-comparution a été dressé en date du……. ;

Qu'un mandat d'arrêt en cours a été décerné contre ce dernier en date du….. ;

Qu'en droit positif congolais, le mandat d'arrêt vaut inculpation ;

Attendu qu'en l'espèce, selon les déclarations de son père, ND……., c'est son fils DO……. qui avait pris l'initiative de détruire ladite cabane et qu'ensemble, ils l'ont détollée et enlevé les fenêtres, puis cassé ladite cabane, propriété de monsieur LO……. ;

Qu'il convient de le retenir dans les liens de la prévention de ce chef ;

b- Sur le délit de destruction des propriétés mobilières

Attendu que DO…….. est également poursuivi pour destruction de propriétés mobilières ;

Qu'aux termes des dispositions de l'article 483 alinéa 6 du Code pénal, ce délit se caractérise lorsque l'agent pénal aura volontairement causé du dommage aux propriétés mobilières d'autrui ;

Qu'en l'espèce, aux dires de son père, ND…….., le nommé DO…… a détruit ensemble et de concert avec son père les briques et les boutures de manioc appartenant à monsieur LO……. ;

Que dans les mêmes conditions a enlevé les portes et fenêtres de la cabane de LO…… ;

Qu'eu égard à ce qu'il n'a pas voulu comparaître par-devant nous et qu'un mandat d'arrêt a été décerné contre ce dernier en date du….. ;

Que ce mandat d'arrêt en droit positif congolais vaut inculpation ;

Qu'il n'y a plus l'ombre d'aucun doute que DO……. a commis le délit de destruction des propriétés mobilières ;

Qu'il convient de le retenir dans les liens de la prévention de ce chef ;

Renseignements

Néant ;

Ordonnance de renvoi devant le Tribunal correctionnel

Attendu qu'il résulte de l'information judiciaire des charges suffisantes contre les nommés ND……. et DO…….. d'avoir à……… (nom de la ville), le……. (date), en tout cas depuis temps tel que les faits ne sont pas couverts par la prescription de l'action publique, détruit une cabane et des briques appartenant à LO……. ;

Faits prévus et punis par les articles 451 et 483 alinéa 6 du Code pénal ;

Vu l'article 165 du code de procédure pénale ;

Déclarons suffisamment établie la prévention des faits de destruction de cabane et des propriétés mobilières contre ND…….. et DO…….. ;

En conséquence

Ordonnons le renvoi de la présente procédure devant la deuxième (2ème) chambre correctionnelle du tribunal de céans, pour y être jugée conformément à la loi.

Fait en notre Cabinet, le……. (date)

LE JUGE D'INSTRUCTION

Ordonnance n°24

COUR D'APPEL DE.... (NOM DE LA VILLE)

TRIBUNAL DE GRANDE INSTANCE

DE... (NOM DE LA VILLE)

CABINET

DE MONSIEUR.................

JUGE D'INSTRUCTION

N° R.P .... /

N R.I .... /

RÉPUBLIQUE DU CONGO

Unité-Travail-Progrès

ORDONNANCE AUX FINS DE RENVOI DEVANT LE TRIBUNAL CORRECTIONNEL

Nous,........ (noms et prénom) juge d'instruction au Tribunal de Grande Instance de......(nom de la ville) ;

Vu le dossier de la procédure suivie contre :

NG......,....... (nationalité, date et lieu de naissance, filiation, profession, situation matrimoniale, domicile, etc.) ;

Inculpé de violences et voies de fait ;

Délit prévu et puni par l'article 311 du code pénal ;

Non détenu ;

Partie civile : KO.....,....... (nationalité ; date et lieu de naissance, filiation, profession, situation matrimoniale, etc.) ;

Vu le réquisitoire introductif de Monsieur le procureur de la république en date du........ ;

Vu notre ordonnance de soit-communiqué en date du….. , sollicitant les réquisitions de Monsieur le procureur de la république sur le règlement définitif ;

Vu les réquisitions définitives de Monsieur le procureur de la république, en date du…….. , aux fins de renvoi devant le Tribunal correctionnel de céans ;

Sur les faits de la cause :

Attendu qu'il résulte de l'information judiciaire les faits suivants :

En date du……. , monsieur KO……. prenait un verre de vin en compagnie de son ami MI………. dans un hôtel de la place. A leur grande surprise, ils étaient interpellés et menottés par quatre (04) agents de la police, qui étaient en civil, parmi lesquels NG……. en service au commissariat de……., et ce devant public, puis mis dans un taxi et conduit au domicile d'un des neveux de KO……… Ce n'est qu'après paiement de la somme de dix mille (10.000) francs CFA, qu'ils ont été libérés ;

Discussion :

Attendu que NG……. est poursuivi pour violences et voies de fait ;

Que ce délit est prévu et puni par les dispositions de l'article 311 du code pénal ;

Qu'aux termes des prescriptions de cet article, se rend coupable de cette infraction, quiconque aura volontairement porté des coups et fait des blessures sur la personne d'autrui ;

Que les violences et voies de fait s'entendent comme toutes impressions faites sur le corps d'une personne, qui sans toujours l'atteindre, sont de nature à l'impressionner aussi vivement que si elles étaient exercées sur son corps ;

Que cette infraction suppose en outre que des coups portés et des violences faites, il n'est résulté aucune incapacité subséquente de travail de plus de vingt et un (21) jours ;

Attendu qu'en l'espèce, NG…….. et ses amis ont procédé à l'interpellation de KO……. et MI……… et les a menottés puis mis dans un taxi sans motif ;

Que NG…….. après les avoir arrêtés et menottés sans fondement, il arguait que les deux (2) messieurs étaient recherchés par la police ;

Qu'ayant agi ainsi, il ne les avait pas conduits au commissariat de police ;

Qu'ils ont été conduits à une autre destination ;

Que ce n'est qu'après versement de la somme de dix mille (10.000) francs CFA, qu'ils ont été libérés ;

Attendu que NG………, policier de son état, n'a daigné se présenter devant le magistrat instructeur, en dépit des multiples convocations à lui adressées ;

Que suite à ce refus, un mandat d'arrêt avait été décerné à son encontre, en date du…… ;

Que malheureusement, les recherches sont demeurées infructueuses ;

Que pour conforter cette situation, un procès-verbal de carence, constatant la non-comparution de NG…….. a été dressé en date du……. ;

Attendu qu'en droit positif congolais, le mandat d'arrêt vaut inculpation ;

Qu'en agissant ainsi, NG…….. ne pouvait pas ignorer les conséquences matérielles de son acte ;

Qu'il convient de le retenir dans les liens de la prévention de ce chef ;

Renseignements

Néant ;

Ordonnance de renvoi

Attendu qu'il résulte de l'information judiciaire des charges suffisantes contre NG…….., d'avoir à……… (nom de la ville), le…….. (date), en tout cas depuis temps tel que les faits ne sont pas couverts par la prescription de l'action publique, exercé les violences et voies de fait sur la personne de KO……... ;

Faits prévus et punis par les dispositions de l'article 311 du code pénal ;

Vu l'article 165 du code de procédure pénale ;

Déclarons suffisamment établie la prévention des faits de violences et voies de fait contre NG…….. ;

En conséquence :

Ordonnons le renvoi de la présente procédure devant le Tribunal correctionnel pour y être jugée conformément à la loi.

Fait en notre Cabinet, le……. (date)

LE JUGE D'INSTRUCTION

Ordonnance n°25

COUR D'APPEL DE…. (NOM DE LA VILLE)

TRIBUNAL DE GRANDE INSTANCE

DE… (NOM DE LA VILLE)

CABINET

DE MONSIEUR………………

JUGE D'INSTRUCTION

N° R.P …………………………... /

N R.I ………...……………….. /

RÉPUBLIQUE DU CONGO

Unité-Travail-Progrès

ORDONNANCE AUX FINS DE RENVOI DEVANT LE TRIBUNAL CORRECTIONNEL

Nous,……...(noms et prénom) juge d'instruction au Tribunal de Grande Instance de……(nom de la ville) ;

Vu le dossier de la procédure suivie contre :

DZ…….,……. (nationalité, date et lieu de naissance, filiation, profession, situation matrimoniale, domicile, etc.) ;

Inculpé de vol ;

Faits prévus et punis par les articles 379 et 401 du code pénal ;

Détenu suivant mandat de dépôt en date du…… ;

Partie civile : KO……. (nationalité, date et lieu de naissance, filiation, profession, situation matrimoniale, domicile, etc.) ;

Vu le réquisitoire introductif de Monsieur le procureur de la république en date du……… ;

Vu l'ensemble des éléments du dossier recueillis par les diligences de l'instruction ;

Vu notre ordonnance de soit-communiqué en date du……… aux fins de règlement définitif ;

Vu le réquisitoire définitif en date du…..... aux fins de renvoi devant le Tribunal correctionnel ;

Sur les faits de la cause

Attendu que l'information a permis d'établir les faits suivants : dans la nuit de……… (date) aux environs de 3 heures du matin, sieur KO……. propriétaire d'une boutique après son réveil sortait de sa maison pour faire mixtion et profitant de vérifier sa boutique il constatait que la porte en métal de celle-ci était défoncée. Après vérification, il se rendait compte qu'un vol a été perpétré chez lui et les auteurs avaient emporté divers objets dont une moto de marque Djakarta KTM, un lot important des cartes de recharge, des slips, la somme de 3.500.000 francs CFA, une marmite et une mousse. Immédiatement il avait alerté les habitants du village et s'était mis à les poursuivre en direction de…….(nom de la ville) où avec l'aide de la police que DZ…….. avait été déjà appréhendé et gardé à vue malgré le fait que les deux autres étaient en cavale. C'est dans ces circonstances qu'il a été déféré devant le procureur de la république qui requerrait l'ouverture d'une information judiciaire.

Inculpé puis interrogé pour vol, il a sans ambages reconnu les faits mis à sa charge.

Discussion

Attendu qu'aux termes des dispositions de l'article 379 du Code pénal, commet le délit de vol, celui qui soustrait frauduleusement une chose appartenant à autrui ;

Qu'il apparaît que ce texte définit le vol de façon très simple ;

Qu'il inclut les quatre éléments de l'infraction, à savoir : une soustraction, portant sur une chose, dont autrui est propriétaire, avec une intention coupable ;

Qu'il en résulte que le vol suppose pour sa constitution, outre l'élément légal, la référence aux éléments matériel et intentionnel ;

Que l'élément matériel du délit de vol suppose l'accomplissement d'un acte positif consistant en la soustraction, c'est-à-dire l'appréhension physique et frauduleuse, un déplacement ou en la dépossession d'une chose ;

Que cette chose doit être mobilière et avoir été soustraite des mains de son propriétaire ;

Que la soustraction même frauduleuse ne constitue le délit de vol que si la chose appartient à autrui ;

Que cette infraction est également constituée si l'élément moral est consommé, celui-ci procède de la connaissance par l'agent pénal d'avoir agi en toute connaissance ;

Qu'en d'autres termes, le caractère frauduleux de l'acte doit consister dans le fait pour ce dernier de disposer avec connaissance, d'une chose qu'il sait ne pas lui appartenir sachant qu'il va en résulter pour le propriétaire un dommage ;

Qu'en ce sens, le délit de vol n'est donc pas exclusif de préjudice puisque l'agent pénal qui s'approprie une chose appartenant à autrui à l'insu et contre son gré commet une faute constitutive d'une perte pour le propriétaire ;

Qu'il appert en l'espèce, dès la première comparution, DZ……. avouait les faits tout en expliquant comme ils avaient procédé pour perpétrer ce vol ;

Qu'en effet, ceux-ci avaient planifié leur action depuis…….. (nom de la ville), tout en précisant que cette nuit, il était en compagnie de deux autres amis, à savoir IB…….. et CH…….. et avaient défoncé la porte en métal, puis s'étaient introduits dans la boutique et y ont emporté divers objets ;

Qu'il est patent que ce vol a été perpétré à l'insu de KO…….., parce qu'absent de sa boutique, mais aussi contre son gré, car les choses emportées ne leur avaient pas été confiées ;

Qu'en outre, en s'appropriant des objets volés, ils se sont comportés comme étant les légitimes propriétaires desdits objets, dans la mesure où ils les ont par la suite déplacés ;

Que ces derniers étaient conscients de la dépossession frauduleuse projetée et réalisée ;

Qu'au regard de ce qui précède, il est constant que le délit de vol reproché à l'inculpé DZ……. est constitué ;

Renseignement

Néant ;

Renvoi devant le Tribunal correctionnel

Attendu qu'il résulte de l'information des charges suffisantes contre DZ……. d'avoir à …….. (nom de la ville), circonscription judiciaire du Tribunal de céans, dans la nuit de…….(date) ensemble et de concert avec IB…… et CH………, en tout cas depuis temps tel que les faits ne sont pas couverts par la prescription de l'action publique, frauduleusement soustrait une somme de trois millions cinq cent mille (3.500.000) francs CFA, une moto de marque Djakarta KTM, des slips, une marmite, des cartes de recharge et une mousse au préjudice du sieur KO…… qui en était seul et légitime propriétaire ;

Faits prévus et punis par les articles 379 et 401 du code pénal ;

En conséquence

Vu les articles 162 et 165 du code de procédure pénale ;

Déclarons suffisamment établie la prévention des faits ci-dessus spécifiés contre l'inculpé ;

Ordonnons le renvoi de l'affaire devant le Tribunal correctionnel pour y être jugée conformément à la loi ;

Disons que l'entier dossier de la procédure sera transmis sans délai à Monsieur le procureur de la république pour les formalités d'usage, en vertu de l'article 166 du code de procédure pénale.

Fait en notre Cabinet, le……. (date)

LE JUGE D'INSTRUCTION

Ordonnance n°26

COUR D'APPEL DE.... (NOM DE LA VILLE)

TRIBUNAL DE GRANDE INSTANCE

DE... (NOM DE LA VILLE)

CABINET

DE MONSIEUR.................

JUGE D'INSTRUCTION

N° R.P .... /

N R.I .... /

RÉPUBLIQUE DU CONGO

Unité-Travail-Progrès

ORDONNANCE AUX FINS DE RENVOI DEVANT LE TRIBUNAL CORRECTIONNEL

Nous,......... (noms et prénom) juge d'instruction au Tribunal de Grande Instance de...... (nom de la ville) ;

Vu le dossier de la procédure suivie contre le nommé MO......,....... (nationalité, date et lieu de naissance, filiation, profession, situation matrimoniale, domicile, etc.) ;

Inculpé du chef d'abus de confiance ;

Délit prévu et puni par les dispositions de l'article 408 du code pénal ;

Non comparu ;

Partie civile : LA.....,....... (nationalité, date et lieu de naissance, filiation, profession, situation matrimoniale, domicile, etc.) ;

Vu le réquisitoire introductif de Monsieur le procureur de la république, en date du......... ;

Vu notre ordonnance de soit-communiqué, en date du........, sollicitant les réquisitions du procureur de la république sur le règlement définitif ;

Vu les réquisitions définitives de Monsieur le procureur de la république, en date du........, aux fins de renvoi devant le Tribunal correctionnel de céans ;

Sur les faits de la cause

Attendu qu'il résulte de l'information judiciaire les faits suivants :

En date du......., LA...... avait remis à MO......, en euros, l'équivalent de 170.000.000 de francs CFA, par le truchement de son frère le nommé LA....... Pour obtenir des devises en dollars, puisque MO...... a comme autre activité la vente des devises ; après réception de cet argent, MO...... avait délivré à LA........ une décharge certifiant qu'il avait bel et bien reçu l'argent ; suite à cela MO........ demandait à LA........, qui devenait impatient, d'attendre ; Malheureusement, en date du......., MO....... qui avait promis remettre à LA....... les devises en dollars avait quitté son domicile tôt dans la matinée et n'y est plus jamais revenu ;

Malgré les investigations faites, LA....... n'a jamais su où se trouve MO......... ;

Discussion

Attendu qu'aux termes des prescriptions de l'article 408 du Code pénal, commet un abus de confiance quiconque aura détourné ou dissipé au préjudice d'un propriétaire, un bien qui ne lui avait été remis qu'à titre d'un contrat ou d'un emploi déterminé ;

Qu'à la lecture de cet article, l'abus de confiance suppose un acte de détournement qui porte sur une chose préalablement remise dans le cadre d'un contrat nommé, ayant une affectation ou une destination déterminée ;

Qu'il doit exister un lien de subordination ou d'obligation entre le propriétaire et l'auteur du détournement ou de la dissipation ;

Que le lien d'obligation doit avoir pour fondement l'un des contrats suivants : Le louage, le dépôt, le mandat, le nantissement, le prêt à usage, le travail salarié ou non ;

Que le simple fait de laisser ses choses à dissipation est assimilé à une remise ;

Que la qualité de la remise est un élément essentiel du délit dès lors que la chose objet de la remise est destinée à un emploi bien déterminé ;

Que pour être constitué, l'abus de confiance nécessite la réunion de certains éléments à savoir un acte de détournement : dissipation ou appropriation au préjudice d'autrui, et l'intention coupable ;

Attendu qu'en l'espèce, MO…… est poursuivi pour abus de confiance ;

Qu'il existe un lien d'obligation entre LA……. et MO…….., eu égard à ce qu'il s'inscrit dans le sillage de l'un des contrats énumérés supra ;

Que LA…….. soutient avoir remis en euros l'équivalent de 170.000.000 de francs CFA à MO…… pour obtenir les devises en dollars ;

Que malheureusement, MO……. avait utilisé cet argent à des fins autres que celles pour lesquelles les fonds lui avaient été donnés ;

Attendu que MO…….. qui est poursuivi n'a pas pu se présenter devant nous en raison de ce qu'il est en fuite ;

Que sur ce fondement un mandat d'arrêt avait été décerné contre lui, en date du……. ;

Que les recherches sont demeurées infructueuses ;

Qu'un procès-verbal de non-comparution a été établi, afin de constater la carence de l'inculpé en date du…… ;

Attendu qu'il est de principe en droit positif congolais que le mandat d'arrêt vaut inculpation ;

Que le fait par lui de prendre la fuite laisse croire qu'il a commis le délit d'abus de confiance ;

Qu'en agissant ainsi, l'inculpé MO…… ne pouvait pas ignorer les conséquences matérielles de son acte ;

Qu'il s'est par conséquent, rendu coupable des faits de la prévention d'abus de confiance ;

Qu'eu égard à ces considérations, il y a lieu à poursuivre contre lui de ce chef ;

Renseignements

Néant ;

Renvoi devant le Tribunal correctionnel

Attendu qu'il résulte de l'information des charges suffisantes contre MO……. d'avoir à…….. (nom de la ville), le…….. (date), en tout cas depuis temps tel que les faits ne sont pas couverts par la prescription de l'action publique, détourné ou dissipé au préjudice de LA…….. en euros, l'équivalent de 170.000.000 de francs CFA, somme qui ne lui avait été remise que pour l'obtention des devises en dollars ;

Fiats prévus et punis par les dispositions de l'article 408 du code pénal ;

Vu l'article 165 du code de procédure pénale ;

Déclarons suffisamment établis les faits de la prévention du délit d'abus de confiance à l'encontre de MO...... ;

En conséquence

Ordonnons le renvoi du dossier de la présente procédure devant la première chambre correctionnelle du Tribunal de Grande instance de céans, pour y être jugé conformément à la loi.

Fait en notre Cabinet, le....... (date)

LE JUGE D'INSTRUCTION

Ordonnance n°27

COUR D'APPEL DE…. (NOM DE LA VILLE)

TRIBUNAL DE GRANDE INSTANCE

DE… (NOM DE LA VILLE)

CABINET

DE MONSIEUR………………

JUGE D'INSTRUCTION

N° R.P ………………………... /

N R.I ………...……………... /

RÉPUBLIQUE DU CONGO

Unité-Travail-Progrès

ORDONNANCE AUX FINS DE RENVOI DEVANT LE TRIBUNAL CORRECTIONNEL

Nous,……... (noms et prénom) juge d'instruction au Tribunal de Grande Instance de…… (nom de la ville) ;

Vu le dossier de la procédure suivie contre le nommé BA……,……. (nationalité, date et lieu de naissance, filiation, profession, situation matrimoniale, domicile, etc.) ;

Inculpé de blessures involontaires et défaut de police d'assurance ;

Délits prévus et punis par les articles 320 du Code pénal et par les articles 1er et 5 de l'ordonnance n°1/70 du 10 octobre 1970 instituant une obligation d'assurance en matière de circulation des véhicules à moteur ;

Partie civile : NG….. ;……. (nationalité, date et lieu de naissance, filiation, profession, situation matrimoniale, domicile, etc.) ;

Vu le réquisitoire introductif de Monsieur le procureur de la république, en date du……. ;

Vu l'ordonnance de soit-communiqué de Monsieur le juge d'instruction, en date du……, aux fins de réquisitions définitives de Monsieur le procureur de la république en date du……. ;

Sur les faits de la cause

Attendu que l'information a établi les faits suivants :

En date du…… , aux environs de 22 heures, le nommé BA…… étant au volant du véhicule de marque Toyota LAND-Cruiser de couleur bleue, immatriculée sous le numéro……, non assuré ; à la suite du défaut de démarreur, a sollicité l'aide des passants pour pousser ledit véhicule afin de le démarrer, en provenance d'une rue non dénommée, en direction de la route nationale n°2 ;

Parvenu à l'intersection de la route nationale avec ladite rue, à hauteur de l'église évangélique du Congo, une moto de marque Djakarta TKM conduite par monsieur NG……, en provenance du quartier……., est venue à vive allure percuter le véhicule en pleine manœuvre ;

Il en est résulté pour NG…… un traumatisme ouvert de la cheville gauche qui a conduit celui-ci à l'hôpital de base de…… puis au centre hospitalier universitaire…….. pour les soins médicaux ;

Au regard de ce qui précède, NG…… a déposé plainte contre BA…… pour blessures volontaires ; déféré devant le procureur de la république, BA…… a été également inculpé pour défaut de police d'assurance ;

Discussion

Sur la responsabilité pénale de l'inculpé BA…… pour blessures involontaires

Attendu que l'article 320 du Code pénal punit quiconque, par défaut d'adresse ou de précaution, aura fait des blessures, coups ou maladies ayant entraîné une incapacité de travail pendant plus de six jours ;

Qu'au sens de ce texte, le délit de blessures involontaires est caractérisé par le fait matériel constitué par l'atteinte à l'intégrité physique de la victime, la faute de l'auteur se traduisant par le défaut d'adresse ou de précaution et par la relation de cause à effet, entre les lésions ainsi causées et la faute ayant entraîné l'accident ;

Attendu qu'il ressort des pièces du dossier de la présente procédure que l'inculpé BA…… n'a pas pris des précautions nécessaires en manœuvrant sur la chaussée ;

Qu'il reconnaît avoir perçu la moto arriver à vive allure pendant qu'il manœuvrait mais sans prendre l'initiative de s'arrêter en vue de lui céder le passage ;

Qu'en effet, ce défaut de précaution ou d'adresse a entraîné l'accident qui a occasionné pour la victime une incapacité temporaire de travail de soixante (60) jours, une fracture ouverte de la malléole interne de la cheville gauche et une incapacité temporaire de travail de 5 % tel qu'il ressort des certificats médicaux initial et définitif ;

Attendu cependant que l'instruction a révélé que la victime NG…… roulait à une vitesse excessive qui ne lui a pas permis de freiner ou d'éviter de heurter le véhicule qui se trouvait déjà sur la chaussée et ne pouvait plus se déplacer pour défaut de démarreur ;

Qu'il appert que la victime NG…… a fait également preuve d'inattention, de maladresse, d'imprudence et d'inobservation de règlements ;

Qu'il s'ensuit que nonobstant le refus de priorité, il y a responsabilité partagée entre le conducteur du véhicule, BA…… et le conducteur de la moto, NG…… qui est venu heurter ledit véhicule ;

Que par conséquent, il y a lieu de retenir BA…… dans les liens de la prévention de ce chef ;

Sur la responsabilité pénale de l'inculpé BA…… pour défaut de police d'assurance

Attendu qu'au moment de l'accident sus-évoqué, le véhicule de l'inculpé BA…… ne disposait pas d'une police d'assurance en cours de validité ;

Qu'en conduisant un véhicule dépourvu d'une police d'assurance, l'inculpé BA…… a commis l'infraction prévue et punie par l'ordonnance n° 1/70 du 10 octobre 1970 ;

Que la responsabilité pénale de l'inculpé BA…… ne faisant l'objet d'aucun doute, il sied de le retenir dans les liens de la prévention de ce chef ;

Renseignements

Néant ;

Sur le renvoi

Attendu qu'il résulte de l'information des charges suffisantes contre BA…… d'avoir, à……., courant…….(date), en tout cas dcpuis temps tel que les faits ne sont pas couverts par la prescription de l'action publique, par défaut d'adresse ou de précaution, involontairement fait des blessures sur la personne de NG……. ;

D'avoir dans les mêmes circonstances de temps et de lieu conduit un véhicule automobile dépourvu de police d'assurance ;

Faits prévus et punis par l'article 320 du Code pénal et par les articles 1er et 5 de l'ordonnance n° 1/70 du 10 octobre 1970 instituant une obligation d'assurance en matière de circulation des véhicules terrestres à moteur ;

En conséquence

Vu l'article 165 du code de procédure pénale ;

Déclarons suffisamment établies les préventions des faits de blessures involontaires et défaut de police d'assurance ;

Ordonnons le renvoi de la présente procédure devant le Tribunal correctionnel de céans pour y être jugée Conformément à la loi./

Fait en notre Cabinet, le……. (date)

LE JUGE D'INSTRUCTION

Ordonnance n° 28

COUR D'APPEL DE.... (NOM DE LA VILLE)

TRIBUNAL DE GRANDE INSTANCE

DE... (NOM DE LA VILLE)

CABINET

DE MONSIEUR..................

JUGE D'INSTRUCTION

N° R.P .... /

N R.I .... /

RÉPUBLIQUE DU CONGO

Unité-Travail-Progrès

ORDONNANCE AUX FINS DE REQUALIFICATION ET DE RENVOI DEVANT LE TRIBUNAL CORRECTIONNEL

Nous,.........(noms et prénom) juge d'instruction du Tribunal de Grande Instance de......(nom de la ville) ;

Vu le dossier de la procédure suivie contre :

1- BO......,....... (nationalité, date et lieu de naissance, filiation, profession, situation matrimoniale, domicile, etc.) ;

Inculpé de blessures involontaires ;

Non détenu ;

2- BA......,....... (nationalité, date et lieu de naissance, filiation, profession, situation matrimoniale, domicile, etc.) ;

Inculpé de blessures involontaires, suivant notre mandat d'arrêt en date du...... ;

En fuite ;

Partie civiles :

1- MA.....,......, (nationalité, date et lieu de naissance, filiation, profession, situation matrimoniale, domicile, etc.) ;

2- YE.....,......(nationalité, date et lieu de naissance, filiation, profession, situation matrimoniale, domicile, etc.) ;

Vu le réquisitoire introductif de Monsieur le procureur de la république en date du...... ;

Vu l'ordonnance de soit-communiqué du juge d'instruction en date du......, aux fins des réquisitions définitives de Monsieur le procureur de la républiques ;

Vu les réquisitions définitives de non-lieu total de Monsieur le procureur de la république en date du...... ;

Sur les faits de la cause

Attendu que l'instruction a établi les faits suivants :

En date du......, BO....... était à bord de son véhicule de marque Toyota Pick-Up, immatriculé sous le numéro........, véhicule dans lequel il avait chargé des grilles de construction, au volant duquel se trouvait le nommé BA....., son chauffeur, et roulait sur la route secondaire, en provenance de......(nom de la ville), pour....... (nom d'une autre ville) où BO...... exécutait un marché au profit du chemin de fer Congo océan (CFCO) ;

Seulement, les dimensions de ces grilles étant plus importantes, par rapport au gabarit de son véhicule Pick-Up, elles débordaient la carrosserie dudit véhicule ;

Partis de....... (nom de la ville) vers 17 heures, BO....... et son chauffeur ont roulé normalement jusqu'au village......., village situé entre...... et......, aux environs de 22 heures, où se trouvait un véhicule de marque Toyota, garé dans le sens contraire de leur marche, véhicule qui était en détresse, pour panne sèche, dont le propriétaire n'a pas été identifié ;

Ainsi, sans s'arrêter, BA....... continuant sa route a procédé au dépassement de ce véhicule garé, et la partie débordante des grilles qu'il transportait a blessé demoiselle YE......., passagère du véhicule en détresse qui venait de récupérer son pagne à l'arrière dudit véhicule et qui s'était trouvée entre celui-ci et le véhicule conduit par BA...... ;

BA……. et son chef BO…… ont roulé sur environ 20 mètres, avant d'être interpellés par les cris de détresse des co-voyageurs de demoiselle YE……., de s'arrêter et de revenir sur les lieux pour constater que celle-ci était grièvement blessée ;

Pris de panique BA…….. prenait la fuite, laissant BO…… organiser les secours pour conduire demoiselle YE……… à l'hôpital général de……. où elle a été admise et traitée à la charge exclusive de celui-ci ;

Du constat de l'homme de l'art, il ressort que des suites de cet accident, YE……. a subi une incapacité totale temporaire de 45 jours et perdu le fœtus qu'elle portait, de même qu'elle a perdu toute chance de concevoir un autre enfant ;

C'est ainsi que YE….. et son oncle MA…… se sont constitués partie civile devant nous ;

Discussion

Attendu que BO…… et BA…… ont été poursuivis pour blessures involontaires ;

Attendu qu'en date du……. le ministère public a requis le non-lieu total dans la cause ;

Sur les faits de blessures involontaires reprochés à BO….. et BA…….

Attendu que s'expose aux prescriptions de l'article 320 du code pénal, celui qui aura par défaut d'adresse ou de précaution involontairement blessé autrui lorsque l'incapacité de travail personnel est de plus de six (6) Jours ;

Attendu que la prévention de blessures involontaires suppose une faute intentionnelle, en l'occurrence la maladresse, l'imprudence, l'inattention, la négligence ou l'inobservation des règlements qui blessent autrui ;

Attendu que la maladresse vise le cas de celui qui exerçant une activité quelconque, ne le fait pas dans les règles de l'art, mais sans en être forcément conscient ;

Attendu que l'imprudence se caractérise par un défaut de précaution de l'agent pénal ;

Attendu que l'inattention et la négligence se résument dans un seul fait matériel de l'homme imprudent qui manque de soin, de vigilance et d'attention dont l'esprit est tourné vers la distraction ;

Attendu que la faute relative à l'inobservation des règlements est celle qui est née de la violation manifestement délibérée d'un texte légal ou réglementaire créant une obligation particulière de prudence ou de sécurité ;

Attendu que la figure jurisprudentielle de l'article 320 du code pénal exige que les blessures aient pour cause la faute intentionnelle de l'agent pénal ;

Attendu que le résultat dommageable doit être les blessures ou la maladie de la victime ;

Attendu qu'il est reproché à BO…….. et BA……. d'avoir involontairement blessé demoiselle YE……. ;

Attendu qu'il est constant de dire de BO……. que BA…….. était au volant de son véhicule lorsqu'est survenu l'accident dont procédure ;

Que pris de panique, BA…….. avait pris la fuite après le constat des faits de la cause ;

Que d'ailleurs, au point de départ de…….(nom de la ville), les grilles de construction chargées sur ce véhicule débordaient ;

Qu'en acceptant de charger ce véhicule hors gabarit, BA…….. a manqué de prudence et de précaution, en mettant en danger la vie d'autrui ;

Qu'en plus, sachant qu'il était chargé hors gabarit, il lui revenait l'obligation de prendre toutes les mesures possibles avant de se livrer à la manœuvre de dépassement, manœuvre au cours de laquelle il a blessé YE….. ;

Que si BA…….. avait pris toutes les précautions possibles, alors qu'il opérait un dépassement sur ce véhicule inanimé, il n'allait pas heurter et blesser demoiselle YE….. qui se trouvait à côté dudit véhicule ;

Qu'ainsi, en entreprenant cette manœuvre de dépassement sans prendre la mesure nécessaire, en fonction de l'obstacle dressé devant lui, en l'espèce le véhicule immobilisé, qu'il ne pouvait pas ignorer être en état de détresse , BA……. a été maladroit et a manqué à ses obligations de prudence et de sécurité ;

Qu'en plus en surchargeant son véhicule avec des grilles hors gabarit, grilles qui ont blessé YE….., pendant qu'il faisait la manœuvre de dépassement, BA……. a commis, par ce fait, une faute d'imprudence ;

Attendue que YE….., a été blessé par les grilles de construction que transportait BA……. ;

Qu'en cela, le délit de blessures involontaires est constitué à l'égard de BA……. ;

Attendu qu'en date du……., mandat d'arrêt a été décerné contre BA…….. par le magistrat instructeur ;

Qu'en date du…….., un procès-verbal de recherches infructueuses a été pris par le chef de poste de police du parquet contre BA…… ;

Attendu que mandat d'arrêt valant inculpation, il y a lieu de poursuivre contre BA……. du chef de blessures involontaires ;

Attendu cependant qu'il est acquis que BO……, propriétaire du véhicule conduit par BA…… était certes chef de bord dans ledit véhicule, au moment de l'accident, mais n'avait pas sa direction et sa maîtrise ;

Qu'ainsi, il ne peut être considéré comme co-auteur des faits mis à la charge de BA……. ;

Qu'a son égard, il y a lieu de requalifier les faits de la cause en complicité de blessures involontaires ;

Sur la requalification des faits de blessures involontaires mis à la charge de BO……. en complicité de blessures involontaires

Attendu que BO…….. a été poursuivi pour blessures involontaires sur la personne de YE….. ;

Attendu que pour être pénalement responsable, la faute de l'agent pénal doit avoir permis ou facilité la réalisation du dommage ; peu importe que cette faute ait été la cause unique, directe, exclusive ou immédiate des blessures ;

Que peu importe aussi que le fait fautif soit un fait actif ou passif de l'agent pénal ;

Qu'il suffit en réalité d'établir la relation de cause à effet entre le fait fautif et les blessures de la victime pour que l'auteur soit retenu dans les liens de la prévention ;

Que tel n'a pas été le comportement de BO…… ;

Attendu en revanche que les dispositions des articles 59 et 60 du code pénal qui prévoient et répriment la complicité sont applicables aux personnes qui auront, par abus d'autorité ou de pouvoir, provoqué ou donné des instructions pour permettre la commission d'une infraction ;

Que ces mêmes dispositions des articles 59 et 60 du Code pénal touchent également ceux qui auront avec connaissance, aidé ou assisté les auteurs de l'action dans les faits qui l'auront préparée ou facilitée, ou dans ceux qui l'auront consommée ;

Attendu qu'il résulte de la combinaison des dispositions légales précitées, qu'est complice de blessures involontaires celui qui, soit par son action, aide, fournit des moyens ou donné des ordres sans tenir compte de l'obligation de diligence et de sécurité qui pèse sur tout professionnel, soit par son inaction aura facilité ou permis la commission de blessures involontaires sur autrui ;

Attendu que pour tomber dans les liens de la prévention, l'agent pénal doit indépendamment du résultat être conscient de l'acte posé, en association avec l'auteur principal pour faciliter la commission de l'infraction, en l'occurrence le complice doit avoir l'intention d'aider, ou de faciliter l'action de l'auteur principal ;

Que cela suppose que par son action ou inaction coupable, l'agent pénal a incité l'auteur principal à avoir un comportement qui l'a conduit à commettre involontairement la faute, cause des blessures involontaires ;

Qu'ainsi, celui qui provoque la consommation des blessures involontaires par son action ou son inaction se rend complice par provocation des faits de blessures involontaires mais à la charge de l'auteur principal, en la cause, le chauffeur ;

Attendu qu'en l'espèce, c'est BO……., propriétaire du véhicule conduit par BA…… qui avait fait charger les grilles hors gabarit dudit véhicule ;

Que BO……. était à bord dudit véhicule, en partance à……. (nom de la ville) ;

Que BO…... a reconnu que lesdites grilles débordaient la carrosserie de son véhicule ;

Qu'en agissant ainsi, BO…….. a manqué à l'obligation particulière de prudence ou de sécurité qui pesait sur lui ;

Qu'ainsi, il a mis en danger la vie d'autrui ;

Qu'il ne peut donc échapper aux prescriptions des articles 59, 60 et 320 du code pénal ;

Qu'il y a lieu de suivre contre lui du chef de complicité de blessures involontaires ;

Renseignements

BA……. est en fuite ;

Mandat d'arrêt a été décerné contre lui en date du ……., par le magistrat instructeur ;

Sur la requalification

Attendu que les faits reprochés à BO……. sous la qualification de blessures involontaires constituent en réalité les faits de complicité de blessures involontaires ;

Qu'il y a lieu de les requalifier en ce sens ;

Sur le renvoi devant le Tribunal correctionnel de céans

Attendu qu'il résulte de l'information des charges suffisantes contre :

1- BA…….. d'avoir au village…….., village situé entre…….. et……., circonscription judiciaire du Tribunal de Grande Instance de…….(nom de la ville), le…….. (date), en tout cas depuis temps tel que les faits ne sont pas couverts par la prescription de l'action publique, par maladresse, imprudence ou inobservation des règlements involontairement blessé demoiselle YE….., avec la circonstance que les blessures faites ont occasionné une incapacité de travail personnel pendant 45 jours ;
2- BO……., de s'être dans les mêmes circonstances de temps et de lieu, rendu complice par provocation des faits de blessures involontaires commis par BA…….. .

Faits prévus et punis par les articles 59, 60 et 320 du code pénal ;

Vu l'article 165 du code de procédure pénale ;

Déclarons suffisamment établie la prévention des faits de blessures involontaires sur la personne du nommé BA…….. et de complicité de blessures involontaires à l'encontre de BO……... ;

En conséquence

Ordonnons le renvoi de la présente procédure devant la chambre correctionnelle du Tribunal de Grande Instance de céans pour y être jugée conformément à la loi.

Fait en notre Cabinet, le....... (date)

LE JUGE D'INSTRUCTION

Ordonnance n°29

COUR D'APPEL DE…. (NOM DE LA VILLE)

TRIBUNAL DE GRANDE INSTANCE

DE… (NOM DE LA VILLE)

CABINET

DE MONSIEUR………………

JUGE D'INSTRUCTION

N° R.P ………………………... /

N°R.I ………...…………….. /

RÉPUBLIQUE DU CONGO

Unité-Travail-Progrès

ORDONNANCE DE CORRECTIONNALISATION ET DE RENVOI DEVANT LE TRIBUNAL CORRECTIONNEL

Nous,…….... (noms et prénom) juge d'instruction du 1er cabinet au Tribunal de Grande Instance de G……(nom de la ville) ;

Vu les pièces du dossier de la procédure suivie contre :

NG…… (nom et prénom, nationalité, date et lieu de naissance, filiation, situation matrimoniale,…..) ;

Inculpé de viol, pédophilie et mise en état de grossesse d'une élève mineure ;

Faits prévus et punis par les articles 332 du code pénal, 63, 117 et 121 de la loi n°4-2010 du 14 juin 2010 portant protection de l'enfant en République Congo ;

Détenu suivant mandat de dépôt du….. (date) ;

Partie civile

NG……. (nom et prénom, nationalité, date et lieu de naissance, filiation, situation matrimoniale, domicile, téléphone…..) ;

Vu le réquisitoire introductif du…. (date) ;

Vu notre soit-communiqué du…. (date) ;

Vu le réquisitoire définitif de Monsieur le procureur de la république en date du..... aux fins de requalification et de renvoi devant le tribunal correctionnel ;

L'information a établi les faits suivants :

Courant....... (date), le nommé NG....... profitant de l'absence de sa femme, a fait venir dans la chambre parentale, sa fille NG........ (nom de l'enfant). Il a proposé d'avoir des relations sexuelles avec celle-ci qui lui a opposé un refus. Pour vaincre cette résistance, NG..... a fait usage de la force, de l'intimidation et la remise de vingt-cinq mille (25.000) francs CFA. Après l'avoir déshabillée de force, NG....... a couché avec sa fille NG..... jusqu'à en faire une habitude. L'affaire a éclaté au grand jour, lorsque NG...... (nom de l'enfant) est tombée enceinte.

C'est alors que sa mère ayant appris que l'auteur de cette grossesse n'était pas un autre homme que son mari, elle a piqué une crise et est morte quelques jours plus tard.

Au courant de l'affaire par la clameur publique, le procureur de la république a fait arrêter NG......(nom du père) avant de décider par la suite de l'ouverture d'une information judiciaire, objet de la présente procédure ;

Discussion

Attendu que le sieur NG...... est inculpé de viol, pédophilie et la mise en état de grossesse d'une élève mineure ;

Qu'il convient de procéder à l'examen de ces chefs d'inculpation ;

1- Du crime de viol

Attendu qu'il résulte de l'alinéa 1er des dispositions de l'article 332 du code pénal que : « Sera puni des travaux forcés à temps, quiconque aura commis le crime de viol.... le coupable subira le maximum de la peine des travaux forcés » ;

Qu'il ressort de ces dispositions que le crime de viol se définit comme « tout acte de pénétration sexuelle, de quelque nature qu'il soit, commis sur la personne d'autrui par violence, menace, contrainte ou surprise» ;

Que pour que ce crime soit constitué, l'intention coupable est requise, laquelle intention est caractérisée par la conscience de vouloir accomplir l'acte de pénétration sexuelle par son auteur contre la volonté de la victime ;

Attendu qu'interrogé, le Sieur NG……. a reconnu, sans détour, avoir demandé à sa fille, alors âgée de 15 ans, en…… (année), de coucher avec lui ;

Que devant le refus opposé par sa fille, NG….., pour vaincre la résistance de cette dernière, par violences, menaces et contrainte lui a arraché les habits avant d'introduire son pénis dans le vagin de celle-ci ;

Qu'il en a fait une habitude jusqu'à ce que sa fille est tombée enceinte de lui ;

Qu'en se comportant ainsi, le Sieur NG……. a commis un acte qui tombe dans les liens de la prévention de ce chef de viol ;

Que sa responsabilité pénale pour viol ne faisant l'ombre d'aucun doute, il sied de le retenir dans les liens de la prévention de ce chef ;

Correctionnalisation

Attendu que les sessions criminelles ne sont organisées qu'une fois l'année et que leur tenue requiert la mobilisation de beaucoup de moyens.

Que pour désengager la cour criminelle qui est plus préoccupée par les crimes de sang, il convient de procéder à la correctionnalisation du crime de viol en délit de pédophilie ;

2- Sur le délit de pédophilie

Attendu que les dispositions de l'article 121 de la loi n°4-2010 du 14 juin 2010 portant protection de l'enfant en République du Congo prévoient et punissent de peines correctionnelles « tout contrevenant aux prescriptions de l'article 67 de la même loi ».

Qu'il ressort des dispositions de la loi précitée que le délit de pédophilie s'entend de « toute pénétration sexuelle ou d'agression sexuelle de quelque nature que ce soit, commis sur la personne d'un enfant, de toute exposition ou exploitation de pornographie mettant en scène un ou plusieurs enfants » ;

Qu'interrogé, le sieur NG….. a reconnu avoir eu des rapports sexuels plusieurs fois avec sa fille NG…… contre le gré de celle-ci en usant la première fois de violences, menaces.... pour vaincre le refus opposé par cette dernière ;

Que sa culpabilité pour pratique de pédophilie sur la personne de NG...., sa propre fille, ne faisant l'ombre d'aucun doute, il sied de le retenir dans les liens de la prévention de ce chef ;

3- Sur le délit de mise en état de grossesse d'une élève mineure

Attendu qu'il résulte des dispositions combinées des articles 63 et 117 de la loi n°4-2010 du 14 juin 2010 portant protection de l'enfant en République du Congo : « Il est interdit de mettre en état de grossesse un enfant », « Est puni d'un emprisonnement de six mois à trois ans et/ou d'une amende de 250.000 à 1.000.000 de francs CFA, quiconque, en l'absence de toute reconnaissance par les parents comme futur époux, aura mis en état de grossesse une enfant » ;

Qu'interrogé, NG...... a reconnu que de la relation intime interdite, entretenue par lui, avec sa fille, contre le gré de celle-ci, est résultée une grossesse ;

Que le délit de mise en état de grossesse d'une élève constitué à son encontre, il sied de le retenir dans les liens de la prévention de ce chef ;

Renseignement et personnalité

Il ressort des pièces du dossier que NG...... ne fait l'objet d'aucun antécédent judiciaire connu à ce jour, la demande de casier judiciaire ne portant aucune mention.

Ordonnance de renvoi

Attendu qu'il résulte de l'information des charges suffisantes contre NG..... :

- d'avoir, à....., circonscription judiciaire du tribunal de grande instance de G....., courant...... (année), en tout cas depuis temps tel que les faits ne sont pas couverts par la prescription de l'action publique, commis le délit de pédophilie sur la personne de NG..... (nom de la fille) en ayant eu plusieurs fois des rapports sexuels avec celle-ci aux moyens de violences, menaces, contrainte..... ;
- d'avoir, dans les mêmes circonstances de temps et de lieu, mis en état de grossesse la susnommée, mineure âgée de 15 ans ;

Faits prévus et punis par les articles 63, 117 et 121 de la loi n°4-2010 du 14 juin 2010 portant protection de l'enfant en République du Congo ;

En conséquence

Vu les dispositions de l'article 165 du code de procédure pénale ;

Ordonnons le renvoi de l'affaire devant le tribunal correctionnel pour y être jugée conformément à la loi ;

Ordonnons par conséquent que le dossier de la procédure, avec la présente ordonnance, soit transmis à Monsieur le procureur de la république.

Fait en notre Cabinet, le……. (date)

LE JUGE D'INSTRUCTION

Ordonnance n° 30

COUR D'APPEL DE.... (NOM DE LA VILLE)

TRIBUNAL DE GRANDE INSTANCE

DE... (NOM DE LA VILLE)

CABINET

DE MONSIEUR..................

JUGE D'INSTRUCTION

N° R.P .... /

N° R.I .... /

RÉPUBLIQUE DU CONGO

Unité-Travail-Progrès

ORDONNANCE AUX FINS DE REQUALIFICATION ET DE RENVOI DEVANT LE TRIBUNAL DE POLICE

Nous,......... (noms et prénom) juge d'instruction au Tribunal de grande instance de......(nom de la ville) ;

Vu le dossier de la procédure suivie contre :

NG.......,........ (nationalité, date et lieu de naissance, filiation, profession, situation matrimoniale, domicile, etc.) ;

Non détenu ;

Comparant ;

Inculpé d'abattage illégal de porc ;

Délit prévu et puni par l'article 453 alinéa 2 du code pénal ;

Partie civile : MO......,......(nationalité, date et lieu de naissance, filiation, profession, situation matrimoniale, domicile, etc.) ;

Vu le réquisitoire introductif de Monsieur le procureur de la république en date du....... ;

Vu notre ordonnance de soit-communiqué aux fins de règlement définitif en date du....... ;

Vu le réquisitoire définitif de Monsieur le procureur de la république, aux fins de renvoi devant le Tribunal correctionnel en date du..... ;

Sur les faits de la cause

Il ressort des pièces du dossier et de l'instruction que courant....... (date), les porcs en divagation de MO....... s'étaient retrouvés dans la parcelle de NG...... où ils avaient consommé les tubercules de manioc de ce dernier ;

Que deux heures après, impatient de ce que MO......, hospitalisé, ne donnait pas de suite à sa demande en réparation du préjudice causé par les porcs, NG....... faisait usage de son arme de chasse de marque calibre 12, abattait quatre (4) porcs ;

Que NG....... sur instructions de MO....... prenait trois (3) porcs pour vendre et en remettait un à la police ;

Qu'il justifiait son acte d'abattage de porcs par la note circulaire n°03/MATD/D-PL/D-AB/SP-SAB en date du....... du sous-préfet du district de....... relative à la divagation des bêtes ;

Que pour lui, cette note circulaire donne droit à tout citoyen du district de....... (nom du district) d'éliminer toute bête en divagation ;

Que suite à l'acte posé par NG......., MO....... dénonçait les faits aux autorités de police qui transmettaient la procédure au procureur de la république, puis saisit le juge d'instruction ;

Discussion :

Attendu que NG....... est inculpé pour abattage de porcs ;

Que la loi condamne différemment l'auteur selon que l'abattage a eu lieu dans le domaine du propriétaire des bêtes, dans le domaine de l'auteur de l'acte poursuivi ou en tout autre lieu ;

Attendu que les débats ont démontré que les porcs ont été abattus sur la rue et non sur les terres dont le maître des animaux est propriétaire ;

Qu'il convient de requalifier les faits par les dispositions de l'article 453 alinéa 4 du code pénal ;

Qu'en l'espèce, NG……. a reconnu avoir abattu les porcs de manière délibérée pendant que les bêtes étaient sur la rue ;

Attendu que NG……. fonde son acte sur la note circulaire n°03…….du…… (date) du sous-préfet du district de…….. (nom du district) ;

Que cette note n'autorise pas malheureusement à tout citoyen d'abattre les bêtes en divagation ;

Qu'il revient plutôt au sous-préfet de donner des instructions à la force publique d'éliminer des bêtes et non aux citoyens d'agir personnellement ;

Qu'en abattant les porcs, NG……. n'a nullement respecté la circulaire pourtant trop claire du sous-préfet ;

Attendu que NG……. a reconnu avoir abattu volontairement des porcs ;

Qu'il n'y avait ni danger, ni nécessité de les tuer ;

Qu'en le faisant, cet acte tombe sous l'empire de l'article 453 alinéa 4 du code pénal ;

Que de tout ce qui précède, il convient de le retenir dans les liens de la prévention de ce chef ;

Renseignements

Néant ;

Renvoi

Attendu qu'il résulte de l'information judiciaire des charges suffisantes contre NG……. d'avoir, à…….(nom du district), circonscription judiciaire du Tribunal de grande instance de céans, en tout cas depuis temps non couvert par la prescription, sans nécessité, tué ou abattu des porcs dans les lieux où le propriétaire ou le coupable était propriétaire ;

Contravention prévue et punie par l'article 453 alinéa 4 du code pénal ;

En conséquence

Vu les articles 162, 164 et 166 du code de procédure pénale ;

Déclarons suffisamment établie la prévention des faits ci-dessus spécifiés contre l'inculpé ;

Ordonnons le renvoi de l'affaire devant le Tribunal correctionnel pour y être jugée conformément à la loi ;

Disons que l'entier dossier de la procédure sera transmis sans délai à Monsieur le procureur de la république pour des formalités d'usage, en vertu de l'article 166 du code de procédure pénale.

Fait en notre Cabinet, le……. (date)

LE JUGE D'INSTRUCTION

Ordonnance n°31

COUR D'APPEL DE…. (NOM DE LA VILLE)

TRIBUNAL DE GRANDE INSTANCE

DE… (NOM DE LA VILLE)

CABINET

DU

JUGE D'INSTRUCTION

RÉPUBLIQUE DU CONGO

Unité-Travail-Progrès

N° R.P …………………….... /

N R.I ° ………..…………….. /

ORDONNANCE AUX FINS DE MAINTIEN EN DÉTENTION, DE NON-LIEU ET DE TRANSMISSION DES PIÈCES À MONSIEUR LE PROCUREUR GÉNÉRAL PRÈS LA COUR D'APPEL DE….. (NOM DE LA VILLE)

Le Doyen des juges d'instruction du Tribunal de grande instance de B… (nom de la ville);

Vu le dossier de la procédure suivie contre :

1/- OS… (Nom et prénom, nationalité, date et lieu de naissance, filiation, profession, situation matrimoniale, NSOM, se disant jamais condamné, ni poursuivi en justice, adresse…);

Ayant pour conseils, Maître IB… du barreau de B… (nom de la ville), BO… du barreau de D…, Cabinet ME… et AB… du barreau de P…;

Détenu suivant mandat de dépôt du … (date) ;

2/- MA… (nom et prénom, nationalité…);

Objet d'un mandat d'arrêt du… (date);

3-/ OK…, (nom et prénom, nationalité, date et lieu de naissance, filiation, profession, situation matrimoniale, NSOM, se disant jamais condamné, ni poursuivi en justice, adresse…);

Objet d'un mandat d'arrêt international du… (date);

Poursuivis pour détention illégale d'armes et minutions de guerre, atteinte à la sureté de l'État ;

Faits prévus et punis par les articles 87, 88 et 89 du Code pénal, 17 et 31 de l'ordonnance n°62-24 du 16 octobre 1962, fixant le régime de matériels de guerre, des armes et munitions;

4/- NG… (nom et prénom, nationalité, date et lieu de naissance, filiation, profession, situation matrimoniale, NSOM, se disant jamais condamné, ni poursuivi en justice, adresse…) ;

Détenu suivant mandat de dépôt du… (date) ;

Décédé le… (date);

5/- MA… (nom et prénom, nationalité, date et lieu de naissance, filiation, profession, situation matrimoniale, NSOM, se disant jamais condamné, ni poursuivi en justice, adresse…);

Détenu suivant mandat de dépôt du… (date), puis mis en liberté provisoire;

6/-NG… épouse OS… (nom et prénom, nationalité, adresse…) ;

Objet d'un mandat d'arrêt international du… (date);

7/-NG…, (nom et prénom, nationalité, profession);

En fuite; objet d'un mandat d'arrêt du… (date) ;

8/-MA… (nom et prénom, nationalité, date et lieu de naissance, filiation, profession, situation matrimoniale, NSOM, se disant jamais condamné, ni poursuivi en justice, adresse…);

Comparaissant libre ;

9/-BO… (nom et prénom, nationalité, date et lieu de naissance, filiation, profession, situation matrimoniale, NSOM, se disant jamais condamné, ni poursuivi en justice, adresse…);

Comparaissant libre ;

Ayant pour conseil, Maître BO…, avocat à la cour;

10/- OS… (nom et prénom, nationalité, date et lieu de naissance, filiation, profession, situation matrimoniale, NSOM, se disant jamais condamné ni poursuivi en justice, adresse…);

En fuite; objet d'un mandat d'arrêt du… (date) ;

Poursuivis pour complicité de détention illégale d'armes et munitions de guerre; atteinte à la sécurité intérieure de l'État;

Faits prévus et punis par les articles 59, 60, 87, 88 et 89 du Code Pénal, 17 et 31 de l'ordonnance n°62-24 du 16 octobre 1962, fixant le régime de matériels de guerre, des armes et munitions;

Partie civile

État congolais, pris en la personne du Ministre de la justice, des droits humains et de la promotion des peuples autochtones, cabinet sis, … (date);

Ayant pour conseil Maître OK… et maître DE… Avocats à la cour;

Vu les Réquisitoires Introductif et Supplétif en dates des …et …;

Vu notre ordonnance aux fins de disjonction de procédures en date du … ;

Vu notre ordonnance de soit-communiqué aux fins de règlement définitif en date du …;

Vu notre ordonnance de soit-communiqué sur la demande de mise en liberté provisoire sollicitée par le conseil de l'inculpé OS… datée du …;

Vu le réquisitoire définitif du Procureur de la république du … (date);

Sur les faits de la procédure

Attendu que l'information a établi les faits suivants :

À la suite de l'élection présidentielle et à la publication des résultats donnant le candidat sortant vainqueur, des mouvements de protestation verront le jour dans le pays, organisés par des candidats vaincus et par leurs partisans par des actions multiformes allant à des appels à la désobéissance civile aux actions violentes contre l'autorité de l'État. Monsieur OS… qui figure au rang de ceux-ci entrera délibérément en clandestinité et s'illustrera à partir de son lieu de retraite par des publications et déclarations intempestives par voie de presse.

Les investigations menées par la police permettront de découvrir en date du …, une cache d'armes et munitions de guerre dans un entrepôt situé dans l'une des propriétés appartenant aux époux OS…. Les recoupements effectués à la suite de l'enquête de police illustreront que le nommé OS… projetait de diriger une action armée en s'approvisionnant en armes et en constituant des groupes de personnes pré-positionnés dans différents lieux de la ville de B...(nom de la ville).

Dans cette foulée, un militaire gabonais nommé OK…sera arrêté vers la frontière du Congo avec le Gabon et révèlera être à la solde d'une puissance étrangère voisine qui projetait de réaliser pour le compte de cet homme politique qui a occupé des hautes fonctions dans la sphère étatique du Congo un renversement des institutions par une action de force ; confirmant les informations publiées auparavant dans la presse internationale.

C'est dans ce contexte qu'une information judiciaire est ouverte pour les faits d'atteinte à la sécurité intérieure de l'État, de détention illégale d'armes et munitions de guerre et de complicité de ces faits à l'encontre de NG…, OS… et autres.

Discussion

Sur les faits de détention illégale d'armes et munitions de guerre

Attendu qu'il est reproché à l'inculpé OS… l'infraction de détention illégale d'armes et munitions de guerre;

Attendu qu'aux termes des dispositions combinées des articles 17 et 31 de l'ordonnance n° 62-24 du 16 octobre 1962 fixant le régime des matériels de guerre, des armes et munitions, ce délit est établi à l'encontre de celui qui détient les matériels, armes et munitions des deux premières catégories sans en avoir le droit ;

Attendu qu'en l'espèce, des armes et munitions de guerre ont été découvertes dans un local servant de dépôt de matériaux de tous genres aux époux OS… adresse…;

Qu'il ressort en effet des dossiers de la procédure, notamment la déposition au niveau de la police du nommé OS… que «…c'est à partir de cette période-là que madame OS… née NG… a commencé à multiplier les tours avec son chauffeur… Son personnel venait stocker du matériel… » cf. PV de police N°…/...;

Que par ailleurs, le nommé OS... déclarait : « Le dernier stockage remonte avant les grandes vacances de ...(année)...c'est à ce moment-là que ma femme m'a contacté au téléphone et m'a dit qu'il y a les travailleurs de madame OS... qui ont demandé à la femme de FR... de quitter l'arrière de la maison et qu'ils vont se mettre en sous- vêtements pour faire rentrer le matériel qu'ils ont ramené. » (cf. PV de police N°.../...) ;

Que paradoxalement ce sont des armes et munitions que l'on découvrira plus tard;

Que cela laisse entrevoir qu'il s'agissait sans l'ombre d'aucun doute des matériels de guerre dont notamment les armes retrouvées lors de la perquisition sus citée;

Qu'interrogé sur ces faits l'inculpé OS... se limite à déclarer qu'il ne connaît rien à cela et qu'il ne connaît pas ces lieux, à plus forte raison ce qui s'y passait ;

Qu'il reconnaît cependant que les époux OS... utilisaient cette pièce comme dépôt (cf. PV 2ème comparution d'OS...) ;

Que pourtant il déclare que cette propriété était devenue le bien de son frère NG... qui y avait logé son ami OS...;

Qu'en déclarant en substance que son frère avait été trahi par OS..., traduit l'état de complot qui se tramait à cet endroit;

Que le nommé OS... qui était au centre des hostilités des évènements du ... (date) est le seul habilité à pouvoir détenir un tel arsenal et qu'il y avait d'ailleurs intérêt;

Que le personnel qui y avait déposé ce matériel de guerre l'a été pour les ambitions de leur employeur;

Que des simples dénégations ne sauraient le soustraire des liens de la prévention de ce chef de délit;

Qu'au regard de tout ce qui précède, il convient de le retenir dans les liens de la prévention de ce chef ;

Attendu que les nommés MA... et OK... auxquels il est reproché les mêmes faits n'ont pas comparu;

Qu'il y a lieu de retenir contre eux les mêmes griefs;

Sur l’atteinte à la sécurité intérieure de l’État :

Attendu que les inculpés OS…, OK… et MA… sont poursuivis pour des faits d’atteinte à la sécurité intérieure de l’État prévus et punis par les articles 87, 88 et 89 du Code pénal ;

Qu’aux termes de l’article 87 du Code pénal, « L’attentat dont le but est soit de détruire ou de changer le Gouvernement ou l’ordre de successibilité au trône, soit d’exciter les citoyens ou habitants à s’armer contre l’autorité impériale, est puni de la peine de la déportation dans une enceinte fortifiée »;

Qu’aux termes de l’article 88 dudit Code pénal « L’exécution ou la tentative constitueront seules l’attentat » ;

Qu’enfin conformément à l’article 89 du même Code pénal « le complot ayant pour but les crimes mentionnés aux articles 86 et 87, s’il a été suivi d’un acte commis ou commencé pour en préparer l’exécution sera puni de la déportation… il y a complot dès que la résolution d’agir est concertée et arrêtée entre deux ou plusieurs personnes »;

Attendu que le législateur en l’article 88 suscité n’a pas défini l’attentat dont il s’agit;

Qu’il s’agit en réalité d’un crime contre la sécurité intérieure de l’État dont le but est soit :

- de détruire ou de changer le gouvernement ou l’ordre de successibilité au trône;

- d’exciter les citoyens ou habitants à s’armer contre l’autorité impériale;

Que l’attentat dont le but est de détruire ou de changer le gouvernement se rapporte à des moyens non constitutionnels et non démocratiques, et spécialement par la force ;

Que la Constitution de la république en vigueur en son préambule condamne le coup d’État et l’usage de la violence politique, sous toutes ses formes, comme moyens d’accession au pouvoir;

Qu’il suit que l’article 87 punit quiconque utilise la violence à l’effet d’accéder au pouvoir;

Attendu qu’en plus de l’exécution de cet attentat, le Code pénal punit aussi la simple tentative;

Qu'en effet, aux termes de l'article 88 dudit code l'exécution ou la tentative constitueront seules l'attentat;

Attendu qu'il ressort du cas d'espèce que l'inculpé OS… avec d'autres candidats à l'élection présidentielle de … (année) ont opté pour la contestation de ces résultats ;

Qu'alors que certains candidats introduisaient leurs recours devant la cour constitutionnelle, seule instance habilitée à connaître du contentieux électoral, l'inculpé OS… optait pour la clandestinité et à la constitution de l'armement tel que découvert dans l'une de leur propriété;

Que cette volonté de mener des actions violentes est révélée dans la presse internationale : Médiapart et sur les réseaux sociaux ; rapportant la concertation entre certaines autorités gabonaises par le truchement des mercenaires européens et Ga... (nom du pays) dans l'approvisionnement de OS… en armes et en moyens financiers;

Que ces révélations ont été confirmées par l'un des mercenaires gabonais, le nommé OK…, interpellé par la police congolaise et qui a avoué ces faits;

Qu'il affirme lors de l'enquête préliminaire avoir reçu mission des hautes autorités de son pays d'assurer la liaison des mercenaires européens avec OS…qu'il avait par ailleurs reçus à Li… (nom d'une ville);

Que par ailleurs, il affirme avoir reçu à B… (nom d'une ville) par OS…, lequel l'avait mis en contact avec un de ses hommes de main, le nommé MA…;

Qu'en outre, il précise avoir transporté d'importantes sommes d'argent en provenance du G… (nom d'un pays) pour OS… en compagnie de MA[cf. PV de police N° … du…(date)] ;

Attendu que de plus, il est établi que l'inculpé OS…. avait constitué des groupes pour mener l'insurrection contre les autorités constitutionnelles;

Qu'il ressort clairement du procès-verbal de police N° …/… du … (date) « après l'échec de l'insurrection du ……, il a été question d'élaborer un plan B de la désobéissance civile. Celui-ci consistait à l'érection des barricades…. »;

Que ces actions n'ont pu être menées que par suite de défection du principal animateur (cf. PV N°...);

Que ces faisceaux de preuves laissent peu de place au doute quant à la constitution de l'infraction d'atteinte à la sécurité intérieure de l'État, quoique l'inculpé OS... niant systématiquement les faits;

Que fort de ce qui précède, il est clairement établi que l'inculpé OS... et les nommés MA... et OK... ont commis le crime d'atteinte à la sécurité intérieure de l'État au sens des dispositions combinées des articles 87, 88, et 89 du code pénal;

Que dès lors, il y a lieu de les retenir dans les liens de la prévention de ce chef;

Sur la complicité des faits d'atteinte à la sécurité intérieure de l'État et de détention illégale d'armes et munitions de guerre :

Attendu que les nommés NG..., NG...épouse OS..., MA..., BO..., OS..., MA...et NG...sont poursuivis pour des faits de complicité de ces chefs de crime et délit;

Qu'il convient de rechercher et d'établir l'imputabilité de ces faits à leur égard;

Attendu qu'aux termes combinés des articles 59 et 60 du code pénal, la complicité d'un crime ou d'un délit s'établit par une action volontaire de susciter, de procurer des moyens, d'aider ou d'assister l'auteur à la réalisation de cette infraction ;

Attendu que s'il est constant et établi que dame NG...épouse OS... est la propriétaire de la concession adresse...;

Qu'elle condamnait l'entreposage des divers effets dans cet entrepôt ;

Que NG... avait la jouissance de la propriété où les armes ont été trouvées de même que le nommé OS... qui y demeurait des années durant avec sa famille;

Que la connaissance de la conduite infractionnelle de l'inculpé OS... ne pouvait leur échapper;

Qu'il n'y a l'ombre d'aucun doute que ces personnes ont participé de loin ou de près à aider et assister l'inculpé OS... à la conservation et à la garde de ces armes que cependant, rien n'implique que les inculpés MA..., BO... et MA... ont apporté l'aide, l'assistance ou tous autres faits les rendant complices à ce titre;

Que de même qu'il n'est pas formellement établi la participation de MA..., BO... et MA... à une action liée à la commission du crime d'atteinte à la sécurité intérieure de l'État ;

Qu'il y a lieu de dire non établi à l'encontre de MA..., BO... et MA..., les preuves de complicité de ces chefs d'infraction;

Qu'il y a par contre lieu de déclarer suffisamment établis à l'encontre de dame NG...épouse OS..., NG..., OS... et NG... les faits de complicité;

Mais attendu qu'en cours de l'instruction de la présente procédure, le nommé NG ... qui avait été inculpé et mis en détention avait été admis pour des soins au centre hospitalier universitaire de B... et trouvait la mort après des soins médicaux liés à sa pathologie ;

Qu'aux termes de l'article 6 du code de procédure pénale, l'action publique pour l'application de la peine s'éteint avec la mort du prévenu;

Que le prévenu NG... étant décédé le ... (date), les poursuites pénales à son encontre sont éteintes;

Qu'il n'y a donc plus lieu à suivre contre lui de ces faits;

Que par ailleurs, dame NG... épouse OS..., qui n'a pas été inculpée, malgré les diligences du magistrat instructeur par des mandats de comparution et commission rogatoire, fait l'objet d'un mandat d'arrêt international;

Qu'il en est autant pour OS... et NG...;

Qu'il y a lieu de déclarer dame NG... épouse OS..., OS... et NG..., suffisamment convaincus des faits de complicité, d'atteinte à la sécurité intérieure de l'État et de détention illégale d'armes et de munitions de guerre à eux reprochés ;

Sur la liberté provisoire sollicitée par l'inculpé OS...

Attendu que par la plume de ses conseils, le prévenu OS...a sollicité une mise en liberté provisoire en s'appuyant sur le caractère illégal de la procédure, la violation de ses droits et le terme de l'instruction judiciaire ;

Que le parquet de la république a requis le rejet de cette demande;

Attendu que les moyens soulevés par le prévenu OS...ont été épuisés à toutes les instances judiciaires;

Que dès lors, leurs évocations à nouveau ne sauraient prospérer;

Qu'il y a lieu de les rejeter ;

Que par ailleurs, le moyen pris de ce que l'instruction judiciaire est à son terme et ne peut justifier sa détention ne saurait davantage prospérer ;

Que la présente procédure qui s'achève sans que les coauteurs aient été interrogés et qui les renvoie devant la formation de jugement est justificative du maintien de l'inculpé en détention;

Que d'ailleurs l'article 167- 2 du code de procédure pénale indique : « le mandat d'arrêt ou de Dépôt décerné contre l'inculpé, conserve sa force exécutoire jusqu'à ce qu'il ait été statué par la chambre d'accusation » ;

Que de même, le risque de subornation des témoins et de concertation entre les coaccusés est réel;

Que la durée de détention étant prolongée de deux mois supplémentaires à partir du … (date), justifie le maintien en détention de l'inculpé;

Renseignements

Néant

Non-lieu :

Attendu qu'il ne résulte pas de l'information des charges suffisantes contre MA…, BO…et MA…, d'avoir à B… (nom de la ville), courant années … et …, en tout cas dans les délais de l'action publique, s'être rendu complices des faits de détention illégale d'armes et munitions de guerre et atteinte à la sécurité intérieure de l'État;

Faits prévus et réprimés par les articles 59, 60, 86, 87, et 89 du Code pénal; 17 et 31 de l'ordonnance n°62- 24 du 16 octobre 1962, fixant le régime des matériels de guerre, des armes et munitions;

Transmission des pièces

1- Attendu qu'il résulte de l'information des charges suffisantes contre :

OS…, d'avoir à B…, courant années … et …, en tout cas depuis moins de dix (10) ans, ensemble et de concert avec OK… et MA…, organisé un attentat dans le but de renverser les institutions légalement établies et de s'y établir en excitant les citoyens à s'armer contre l'autorité légale;

Faits prévus et réprimés par l'article 87, 88 et 89 du Code pénal ;

D'avoir dans les mêmes circonstances de temps et de lieu en tout cas depuis moins de trois (3) ans, illégalement détenus les armes et munitions de guerre ;

Délit prévu et réprimé par les articles 17 et 31 de l'ordonnance n°24-62 du 16 octobre 1962, fixant le régime des matériels de guerre, des armes et des munitions;

2- Attendu qu'il résulte de l'information des charges suffisantes contre dame NG... épouse OS..., OS... et NG...d'avoir à B... (nom de la ville), courant année ..., en tout cas depuis moins de trois (3) ans, s'être rendu complices de détention illégale d'armes et munitions de guerre reprochés à OS...;

Délit prévu et réprimé par les articles 59 et 60 du Code pénal; 17 et 31 de l'ordonnance n°24/ 62 du 16 octobre 1962, fixant le régime des matériels de guerre, des armes et des munitions ;

D'avoir dans les mêmes circonstances de temps et de lieu s'être rendu complices des faits d'atteinte à la sécurité intérieure de l'État reprochés à OS...;

Faits prévus et punis par les articles 59, 60, 86, 87 et 89 du Code pénal;

Disons éteinte l'action publique de ces faits à l'égard de NG...pour cause de décès ;

Ordonnons le maintien en détention de OS...;

Vu l'article 167 du code de procédure pénale ;

Ordonnons la transmission du dossier de la procédure et un état des pièces à conviction à Monsieur le procureur général près la Cour d'appel de B... (nom de la ville) pour être par ce haut magistrat procédé à la saisine de la Chambre d'accusation comme il est dit au chapitre de la chambre d'accusation.

Fait en notre cabinet, le... (date)

LE JUGE D'INSTRUCTION

Ordonnance n°32

COUR D'APPEL DE.... (NOM DE LA VILLE)
TRIBUNAL DE GRANDE INSTANCE
DE... (NOM DE LA VILLE)
CABINET
DE MONSIEUR.................
JUGE D'INSTRUCTION

RÉPUBLIQUE DU CONGO
Unité-Travail-Progrès

N° R.P ..../

N R.I ° ..../

ORDONNANCE AUX FINS DE REQUALIFICATION ET DE TRANSMISSION DES PIÈCES A MONSIEUR LE PROCUREUR GÉNÉRAL PRÈS LA COUR D'APPEL DE...(NOM DE LA VILLE)

Nous,......... (noms et prénom) juge d'instruction au Tribunal de Grande Instance de......(nom de la ville) ;

Vu le dossier de la procédure suivie contre :

NK.......,........ (nationalité, date et lieu de naissance, filiation, profession, situation matrimoniale, domicile, etc.) ;

Inculpé du chef d'infanticide ;

Crime prévu et puni par l'article 300 du Code pénal ;

Détenu suivant mandat de dépôt en date du....... ;

Partie civile : MP........ (nationalité , date et lieu de naissance , filiation , profession , situation matrimoniale , domicile , etc.) ; ayant droit de son petit-fils MA......(nom et prénom de ce dernier) ;

Vu le réquisitoire introductif de Monsieur le procureur de la république en date du…….. ;

Vu notre ordonnance de soit-Communiqué en date du……., sollicitant les réquisitions du procureur de la république sur le règlement définitif ;

Vu les réquisitions définitives du procureur de la république en date du…….. , aux fins de transmission des pièces à Monsieur le procureur général près la cour d'appel de céans ;

Sur les faits de la cause

Attendu qu'il ressort de l'information judiciaire les faits suivants :

Le……. (date), NK…….. était informée de ce que sa mère, la nommée MO…….., voulait qu'elle quitte le domicile familial au motif qu'elle faisait la pagaille en son absence. Au reçu de cette information, NK…….décidait de mettre un terme à la vie de son fils, MA…….., âgé de onze (11) mois. C'est ainsi que dans la soirée, aux environs de 19 heures, NK…… saisissait son fils par le cou et l'étranglait jusqu'à ce qu'il trouve la mort, avant de jeter la dépouille dans les toilettes.

Ayant constaté l'absence de son petit-neveu, l'oncle de NK…… interrogeait cette dernière pour savoir où se trouvait l'enfant, mais sa réponse n'était pas satisfaisante. Face à cette situation, il avait interpellé NK……, elle avouait son forfait ;

Discussion

Attendu qu'aux termes des dispositions de l'article 300 du Code pénal « l'infanticide est le meurtre ou l'assassinat d'un enfant nouveau-né» ;

Que pour être constitué, ce crime nécessite la réunion de certains éléments à savoir : un acte d'homicide, la volonté criminelle ou la préméditation, la qualité de nouveau-né de la victime ;

Que ce crime suppose un acte volontaire de donner la mort à son propre enfant nouveau-né ;

Que le nouveau-né s'entend comme l'enfant qui vient de naître, à condition qu'il soit vivant, peu importe sa viabilité ;

Mais attendu qu'il est de principe que « l'enfant cesse d'être un nouveau-né, lorsque sa naissance est notoire, soit parce qu'il a été déclaré à l'état-civil, soit à l'expiration du délai de trois (3) jours imparti pour sa déclaration » ;

Attendu qu'en l'espèce, NK……. est poursuivie pour le crime d'infanticide sur la personne de son fils, MA…….. âgé de onze (11) mois ;

Qu'à cet âge, le nommé MA…….. ne pouvait plus être considéré comme un nouveau-né ;

Qu'il était une personne vivante et viable qui jouissait de la protection garantie par sa personnalité juridique ;

Que l'acte commis par NK……. a eu pour objet de donner volontairement la mort à autrui ;

Qu'à cet effet, elle avait sans réserve donné la mort à son fils en l'étranglant ;

Qu'interrogée sur les faits à elle reprochés, NK…… les avait sans réserve reconnus ;

Attendu qu'en droit ces faits sont constitutifs du crime de meurtre tel que prévu par l'article 295 du Code pénal ;

Qu'eu égard à tout ce qui précède, les faits précédemment qualifiés d'infanticide doivent être requalifiés en meurtre ;

Que l'élément légal de cette infraction réside dans les dispositions de l'article 295 du Code pénal, l'élément matériel dans le fait de donner volontairement la mort à autrui et l'élément moral dans l'intention coupable de commettre l'acte incriminé ;

Qu'il y a lieu à poursuivre contre NK……. du chef de meurtre ;

Renseignements

Néant ;

Requalification

Attendu que l'infraction précédemment reprochée à NK…… sous qualification d'infanticide, est en réalité un meurtre au sens des dispositions de l'article 295 du Code pénal ;

Qu'il sied de la requalifier en meurtre ;

Ordonnance de transmission de pièces

Attendu qu'il résulte de l'information judiciaire des charges suffisantes contre NK……, d'avoir à……. (nom de la ville), le……. (date), en tout cas depuis temps tel que les faits ne sont pas couverts par la prescription de l'action publique, volontairement commis le crime de meurtre sur la personne de son fils MA…….. âgé de onze (11) mois ;

Crime prévu et puni par l'article 295 du Code pénal ;

Vu l'article 167 du code de procédure pénale ;

Déclarons suffisamment établi le crime de meurtrc à l'encontre de…….. (nom et prénom de l'inculpé) ;

En conséquence

Ordonnons la transmission de l'entier dossier de la présente procédure, ainsi que les pièces à conviction, à Monsieur le procureur général près la Cour d'appel de céans, pour qu'il soit procédé par lui, conformément à la loi.

Fait en notre Cabinet, le……. (date)

LE JUGE D'INSTRUCTION

Ordonnance n°33

COUR D'APPEL DE.... (NOM DE LA VILLE)

TRIBUNAL DE GRANDE INSTANCE

DE... (NOM DE LA VILLE)

CABINET

DE MONSIEUR..................

JUGE D'INSTRUCTION

N° R.P ....… /

N R.I ° ………...…………….. /

RÉPUBLIQUE DU CONGO

Unité-Travail-Progrès

ORDONNANCE AUX FINS DE TRANSMISSION DES PIÈCES A MONSIEUR LE PROCUREUR GÉNÉRAL PRÈS LA COUR D'APPEL DE CEANS

Nous,…….... (noms et prénom) juge d'instruction du Tribunal de Grande Instance de……(nom de la ville) ;

Vu la procédure suivie contre :

MA……,…….. (noms et prénom, nationalité, date et lieu de naissance, filiation, profession, situation matrimoniale, domicile, etc.)

Inculpé d'assassinat ;

Détenu suivant notre mandat de dépôt en date du……. ;

Mis en liberté d'office par le procureur général près la Cour d'appel de…… (nom de la ville) ;

Parties civiles : Ayants droit de NK….., représentés par DI…..,…….(noms et prénom, nationalité, date et lieu de naissance, filiation, profession, situation matrimoniale, domicile, etc.) ;

Vu le réquisitoire introductif de Monsieur le procureur de la république, en date du...... ;

Vu l'ordonnance de soit-communiqué de ¨Monsieur le juge d'instruction, en date du......, aux fins de réquisitions définitives de Monsieur le procureur de la république ;

Vu les réquisitions en règlement définitif aux fins de transmission des pièces de Monsieur le procureur de la république en date du......, Communiquées en notre cabinet le....... ;

Les faits de la cause

Attendu qu'il résulte de l'information les faits suivants :

DI......., taximan de profession, est domicilié au quartier....... où il vit seul avec ses deux (2) enfants, respectivement âgés de 11 et de 9 ans ;

Le......(date), aux environs de 19 heures, sachant qu'à cette heure-là, DI...... ne pouvait être à la maison, MA....... se rendait au domicile de celui-ci où il ne trouvait personne, retirait la clé là où elle était gardée sous une pierre, ouvrait la maison, fouillait partout et s'appropriait le sac, propriété de DI...... qu'il avait trouvé sous le lit de ce dernier, s'installait sur la table et consommait la nourriture qui était gardée dans les bols, puis refermait la maison, remettait la clé à son endroit et s'en allait, emportant le sac ;

Pendant qu'il marchait, il rencontrait l'un des enfants DI...... nommé NK......., vers le rond-point........, lequel lui demandait qui était le propriétaire du sac qu'il portait ;

En réponse, MA....... répondait qu'il lui appartenait ; insatisfait, l'enfant insistait, et pris de peur d'être dénoncé, MA..... tenait ledit enfant en respect, en bloquant sa bouche avec la paume de sa main et le conduisit sous les eucalyptus ;

Y étant, il prenait un morceau de bois trouvé sur place et lui administrait un coup sur la tête et il tombait et le sang coulait de sa bouche, du nez et des oreilles ;

Après cela, MA....... prenait un bois qu'il déposait sur le cou de sa victime et s'en allait ;

Le lendemain matin, le corps de NK...... a été trouvé sans vie, dans la forêt des eucalyptus de......(lieu), nu, avec un habit qui cachait la partie de son sexe, la tête ensanglantée et un bois posé sur le cou ;

Interpellé par la police, MA…… a d'abord nié les faits avant de passer aux aveux, avant qu'il a confirmé devant le magistrat instructeur ;

Discussion

Attendu qu'aux termes des dispositions de l'article 296 du code pénal, le meurtre commis avec préméditation est qualifié d'assassinat ;

Que le meurtre, c'est donc le fait de tuer délibérément une personne ; c'est le fait de donner volontairement la mort à autrui ;

Que ce crime de meurtre suppose un acte matériel et une intention coupable ;

Que l'élément matériel du meurtre se trouve dans l'accomplissement d'acte matériel susceptible de donner la mort et suppose toujours l'accomplissement d'actes positifs, dans la mesure où le meurtre est une infraction de commission ;

Qu'en plus, l'agent pénal doit avoir l'intention, la conscience et la connaissance de l'acte qu'il pose ou qu'il se propose de poser, en l'occurrence, l'intention de donner la mort ;

Qu'il appartient au juge du fond d'apprécier souverainement l'intention de donner la mort ;

Que cette intention peut résulter du fait de frapper ou de serrer la victime sur une partie du corps particulièrement exposé telle que la tête ;

Attendu que la préméditation consiste dans le dessein formé avant l'action d'attenter à la personne d'un individu déterminé, ou même de celui qui sera trouvé ou rencontré, combien même ce dessein serait dépendant de quelque circonstance ou de quelque condition ;

Que la préméditation peut résulter du comportement du criminel avant de passer à l'action ;

Qu'ainsi, il y a préméditation de meurtre, à tenir en respect sa victime et de la conduire dans un endroit à l'abri des curieux pour passer à l'acte ;

Attendu qu'en l'espèce, MA……. a reconnu avoir volé le sac de DI…… à son domicile, après s'être servi sur sa table sans y être invité, et rencontré l'enfant NK…... qui avait pu identifier le sac de son père ;

Que pris de peur d'être dénoncé, MA…… décidait de le maîtriser et de le conduire sous les eucalyptus…… (lieu) pour lui donner la mort ;

Que MA….. a reconnu avoir donné d'abord un premier coup sur la tête de sa victime, à l'aide d'un morceau de bois qu'il avait trouvé sur place, puis un second coup, à la suite de quoi NK…….. était tombé et ne bougeait plus ;

Que par ce fait, MA….. a donc consommé le crime d'assassinat sur la personne de NK……. ;

Qu'il y a lieu à suivre contre lui de ce chef ;

Renseignements

Néant ;

Ordonnance de transmission des pièces :

Attendu qu'il résulte de l'information charges suffisantes contre MA…… d'avoir à…….(nom de la ville), le……..(date),en tout cas depuis temps tel que les faits ne sont pas couverts par la prescription de l'action publique, commis le crime d'assassinat sur la personne de NK…… ;

Crime prévu et puni par les dispositions des articles 296, 298, 302 et 304 du code pénal ;

Vu l'article 167 du code de procédure pénale ;

Déclarons suffisamment établis les faits de la prévention d'assassinat à l'encontre de MA……. ;

En conséquence :

Ordonnons que le dossier de la présente procédure et un état de pièces servant à conviction soient transmis sans délai par le procureur de la république au procureur général près la Cour d'appel de céans, pour être procédé ainsi qu'il est dit au chapitre de la chambre d'accusation.

Fait en notre Cabinet, le……. (date)

LE JUGE D'INSTRUCTION

Ordonnance n°34

COUR D'APPEL DE... (NOM DE LA VILLE)

TRIBUNAL DE GRANDE INSTANCE

DE... (NOM DE LA VILLE)

CABINET

DE MONSIEUR.................

JUGE D'INSTRUCTION

N° R.P .... /

N R.I °........................... /

RÉPUBLIQUE DU CONGO

Unité-Travail-Progrès

ORDONNANCE AUX FINS DE TRANSMISSION DES PIECES A MONSIEUR LE PROCUREUR GENERAL PRES LA COUR D'APPEL DE... (NOM DE LA VILLE)

Nous,........ (noms et prénom) juge d'instruction du Tribunal de Grande Instance de......(nom de la ville) ;

Vu la procédure suivie contre :

BI......,....... (noms et prénom, nationalité, date et lieu de naissance, filiation, profession, situation matrimoniale, domicile, etc.)

Inculpé de destruction volontaire de chaussée ;

Libre :

Partie civile : Groupement GI......, représenté par AN......, chef de mission de contrôle, domicilié à......... ;

Vu le réquisitoire introductif de Monsieur le procureur de la république en date du....... ;

Vu notre ordonnance de soit-communiqué en date du......., aux fins de réquisitions définitives de Monsieur le procureur de la république ;

Vu les réquisitions en règlement définitif aux fins de transmission des pièces de Monsieur le procureur de la république en date du……. ;

Sur les faits de la cause

Attendu qu'il résulte de l'instruction préparatoire les faits suivants :

En date du……, le nommé BI……… roulait au volant du véhicule automobile à usage de transport de grume appartenant à la société MA……. provenant du village……. pour se rendre à……. (nom de la ville). Arrivé au niveau du village…….. situé à 10km du poste de police de….. (nom de la localité), il avait constaté la crevaison d'une roue arrière du côté gauche ;

N'ayant pas avec lui une clé à roue pour pouvoir remplacer la roue crevée par celle de secours, le chauffeur avait préféré poursuivre sa route comme tel, mais sous le poids du tonnage, la deuxième roue n'ayant pas pu supporter s'était également crevée à l'indifférence totale de BI……..qui avait plutôt décidé de rouler à plat détruisant ainsi la chaussée jusqu'à Si……...(nom de la ville) où il avait été interpellé par les services de police ;

Discussion :

Attendu que tombe sous le coup des dispositions de l'article 437 du Code pénal quiconque aura volontairement détruit ou renversé par quelque moyen que ce soit, en tout ou en partie, des édifices, des ponts, des digues ou chaussés ou autres constructions qu'il savait appartenir à l'État ou toute autre personne ;

Qu'en l'espèce, l'inculpé a détruit la chaussée, objet appartenant à l'État ;

Qu'il en résulte que la caractérisation du crime de destruction volontaire de la chaussée suppose qu'il y ait outre l'intention coupable, l'acte matériel de destruction ou de renversement de la chaussée ;

Attendu en fait que l'inculpé BI……… agissant librement en ayant conscience que les jantes des roues crevées devaient inévitablement détruire la chaussée et endommager la route ;

Qu'il appert des éléments du dossier que la dégradation de la chaussée occasionnée par le camion grumier de la société MA……. conduit par l'inculpé BI…….. le jour de la commission des faits était estimée à trente millions (30.000.000) de francs CFA comme coût de réparation de la partie de la chaussée détériorée ;

Qu'interrogé sur les faits, l'inculpé BI…… a reconnu les faits sans ambages ;

Que sa responsabilité pénale ne fait l'ombre d'aucun doute, qu'il convient de le retenir dans les liens de la prévention de la loi ;

Que dès lors, ne pouvant ignorer les conséquences matérielles de son acte, BI…… s'est rendu coupable du crime de destruction volontaire de la chaussée ;

Qu'en cela, il y a lieu à suivre contre lui de ce chef ;

Renseignements

Néant ;

Ordonnance de transmission des pièces :

Attendu qu'il résulte de l'information des charges suffisantes contre BI……. d'avoir à TC…….. (nom de la ville) circonscription judiciaire du Tribunal de Grande Instance de P……., (nom de la ville) courant……..(date), en tout cas depuis temps tel que les faits ne sont pas couverts par la prescription de l'action publique, commis le crime de destruction de chaussée, en renversant ou détruisant par quelque moyen que ce soit, en tout ou en partie, la chaussée qu'il savait appartenir à l'État congolais ;

Faits prévus et punis par l'article 437 du Code pénal ;

Vu l'article 167 du code de procédure pénale ;

Déclarons suffisamment les faits établis de la prévention du crime de destruction volontaire de la chaussée contre BI…….. ;

En conséquence

Ordonnons que le dossier de la présente procédure et un état de pièces servant à conviction soient transmis sans délai par le procureur de la république au procureur général près la Cour d'appel de céans, pour être procédé ainsi qu'il est dit au chapitre de la chambre d'accusation ;

Fait en notre Cabinet, le……. (date)

LE JUGE D'INSTRUCTION

Ordonnance n° 35

COUR D'APPEL DE.... (NOM DE LA VILLE)

TRIBUNAL DE GRANDE INSTANCE

DE... (NOM DE LA VILLE)

CABINET

DE MONSIEUR.................

JUGE D'INSTRUCTION

N° R.P .... /

N R.I °.......................... /

RÉPUBLIQUE DU CONGO

Unité-Travail-Progrès

ORDONNANCE AUX FINS DE TRANSMISSION DES PIÈCES A MONSIEUR LE PROCUREUR GÉNÉRAL PRÈS LA COUR D'APPEL DE... (NOM DE LA VILLE)

Nous,......... (noms et prénom) juge d'instruction au Tribunal de Grande Instance de......(nom de la ville) ;

Vu la procédure suivie contre :

1- MA......,........ (noms et prénom, nationalité, date et lieu de naissance, filiation, profession, situation matrimoniale, domicile, etc.) ;

2- YI......,......... (noms et prénom, nationalité, date et lieu de naissance, filiation, profession, situation matrimoniale, domicile, etc.) ;

3- BI......,........ (noms et prénom de l'inculpé, nationalité, date et lieu de naissance, filiation, profession, situation matrimoniale, domicile, etc.) ;

Tous inculpés de chef de destruction de pont ;

Non détenus ;

Vu le réquisitoire introductif de Monsieur le procureur de la république en date du….. ;

Vu notre ordonnance de soit-communiqué en date du…….., aux fins de réquisitions définitives de Monsieur le procureur de la république ;

Vu les réquisitions en règlement définitif aux fins de transmission des pièces de Monsieur le procureur de la république en date du……. ;

<u>Sur les faits de la cause</u>

Attendu qu'il résulte de l'instruction préparatoire les faits suivants :

Courant…….(date), les nommés MA……,YI…….et BI……. étaient appréhendés par les policiers pendant qu'ils étaient en train de jeter des immondices jonchant le long du pont ;

Ainsi, l'enquête préliminaire diligentée à cet effet révélait que les susnommés avaient comme activité la vente des pierres cassées par eux sous le pont, détruisant ainsi cet ouvrage public ;

Attendu qu'interrogés à cet effet, les inculpés susnommés ne semblaient pas reconnaître les faits criminels de destruction de pont ;

<u>Discussion</u>

Attendu que MA……., YI…….. et BI…….. sont inculpés du chef de destruction des ponts, crime prévu et puni par l'article 437 du Code pénal ;

Attendu que, selon cet article, la destruction du pont suppose tout acte de destruction volontaire de tout ou partie des édifices, des ponts, des digues ;

Attendu que les inculpés ne reconnaissent pas les faits ;

Mais attendu que ces derniers présentent des indices tels que les ampoules sur les paumes des mains prouvant l'exercice de cette activité de la casse des pierres ;

Que la destruction du pont ne fait l'ombre d'aucun doute ;

Que par conséquent, le crime de destruction de pont est établi à leur endroit ;

Renseignements

Néant ;

Ordonnance de transmission des pièces :

Attendu qu'il résulte de l'information des charges suffisantes contre les nommés MA……., YI…….. et BI……..., d'avoir à…….(nom de la ville), courant…….(date), en tout cas depuis temps tel que les faits ne sont pas prescrits, volontairement détruit le pont de la corniche, ouvrage public ;

Crime prévu et puni par l'article 437 du Code pénal ;

Vu l'article 167 du code de procédure pénale ;

Déclarons suffisamment établis les faits de la prévention de destruction de pont contre les nommés MA……., YI…….. et BI……... ;

En conséquence

Ordonnons que le dossier de la présente procédure et un état des pièces servant des pièces à conviction soient transmis sans délai par le procureur de la république au procureur général près la Cour d'appel de céans pour être procédé ainsi qu'il est dit au chapitre de la chambre d'accusation.

Fait en notre cabinet, le………… (date)

LE JUGE DINSTRUCTION

Ordonnance n°36

COUR D'APPEL DE.... (NOM DE LA VILLE)

TRIBUNAL DE GRANDE INSTANCE

DE... (NOM DE LA VILLE)

JCABINET

DE MONSIEUR..................

UGE D'INSTRUCTION

N° R.P .... /

N R.I ° .... /

RÉPUBLIQUE DU CONGO

Unité-Travail-Progrès

ORDONNANCE AUX FINS DE TRANSMISSION DES PIÈCES A MONSIEUR LE PROCUREUR GÉNÉRAL PRÈS LA COUR D'APPEL DE... (NOM DE LA VILLE)

Nous,......... (noms et prénom) juge d'instruction au Tribunal de Grande Instance de...... (nom de la ville) ;

Vu la procédure suivie contre :

TA.......,........ (noms et prénom, nationalité, date et lieu de naissance, filiation, profession, situation matrimoniale, domicile, etc.) ;

Inculpé de meurtre et d'évasion ;

Détenu suivant notre mandat de dépôt en date du....... ;

Mis en liberté d'office par le procureur général près la Cour d'appel de...(nom de la ville) ;

Parties civiles : les ayants droit de TS......., représentés par GU.....(noms et prénom, nationalité, date et lieu de naissance, filiation, profession, situation matrimoniale, domicile, etc.) ;

Vu le réquisitoire introductif de Monsieur le procureur de la république, en date du...... contre X du chef d'assassinat ;

Vu le réquisitoire introductif de Monsieur le procureur de la république en date du.......contre TA....... du chef de meurtre ;

Vu notre ordonnance de soit-communiqué aux fins du réquisitoire supplétif pour évasion contre TA......, en date du...... ;

Vu le réquisitoire supplétif de Monsieur le procureur de la république en date du....... ;

Vu notre ordonnance de soit-communiqué en date du......., aux fins de réquisitions définitives de Monsieur le procureur de la république ;

Vu les réquisitions en règlement définitif, aux fins de transmission des pièces de Monsieur le procureur de la république en date du......., communiquées en notre cabinet le...... ;

Sur les faits de la cause

Attendu qu'il résulte des déclarations de TA...... les faits suivants ;

Dans la nuit du....... (date), TA......, voulant rentrer chez lui au quartier AN........., alors qu'il se trouvait du côté de........, décidait de prendre le raccourci, en passant par la voie de......., dite la route des tuyaux ;

Chemin faisant, muni d'une barre de fer, TA...... s'intéressait à une parcelle et s'introduisait dans ladite parcelle, après avoir escaladé le mur ; y étant, il s'intéressait au studio dont l'ouverture était en baie vitrée, sans grille de protection ;

C'est ainsi, qu'en se servant de la barre de fer qu'il détenait, TA....... forçait la fenêtre du studio occupé par TS......., qui dormait, s'introduisait par ladite fenêtre, soustrayait un sac à main, puis en sortait par la même voie ;

Insatisfait du fruit de son vol, puisque ledit sac ne contenait que la somme de 3.000 francs CFA, TA...... revenait sur ses pas et par la même voie, s'introduisait à nouveau dans la chambre de TS......., laquelle continuait à dormir, mais s'était retournée dans son lit ;

Ayant pensé que TS....... s'était réveillée et pris de peur qu'elle puisse crier au voleur, TA....... lui administrait un coup sur la tête à l'aide de la barre de fer qu'il tenait, et la blessait par ce fait ;

Par la suite, TA…… sortait par la même voie, emportant un téléviseur de 14 pouces, un pagne qu'il allait garder dans un buisson, en emportant également un téléphone et une somme de 3.000 francs CFA ;

Le lendemain matin, le corps de TS…… est découvert nu et sans vie dans son lit par son logeur ;

L'expertise médicale pratiquée sur son corps établissait une plaie franche de l'arcade sourcilière droite, trois (3) plaies contuses à l'aide d'un objet pointu dont la plus profonde mesure 5cm x 3cm x 2cm et la présence d'un pansement au niveau du pli du coude gauche, abord veineux ;

GU….. déclare que TS……. était porteuse d'un fœtus de deux (2) mois des œuvres d'un sujet français ;

Interrogé sur les faits, TA……. a nié avoir forcé des rapports sexuels à sa victime comme il l'avait déclaré devant la police ;

Quelques jours après, TA…….. revendait le téléphone volé chez TS…… à un certain DO…… et quatre (4) mois après la police judiciaire réussit à mettre main sur TA……. qui passait aux aveux, ce, depuis l'enquête préliminaire jusqu'à devant le magistrat instructeur ;

Placé sous mandat de dépôt du magistrat instructeur en date du……., TA……... réussissait à s'évader de la maison d'arrêt de…….. (nom de la ville) dans la nuit du……. au……… (dates), avant d'être rattrapé par la police pour une affaire de tentative de vol et repris par le magistrat instructeur, lequel confirmait le premier mandat de dépôt décerné contre lui ;

Discussion

Sur le crime de meurtre reproché à TA…….

Attendu qu'aux termes des dispositions de l'article 295 du Code pénal, l'homicide commis volontairement est qualifié meurtre ;

Que le meurtre suppose un acte matériel et une intention coupable ;

Que l'élément matériel du meurtre se trouve dans l'accomplissement d'acte matériel susceptible de donner la mort et suppose toujours l'accomplissement d'actes positifs, dans la mesure où le meurtre est une infraction de commission ;

Qu'en plus, l'agent pénal doit avoir l'intention, la conscience et la connaissance de l'acte qu'il pose ou qu'il se propose de poser, en l'occurrence, l'intention de donner la mort ;

Qu'il appartient au juge du fond d'apprécier souverainement l'intention de donner la mort ;

Que cette intention peut résulter du fait de frapper la victime sur une partie du corps particulièrement exposée telle que la tête avec un objet dangereux telle qu'une barre de fer ;

Attendu qu'en l'espèce, TA...... est poursuivi pour le crime de meurtre ;

Attendu que TA...... a reconnu avoir donné un coup sur la tête de TS...... ;

Que par ce coup, il l'avait blessée et qu'elle avait à peine crié et est restée couchée dans son lit ensanglanté ;

Que de toute évidence, TS........ a trouvé la mort à la suite de cette agression reconnue par TA...... ;

Attendu que TA...... ne pouvait ignorer les conséquences de son agression ;

Qu'ainsi, les charges de meurtre mises sur lui sont justifiées ;

Qu'il y a lieu à suivre contre lui de ce chef ;

Sur le délit d'évasion reproché à TA......

Attendu qu'aux termes des dispositions de l'article 245 du Code pénal, commet le délit d'évasion, le détenu qui s'évade ou se soustrait frauduleusement de la maison d'arrêt ;

Attendu qu'en l'espèce, TA...... était placé sous mandat de dépôt du magistrat instructeur en date du........ ;

Que dans la nuit du........au........ (dates), TA...... et plusieurs de ses codétenus s'étaient échappés de la maison d'arrêt de.......(nom de la ville) ;

Qu'en date du......., le directeur de la maison d'arrêt de......(nom de la ville) a saisi Monsieur le procureur de la république des faits d'évasion dont s'agit ;

Qu'il y a lieu de le suivre de ce chef ;

Renseignements

TA…… a été mis en liberté d'office par le parquet général de……. (nom de la ville) après l'expiration des délais de détention préventive ;

Ordonnance de transmission de pièces

Attendu qu'il résulte de l'information des charges suffisantes contre TA…… , d'avoir à………(nom de la ville), dans la nuit du…...au…….(dates), en tout cas depuis temps tel que les faits ne sont pas couverts par la prescription de l'action publique :

1- Volontairement donné la mort à TS…….. ;

2- De s'être, dans la nuit du…….au……… (dates), évadé de la maison d'arrêt de……..(nom de la ville), alors qu'il était sous mandat de dépôt du magistrat instructeur ;

Faits prévus et punis par les articles 295, 304 et 245 du code pénal ;

Vu l'article 167 du code de procédure pénale ;

Déclarons suffisamment établis les faits de la prévention de meurtre et d'évasion à l'encontre de TA…… ;

En conséquence :

Ordonnons que le dossier de la présente procédure et un état de pièces servant à conviction soient transmis sans délai par le procureur de la république au procureur général près la Cour d'appel de céans, pour être procédé ainsi qu'il est dit au chapitre de la chambre d'accusation ;

Fait en notre Cabinet, le……. (date)

LE JUGE D'INSTRUCTION

Ordonnance n° 37

COUR D'APPEL DE.... (NOM DE LA VILLE)

TRIBUNAL DE GRANDE INSTANCE

DE... (NOM DE LA VILLE)

CABINET

DE MONSIEUR.................

JUGE D'INSTRUCTION

N° R.P .... /

N R.I ° .... /

RÉPUBLIQUE DU CONGO

Unité-Travail-Progrès

ORDONNANCE AUX FINS DE TRANSMISSION DES PIECES A MONSIEUR LE PROCUREUR GENERAL PRES LA COUR D'APPEL DE... (NOM DE LA VILLE)

Nous,.........(noms et prénom) juge d'instruction au Tribunal de Grande Instance de......(nom de la ville) ;

Vu les pièces de la procédure suivie contre :

BI........,........ (noms et prénom , nationalité, date et lieu de naissance, filiation, profession, situation matrimoniale, domicile, etc.) ;

Inculpé de vol avec port d'arme ;

Détenu suivant mandat de dépôt en date du....... ;

Partie civile : MA.......,...... (noms et prénom , nationalité, date et lieu de naissance, filiation, profession, situation matrimoniale, domicile, etc.) ;

Vu le réquisitoire introductif de Monsieur le procureur de la république en date du...... ;

Vu notre ordonnance de soit-communiqué datée du....... ;

Vu le réquisitoire définitif de Monsieur le procureur de la république en date du…… tendant à la transmission de pièces à Monsieur le procureur général près la Cour d'appel de…….(nom de la ville) ;

Vu les articles 161 et 162 du code de procédure pénale ;

Sur les faits de la cause

Attendu que l'information judiciaire a établi les faits suivants :

BI……. qui est soldat de première (1ère) classe, dans la nuit du……(date) alors qu'il était de garde au 101ème BIM, il quittait son poste de travail à 23 heures 00 sans autorisation de ses supérieurs hiérarchiques pour aller voir sa femme enceinte et son enfant malade qui habitaient le quartier…….. Qu'ayant pris son départ, il revient quelque temps après pour prendre son arme de marque PMK qui lui permettrait d'agresser tous ceux qu'il rencontrerait en route aux fins d'avoir des moyens pour subvenir aux charges qui pesaient sur lui. Que sur son chemin il rencontrait sieur MA…… à qui il pointait l'arme et demandait de lui donner tout ce qu'il avait sur lui. Celui-ci pris de peur lui avait remis deux (2) téléphones de marque NOKIA C35 et un portefeuille contenant dix-neuf mille cinq cents (19.500) francs CFA et des pièces d'état-civil. Pendant que cela se passait, à quelques mètres de là une femme qui se trouvait dans sa parcelle déclarait à haute voix "je suis en train de voir tout ce qui se passe".

Que pris de peur, BI…… tirait un coup de feu pour intimider, c'est alors que MA…… bondissait sur lui pour ravir l'arme.

C'est ainsi que, dans cette bagarre, BI……. tirait à nouveau deux (2) coups de feu, mais MA…… réussissait à lui ravir l'arme. C'est avec l'aide de quelques habitants du quartier que BI……. appréhendé était conduit auprès des autorités du quartier, puis à la police ;

Discussion

Attendu qu'aux termes de l'article 379 du Code pénal, le vol est la soustraction frauduleuse de la chose appartenant à autrui ;

Que le vol, pour être établi, doit réunir quatre (4) éléments dont la soustraction, l'intention frauduleuse, le caractère mobilier de la chose volée et son appartenance à autrui ;

Attendu que le vol prend un tout autre caractère eu égard aux circonstances dans lesquelles il a été commis ;

Que le temps auquel il a été commis et ses modes d'exécution constituent des circonstances aggravantes au regard des dispositions de l'article 381 du Code pénal ;

Que la circonstance de nuit et le port d'arme s'inscrivent dans ce contexte ;

Que l'article 381 du code pénal précise le sens de l'expression "port d'arme en signifiant qu'il peut s'agir d'arme par sa nature ou d'arme par l'usage qui en est fait, peu importe que l'arme soit apparente ou cachée" ;

Attendu que sieur BI...... a été inculpé de vol avec port d'arme ;

Qu'interrogé sur cette question, il a reconnu les faits à lui reprochés ;

Qu'il dit avoir, le........ (date), à 23 heures 00 quitté son poste de travail avec une arme à la recherche de moyens financiers afin de subvenir aux besoins de sa famille ;

Qu'il dit être sorti avec son arme dans l'intention de l'utiliser contre tous ceux qu'il trouverait sur son chemin ;

Qu'il a rencontré sieur MA...... et lui demandait de lui remettre tout ce qu'il avait sur lui ;

Que celui-ci pris de peur par l'effet de l'arme pointée contre lui était obligé de s'exécuter en lui remettant deux (2) téléphones de marque Nokia C35 et un portefeuille contenant une somme d'argent de dix-neuf mille cinq cents (19.500) francs CFA et des pièces d'état-civil ;

Que par ce fait, sieur BI....... est rentré en possession des choses d'autrui contre, le gré de celui-ci ;

Que cette soustraction qui dépossède la victime est confortée par l'intention frauduleuse de sieur BI...... qui avait connaissance de ce que ces choses ne lui appartenaient pas ;

Que dans le même ordre d'idées BI....... a commis ces infractions la nuit et en portant sur lui une arme de marque PMK et qu'il l'avait utilisée non seulement pour voler à sieur MA......, mais également il avait tiré pour intimider les curieux ;

Que ces agissements ont gravement troublé l'ordre public et constituent des circonstances aggravantes de vol ;

Qu'en droit, ce comportement est qualifié de vol avec port d'arme, ce en vertu de l'article 381 du code pénal sus-évoqué ;

Renseignements

BI……... est un militaire en fonction au camp 31 juillet à…….(nom de la ville) ;

Ordonnance de transmission de pièces à Monsieur le procureur général

Attendu qu'il résulte de l'information judiciaire des charges suffisantes contre BI……., d'avoir à…….(nom de la ville), le……(date), en tout cas depuis temps tel que les faits ne sont pas couverts par la prescription de l'action publique, frauduleusement soustrait deux (2) téléphones portables et un porte-monnaie contenant dix-neuf mille cinq cents (19.500) francs CFA et des actes d'état-civil au préjudice de MA……qui en était le légitime propriétaire et avec cette circonstance que ledit vol a été commis de nuit avec une arme PMK ;

Faits prévus et punis par les articles 379 et 381 du code pénal ;

Vu l'article 167 du code de procédure pénale ;

Ordonnons en conséquence que le dossier de la procédure avec la présente ordonnance seront transmis à Monsieur le procureur général près la Cour d'appel de…… (nom de la ville) pour être jugé conformément à la loi.

Fait en notre cabinet, le……..(date)

LE JUGE D'INSTRUCTION

Ordonnance n° 38

COUR D'APPEL DE... (NOM DE LA VILLE)

TRIBUNAL DE GRANDE INSTANCE

DE... (NOM DE LA VILLE)

CABINET

DE MONSIEUR..................

JUGE D'INSTRUCTION

N° R.P .... /

N R.I ° .... /

RÉPUBLIQUE DU CONGO

Unité-Travail-Progrès

La présente ordonnance portée à la connaissance de l'inculpé

Le Greffier

ORDONNANCE DE PLACEMENT SOUS CONTRÔLE JUDICIAIRE

Nous,......... (noms et prénom) juge d'instruction au Tribunal de Grande Instance de...... (nom de la ville) ;

Vu l'information concernant........ (noms et prénom de l'inculpé) ;

Né le........ (date de naissance), à........(lieu de naissance) ;

Demeurant à :.......... ;

Inculpé de :............(infraction) ;

Vu les articles 137 et suivants du code de procédure pénale :

Plaçons sous contrôle judiciaire : l'inculpé qui sera astreint à se soumettre aux obligations suivantes :

1- Ne pas sortir sans autorisation préalable des limites territoriales :

2- Ne s'absenter de son domicile ou de sa résidence que dans les conditions et pour les motifs suivants :

3- Ne pas se rendre ou ne se rendre que dans les lieux suivants :

4- Nous informer de tout déplacement au-delà des limites suivantes :

5- Se présenter…….fois par……..le……...

- au greffe du Tribunal à……..
- au Secrétariat du parquet de……..
- à la brigade de gendarmerie de……..
- au Commissariat de police de………..
- M…………

6- Répondre aux convocations de l'autorité ou de la personne désignée en fin d'ordonnance et se soumettre aux mesures de contrôle qui porteront sur ces activités professionnelles ou son assiduité à un enseignement.

7- Remettre à………. les documents justificatifs de son identité suivants :

8- S'abstenir de conduire les véhicules de catégorie……. et remettre à………. son permis de conduire.

Fait en notre cabinet, le……..(date)

LE JUGE D'INSTRUCTION

Vis de la présente ordonnance a été donné

Le……………..

Le procureur de la république

Le Greffier

Ordonnance n°39

COUR D'APPEL DE.... (NOM DE LA VILLE)

TRIBUNAL DE GRANDE INSTANCE

DE... (NOM DE LA VILLE)

CABINET

DE MONSIEUR.................

JUGE D'INSTRUCTION

N° R.P .... /

N R.I ° .... /

RÉPUBLIQUE DU CONGO

Unité-Travail-Progrès

ORDONNANCE DE MISE EN LIBERTE PROVISOIRE

Nous,......... (noms et prénom) juge d'instruction au Tribunal de Grande Instance de...... (nom de la ville) ;

Vu la procédure suivie contre :

ZH......... (noms et prénom, nationalité, date et lieu de naissance filiation, situation matrimoniale, domicile, etc.) ;

Inculpé du chef de viol et de mise en état de grossesse d'une élève mineure ;

Faits prévus et punis par les dispositions des articles 332 du Code pénal et 1er de la loi n°15/66 du 22 juin 1966 modifiant la loi n°19/64 du 13 juillet 1964 sur la protection des élèves ;

Détenus suivant notre mandat de dépôt en date du........ ;

Vu le réquisitoire introductif de Monsieur le procureur de la république en date du....... ;

Vu la demande de mise en liberté provisoire de l'inculpé ZH........ en date du....... ;

Vu notre ordonnance de soit-communiqué en date du……. ;

Vu les réquisitions de Monsieur le procureur de la république du…….., par lesquelles il a requis la liberté provisoire de l'inculpé sous caution de la somme de…… ;

Attendu qu'aux termes des dispositions de l'article 119 du code de procédure pénale, la détention préventive est une mesure provisoire ;

Attendu qu'aux termes des dispositions du 1er paragraphe de l'article 123 du code de procédure pénale, la mise en liberté provisoire peut être demandée en tout état de cause par tout inculpé ;

Attendu que le dernier paragraphe de l'article 124 du code de procédure pénale dispose dans tous les cas où un inculpé est mis en liberté provisoire la juridiction compétente peut lui assigner une résidence de laquelle il ne devra s'éloigner sans autorisation, avant le non-lieu ou la décision définitive ;

Que l'article 125 du code de procédure pénale prévoit que la décision fixant la résidence est immédiatement notifiée au préfet et aux autorités de police ou de gendarmerie territorialement compétents ;

Que le même article prévoit que le prévenu assigné à résidence est astreint à se présenter périodiquement au commissariat de police ou au commandant de Brigade de gendarmerie du lieu de résidence ;

Attendu que l'article 130 du Code de procédure pénale prévoit que la mise en liberté provisoire peut aussi être subordonnée au versement d'une caution ;

Attendu qu'en l'espèce, ZH…….. est sujet……. (étranger) ;

Qu'il est poursuivi pour viol et mise en état de grossesse d'une élève mineure ;

Que les faits mis à la charge de ZH……….. sont des faits criminels ;

Qu'en dépit de ce qu'il est agent de la société……. (nom de cette dernière), en charge de la construction de la route n°1, ne demeure pas moins qu'il ne présente aucune garantie de représentation, ce qui peut compliquer l'issue de la présente procédure ;

Attendu que pour une bonne distribution de la justice, il est fondamental que ZH…….. soit à la disposition de la justice saisie ;

Attendu que le ministère public ne s'oppose nullement à la mise en liberté provisoire de l'inculpé ZH........ ;

Que tout de même, il subordonne cette liberté provisoire par le versement d'une caution fixée à la somme de........ ;

Attendu qu'au regard de ce qui précède, il est de bon droit de faire droit à la demande de l'inculpé ZH........ ;

Qu'ainsi, il y a lieu d'ordonner sa liberté provisoire sous condition ;

Qu'il échet d'assigner ZH........à résidence, à la Base Vie de la Société...... (nom de cette société) au village.......(nom de ce dernier) ;

Qu'il convient d'assortir cette assignation à résidence d'une astreinte à ZH........ de se présenter au Commandant de brigade de gendarmerie du village......., le........ et le....... (dates) de chaque mois, jusqu'à la décision de non-lieu ou la décision définitive ;

Qu'il échet en outre d'ordonner la confiscation du passeport de ZH........ jusqu'à la décision définitive ;

Qu'il convient enfin de conditionner la mesure de liberté provisoire de ZH........ au versement, entre les mains du greffier du juge d'instruction, d'une caution fixée à la somme de....... ;

En conséquence :

Vu les articles 123, 124, 125 et 130 du Code de procédure pénale ;

Assignons ZH........ à résidence, à la Base Vie de la société........ au village........ ;

Faisons astreinte à ZH........ de se présenter au Commandant de brigade de gendarmerie du village......., le......... et le.........(dates) de chaque mois, jusqu'à la décision de non-lieu ou à la décision définitive ;

Ordonnons la liberté provisoire ZH........ sous caution de....... ;

Fait en notre cabinet, le.................. (date)

LE JUGE D'INSTRUCTION

Ordonnance n°40

COUR D'APPEL DE…(NOM DE LA VILLE)

TRIBUNAL DE GRANDE INSTANCE

DE… (NOM DE LA VILLE)

CABINET

DE MONSIEUR………………

JUGE D'INSTRUCTION

N° R.P ……………………….. /

N R.I ° ………..……………….. /

RÉPUBLIQUE DU CONGO

Unité-Travail-Progrès

ORDONNANCE DE MISE EN LIBERTE PROVISOIRE SOUS CAUTIONNEMENT

Nous,…….. (noms et prénom) juge d'instruction au Tribunal de Grande Instance de…… (nom de la ville) ;

Vu l'information suivie contre les nommés :

1- OM…….. (noms et prénom, nationalité, date et lieu de naissance, filiation, profession, situation matrimoniale, domicile, etc.) ;

2- OK……. (noms et prénom, nationalité, date et lieu de naissance, filiation, profession, situation matrimoniale, domicile, etc.) ;

3- OS…… (noms et prénom, nationalité, date et lieu de naissance, filiation, profession, situation matrimoniale, domicile, etc.) ;

4- OK…… (noms et prénom, nationalité, date et lieu de naissance, filiation, profession, situation matrimoniale, domicile, etc.) ;

5- OM…… (noms et prénom, nationalité, date et lieu de naissance, filiation, profession, situation matrimoniale, domicile, etc.) ;

6- AK…… (noms et prénom, nationalité, date et lieu de naissance, filiation, profession, situation matrimoniale, domicile, etc.) ;

7- AL…… (noms et prénom, nationalité, date et lieu de naissance, filiation, profession, situation matrimoniale, domicile, etc.) ;

8- ET…… (noms et prénom, nationalité, date et lieu de naissance, filiation, profession, situation matrimoniale, domicile, etc.) ;

Inculpés de : menaces de mort, violences et voies de fait, incendie volontaire, violation de domicile et diffamation ;

Faits prévus et punis par les articles 305, 306, 307, 59, 60, 184, al. 2, 434 al.3 du code pénal, 195 et 198 de la loi n°8-2001 du 12 novembre 2001 sur la liberté de l'information et de la communication ;

Détenus suivant mandats de dépôt en date du……. ;

Vu le réquisitoire introductif du ministère public en date du ……… ;

Vu la demande de mise en liberté provisoire formulée par Maître…….. (noms et prénom de ce dernier), conseil des inculpés OK……. et autres ;

Vu notre ordonnance de soit-communiqué en date du…….., tendant à solliciter les réquisitions du ministère public sur la demande de mise en liberté provisoire formulée par Maitre……..(noms et prénom de ce dernier), conseil des inculpés ;

Vu le réquisitoire aux fins de mise en liberté provisoire sous caution en date du …………….de Monsieur le procureur de la république ;

Attendu que les inculpés OM……., OK……., AK……., OS…….., ET…….., OK………, OM………, AL…….., détenus depuis le ……………. (date), ont par le truchement de leur conseil, sollicité leur mise en liberté provisoire ;

Qu'au soutien de leur demande, ils allèguent qu'ils sont pères de familles dont les enfants sont des élèves et dépendent d'eux et que leur longue détention leur priverait des ressources substantielles pour assurer la réparation du préjudice au cas où ils seraient condamnés ;

Attendu qu'il est de principe que la liberté est la règle et la détention l'exception ;

Que la détention provisoire vise essentiellement à garantir la représentation de l'inculpé devant la justice et d'éviter la collusion d'éventuels témoins ;

Que le magistrat instructeur peut ordonner la mise en liberté provisoire de l'inculpé dès lors qu'il estime la procédure avancée, le risque de subornation ou la concertation frauduleuse avec toutes personnes susceptibles d'éclairer écarté, et la garantie de représentation devant la justice assurée ;

Attendu qu'en l'espèce, il résulte des éléments du dossier que les inculpés, interrogés sur ces faits mis à leur charge, les ont niés, et avancent des raisons non moins pertinentes pour solliciter leur mise en liberté provisoire ;

Que par ailleurs les inculpés affirment qu'ils sont bel et bien Congolais, pères de familles et régulièrement domiciliés à........ (nom de la ville) et que le risque de se soustraire de la justice n'est pas évident, d'autant plus qu'ils se sont constitués avocats ;

Qu'ils offrent de suffisantes garanties de représentation devant la justice tant par eux-mêmes, que par leurs avocats ;

Qu'il sied de faire droit à leur demande et d'ordonner la mise en liberté provisoire des inculpés sollicitée par le biais de leur conseil, ce conformément à l'article 123 du Code de procédure pénale ;

Attendu cependant que l'article 130 alinéa 1 du même code dispose :

« la mise en liberté provisoire, dans tous les cas où elle n'est pas de droit, peut être subordonnée à l'obligation de fournir un cautionnement. » ;

Que la décision de mise en liberté provisoire détermine la somme affectée à chacune des deux parties du cautionnement ;

Attendu par ailleurs qu'au stade de la procédure, le juge d'instruction peut être tenu de prendre comme référence la maison et les objets incendiés n'ayant donné lieu, à aucune contestation, soit la somme de 600.000 francs CFA à raison de 75.000 francs CFA pour chaque inculpé ;

Qu'en considérant que ces sommes permettront à la partie civile de reconstruire sa maison y compris de recouvrer les objets de première nécessité ;

Que la priorité pour la partie civile est de retrouver un abri et l'essentiel des objets perdus ;

Que par conséquent, il y a lieu de conditionner la liberté provisoire sollicitée par le versement préalable de la somme qui pourra couvrir la réparation de la maison suivant les points de répartition ci-après :

- Représentation : 100.000 francs CFA ;
- Amendes : 200.000 francs CFA ;
- Frais avancés par la partie civile : 100.000 francs CFA ;
- Dommages-intérêts : 200.000 francs CFA ;

En conséquence

Vu les dispositions des articles 123 et 130 du Code de procédure pénale ;

Ordonnons la mise en liberté provisoire des inculpés, assortie d'un cautionnement de 600.000 francs cfa ;

Disons que le directeur de la maison d'arrêt de…….(nom de la ville) mettra en liberté provisoire les inculpés OM……., OK……., AK……., OS…….., ET…….., OK………, OM………, AL…….., ET…….., aussitôt le versement de cautionnement assuré et à charge par eux de se présenter à la justice chaque fois qu'il en sera requis et de nous tenir informer de tout changement d'adresses et de domiciles.

Fait en notre cabinet, le……..(date)

LE JUGE D'INSTRUCTION

Ordonnance n° 41

COUR D'APPEL DE.... (NOM DE LA VILLE)

TRIBUNAL DE GRANDE INSTANCE

DE... (NOM DE LA VILLE)

CABINET

DE MONSIEUR.................

JUGE D'INSTRUCTION

N° R.P ..../

N R.I ° ..../

RÉPUBLIQUE DU CONGO

Unité-Travail-Progrès

ORDONNANCE DE REFUS DE MISE EN LIBERTE PROVISOIRE

Nous,......... (noms et prénom) juge d'instruction au Tribunal de Grande Instance de......(nom de la ville) ;

Vu notre ordonnance de soit-communiqué en date du......... et le réquisitoire, en date de ce jour, de Monsieur le procureur de la république, qui déclare......... s'opposer à la mise en liberté provisoire de......... (noms et prénom de l'inculpé) ;

Rejetons, en l'état, la demande de mise en liberté provisoire formulée par monsieur....... (noms et prénom de l'inculpé)

Fait en notre cabinet, le........(date)

LE JUGE D'INSTRUCTION

Ordonnance n°42

COUR D'APPEL DE…. (NOM DE LA VILLE)

TRIBUNAL DE GRANDE INSTANCE

DE… (NOM DE LA VILLE)

CABINET

DE MONSIEUR……………..

JUGE D'INSTRUCTION

N° R.P ………………………... /

N R.I ° ………...……………... /

RÉPUBLIQUE DU CONGO

Unité-Travail-Progrès

ORDONNANCE AUX FINS DE SAISIE D'UNE VOITURE

Nous,…….... (noms et prénom) juge d'instruction au Tribunal de Grande Instance de……(nom de la ville) ;

Vu le dossier de la procédure suivie contre :

BA……. (noms et prénom de l'inculpé, nationalité, date et lieu de naissance, filiation, profession, situation matrimoniale, domicile, etc.) ;

Inculpé d'escroquerie ;

Délit prévu et puni par l'article 405 du Code pénal ;

Détenu suivant mandat de dépôt en date du…… ;

Partie civile : KO………(noms et prénom, nationalité, date et lieu de naissance, filiation, profession, situation matrimoniale, domicile , etc.) ;

Ayant pour conseil maître HE…..., avocat à la Cour ;

Vu le réquisitoire introductif de Monsieur le procureur de la république en date du…….. ;

Attendu que dans le cadre de l'enquête préliminaire, les gendarmes ont saisi la voiture de marque Toyota Corolla, immatriculée sous le numéro……… ; propriété de BA……., acquise, selon les déclarations de la partie civile et les résultats de ladite enquête, avec les sommes d'argent, objet de l'escroquerie, dont procédure ;

Que ladite voiture a été tractée et garée au siège du palais de justice de……(nom de la ville) ;

Vu les dispositions des articles 40, 43, 79 à 82 du code de procédure pénale ;

Ordonnons la mise sous mains de justice de la voiture dont s'agit pour une bonne distribution de la justice ;

En conséquence :

Ordonnons la mise sous main de justice de la voiture de marque Toyota Corolla, immatriculée sous le numéro……, en panne ;

Disons que ladite voiture est garée au siège du Tribunal de Grande Instance de……. (nom de la ville).

Fait en notre cabinet, le……..(date)

LE JUGE D'INSTRUCTION

Ordonnance n° 43

COUR D'APPEL DE.... (NOM DE LA VILLE)

TRIBUNAL DE GRANDE INSTANCE

DE... (NOM DE LA VILLE)

CABINET

DE MONSIEUR..................

JUGE D'INSTRUCTION

N° R.P ..../

N R.I ° ..../

RÉPUBLIQUE DU CONGO

Unité-Travail-Progrès

ORDONNANCE AUX FINS DE RESTITUTION DES BIENS ET DE LA SOMME D'ARGENT PLACES SOUS MAINS DE LA JUSTICE

Nous,......... (noms et prénom) juge d'instruction du Tribunal de Grande Instance de...... (nom de la ville) ;

Vu le dossier de la procédure suivie contre :

OK.........., NG........., NGO........... et autres ;

Inculpés de meurtre et de vol ;

Faits prévus et punis par les articles 295, 379 et 401 du Code pénal ;

Vu le réquisitoire introductif de Monsieur le procureur de la république en date du....... ;

Vu l'ensemble des éléments du dossier recueillis par les diligences de l'instruction ;

Vu la demande de restitution des biens et la somme d'argent récupéré en date du...... ;

Vu notre ordonnance de soit-communiqué aux fins de restitution des biens et de la somme d'argent récupéré en date du........ ;

Attendu qu'aux termes de l'article 84 du Code de procédure pénale, toute personne, y compris l'inculpé et la partie civile, qui prétend avoir droit sur un objet placé sous mains de justice peut en réclamer la restitution au juge d'instruction ;

Que si la demande émane de l'inculpé ou de la partie civile, elle est communiquée à l'autre partie ainsi qu'au ministère public, tandis que si elle émane d'un tiers, elle est communiquée aussi bien à l'inculpé qu'à la partie civile qui doivent produire leurs observations dans les trois (03) jours de la communication avant l'envoi de la procédure au ministère public pour ses réquisitions ;

Qu'en l'espèce, les ayants droit de feu IB......... représentés par NG......, OK........ et EK........., tiers à la procédure engagée contre OK......., NG....... et NGO........ et autres pour meurtre et vol, les ayants droit de feu IB........ont formulé une demande aux fins de restitution des biens et de la somme d'argent placés sous mains de justice ;

Qu'ils exposent au soutien de leur demande qu'ils sont les ayants droit de feu IB...... ; que de son vivant en provenance de...... (nom de la ville) pour....... (nom du village), sa circonscription électorale pour une descente parlementaire, parvenu dans les encablures des villages........et........., il était victime d'un accident de voie publique au point où les habitants des villages environnants avaient pillé et dépouillé tous les biens du de cujus ;

Que c'est grâce aux diligences de la police que certains auteurs avaient été appréhendés avec quelques biens et une somme de deux millions six cent vingt-quatre mille (2.624.000) francs CFA ;

Que c'est pourquoi, ils sollicitent la restitution desdits biens et de la somme d'argent, entre autres ; qu'une longue durée de placement sous mains de justice en attente de la fin d'une procédure judiciaire ne leur permettra pas de faire l'évaluation des biens laissés par le défunt et cette restitution ne fera pas obstacle à la manifestation de la vérité ;

Attendu que la demande en restitution formulée par les ayants droit de feu IB........ a été communiquée aux inculpés par courrier en date du....., reçu le même jour par ces derniers, avec l'invitation de faire des observations dans les trois (03) jours qui suivent ;

Que ces derniers n'ont pas cru utile de présenter leurs observations, d'où le dossier a été communiqué au ministère public pour ses réquisitions ;

Discussion

Attendu qu'en date du……, le procureur de la république a requis la restitution des biens et la somme d'argent repérés au motif que la restitution ne fera pas obstacle à la manifestation de la vérité ;

Qu'aux termes des dispositions de l'article 84 du code précité, la partie civile ou toute autre personne qui prétend avoir droit sur un objet placé sous mains de justice peut en réclamer la restitution au juge d'instruction ;

Que les personnes mandatées sont les ayants droit du *de cujus* ;

Que cette demande formulée n'est pas contraire à l'esprit du code de procédure pénale susvisé ;

Qu'ainsi, il convient d'ordonner la restitution des biens et la somme de deux millions six cent vingt-quatre mille (2.624.000) francs CFA aux ayants droit du de cujus, conformément aux réquisitions du ministère public ;

En conséquence :

Vu l'article 84 du code de procédure pénale ;

Ordonnons la restitution des biens et la somme de deux millions six cent vingt-quatre mille (2.624.000) francs CFA.

Fait en notre cabinet, le……..(date)

LE JUGE D'INSTRUCTION

Ordonnance n° 44

COUR D'APPEL DE.... (NOM DE LA VILLE)

TRIBUNAL DE GRANDE INSTANCE

DE... (NOM DE LA VILLE)

CABINET

DE MONSIEUR.................

JUGE D'INSTRUCTION

N °R.P .... /

N° RI. .... /

RÉPUBLIQUE DU CONGO

Unité-Travail-Progrès

ORDONNANCE AUX FINS DE RESTITUTION D'UN VÉHICULE

Affaire : Ministère public et TC...... ;

Contre : MO....... et TO.......

Nous,........ (prénom et nom), juge d'instruction du Tribunal de Grande Instance de.......(nom de la ville) ;

Vu la procédure suivie contre MO......... et TO......... ;

Inculpés des chefs de vol, violation de domicile et abus de confiance ;

Attendu qu'il résulte des déclarations des parties civiles et de l'inculpé que TC........ s'était porté acquéreur d'un bus de marque Hiace auprès de MO......, ce devant le mécanicien KE........ ;

Que ce bus a été livré de même qu'un bloc-moteur, deux (2) mois après la vente dudit bus ;

Que les (2) parties n'avaient pas consigné par écrit leur transaction, de sorte qu'elles ne s'accordent pas actuellement sur le prix de cette vente ;

Que somme toute, MO........ a déjà perçu la somme de 870.000 francs CFA sur celle d'un million (1.000.000) francs CFA convenue ;

Que devant la résistance de TC.......à solder sa dette, MO....... a saisi la brigade de gendarmerie des transports aériens ;

Que le maréchal des logis chef TO........, chargé de mener cette enquête, assisté de MO........., a, devant la non-comparution de TC....... devant lui, ce malgré la convocation qui lui avait été adressée, saisi le bus objet de la transaction entre MO........ et TC........, bus qui a été mis sous mains de la gendarmerie ;

Attendu qu'en dépit de la divergence constatée entre les déclarations des deux (2) parties, il est acquis que MO....... a perçu des mains de TC...... la somme totale de 870.000 francs CFA sur la somme totale de 1.000.000 francs CFA convenue ;

Attendu que suivant réquisitoire introductif de Monsieur le procureur de la république daté du......, Monsieur le juge d'instruction a été saisi d'une procédure contre MO....... et TO........., laquelle procédure est encore pendante devant le cabinet dudit juge ;

Attendu qu'à l'examen des éléments du dossier, en ce jour, aucun motif légal ne postule en faveur de la détention du bus en cause par la brigade de gendarmerie transport aérien ;

Que la partie civile est donc en droit de solliciter la restitution de ce bus ;

Qu'ainsi, en application des dispositions de l'article 84 du code de procédure pénale, il échet d'ordonner au commandant de brigade de gendarmerie transport aérien de........(nom de la ville), de restituer, sans condition, sans délai et en l'état, le bus de marque Hiace immatriculée sous le numéro....... à TC........., ou de le mettre à la disposition de monsieur le juge d'instruction du Tribunal de céans, afin d'en assurer la restitution entre les mains du susnommé ;

En conséquence

Vu l'article 84 du code de procédure pénale ;

Ordonnons au commandant de la Brigade de gendarmerie de transport aérien de…….(nom de la ville) de restituer, sans condition, sans délai et en l'état, le bus de marque Hiace, immatriculée sous le numéro……. à TC……., ou, à défaut, de mettre ledit bus à la disposition de Monsieur le juge d'instruction du Tribunal de céans, afin d'en assurer la restitution ainsi décidée.

Fait en notre cabinet, le……..(date)

LE JUGE D'INSTRUCTION

Ordonnance n°45

COUR D'APPEL DE.... (NOM DE LA VILLE)

TRIBUNAL DE GRANDE INSTANCE

DE... (NOM DE LA VILLE)

CABINET

DE MONSIEUR..................

JUGE D'INSTRUCTION

N °R.I. ..../

N° R.P. ....//

RÉPUBLIQUE DU CONGO

Unité-Travail-Progrès

ORDONNANCE FIXANT LE MONTANT DES FRAIS DE LA PROCEDURE

Nous,......... (noms et prénom) juge d'instruction du Tribunal de Grande Instance de......(nom de la ville) ;

Vu la plainte avec constitution de partie civile déposée par Maitre BA........., avocat à la cour pour le compte de sa cliente dame MB........ (noms et prénom, nationalité, date et lieu de naissance, filiation, profession, situation matrimoniale, domicile, etc.) ;

Attendu que le déclenchement de cette procédure nécessite la consignation au greffe d'une somme présumée nécessaire pour les frais y relatifs ;

Qu'en l'espèce, il convient d'en fixer le montant à........francs CFA que la partie civile devra consigner à notre greffe pour la mise en mouvement de l'action publique conformément à l'article 73 du code de procédure pénale.

Fait en notre cabinet, le........ (date)

LE JUGE D'INSTRUCTION

Ordonnance n° 46

COUR D'APPEL DE…. (NOM DE LA VILLE)

TRIBUNAL DE GRANDE INSTANCE

DE… (NOM DE LA VILLE)

CABINET

DE MONSIEUR………………

JUGE D'INSTRUCTION

N °R.P. ………………………... /

N° R.I. ………..…………….. /

RÉPUBLIQUE DU CONGO

Unité-Travail-Progrès

ORDONNANCE AUX FINS DE TRANSPORT SUR LES LIEUX

Nous,…….... (noms et prénom) juge d'instruction du Tribunal de Grande Instance de……(nom de la ville) ;

Vu la procédure suivie contre :

NZ……… ;

Inculpé de vol, faux et usage de faux ;

Vu le réquisitoire introductif de Monsieur le procureur de la république en date du …….. ;

Attendu qu'au niveau actuel de l'information, les faits suivants sont établis ;

Que l'audition de Madame BA……… née BA……., par acte notarié, portant cession d'un fonds de commerce du……..(date), dressé par Maitre BO……., notaire à………(nom de la ville), dame RO………, notaire à……...(nom de la ville), dame RO……. a révélé qu'elle a cédé à celle-ci les établissements SA……. ;

Qu'entretemps, dame RO……. avait, avant de se rendre en France pour raison de santé, désigné dame DO……. en qualité de gérante desdits établissements ;

Que courant……..(date), dame DO…….. tombait malade et avant de se rendre en France pour se soigner désignait NZ……. comme gérant en son absence ;

Que seulement, dame DO…… trouvait la mort des suites de cette maladie ;

Que c'est ainsi que madame BA……. née BA……, voulant entrer en jouissance de son bien s'est heurtée à l'opposition de NZ….. lequel, fort des déclarations de dame RO……., ne reconnait pas le droit de propriété de celle-ci et n'entend pas lui céder les établissements SA……. , propriété selon lui de dame RO…….. ;

Qu'à la suite de ce conflit, NZ……. a entrepris les démarches à la demande de dame RO…….., en vue de la modification de la dénomination desdits établissements ;

Attendu qu'à la lecture des déclarations des parties, il ressort des points d'ombre qu'il convient d'éclairer, en tenant compte des faits de la cause ;

Attendu qu'il appartient au juge instructeur de diriger la recherche des preuves pour la manifestation de la vérité ;

Attendu que la complexité des faits de la cause mérite un examen approfondi dans la recherche des preuves ;

Que cet examen approfondi passe par des mesures d'investigation sérieuses et soutenues à l'office notarial de Maître BO……., notaire à………(nom de la ville), et au siège des établissements SA……. ;

Que ces mesures d'investigation permettront assurément de déceler avec certitude les circonstances des faits ;

Attendu que pour une bonne distribution de la justice, il appert d'ordonner un transport sur les lieux, à l'office notarial de Maître BO……., notaire à………(nom de la ville),et au siège des établissements SA…….., à l'effet de procéder à toutes les constatations et investigations nécessaires et d'entendre toutes les parties, Maître BO……. et tout sachant pouvant contribuer à la manifestation de la vérité ;

Qu'il échet d'ordonner un transport sur les lieux pour ces fins ;

Qu'il convient de dire que l'exécution de cette mesure se fera en présence de Monsieur le procureur de la république ;

En conséquence:

Vu l'article 77 du code de procédure pénale ;

Ordonnons un transport sur les lieux à l'office notarial de maître BO……, notaire à……… (nom de la ville), et au siège des établissements SA…….., à l'effet de procéder à toutes les constatations et investigations nécessaires et d'entendre toutes les parties, maitre BO……. et tout sachant pouvant contribuer à la manifestation de la vérité ;

Fixons la date dudit transport au……… à 10heures 00 ;

Disons que les frais dudit transport, à la charge de madame BA…….. née BA…….. et NZ…….., seront versés entre les mains du greffier dudit cabinet avant la date du transport.

Fait en notre cabinet, le……..(date)

LE JUGE D'INSTRUCTION

Ordonnance n°47

COUR D'APPEL DE.... (NOM DE LA VILLE)

TRIBUNAL DE GRANDE INSTANCE

DE... (NOM DE LA VILLE)

CABINET

DE MONSIEUR..................

JUGE D'INSTRUCTION

N °R.P. ..../

N° R.I. ..../

RÉPUBLIQUE DU CONGO

Unité-Travail-Progrès

ORDONNANCE AUX FINS DE TRANSPORT SUR LES LIEUX

Nous,.........(noms et prénom) juge d'instruction du Tribunal de Grande Instance de......(nom de la ville) ;

Vu la procédure suivie contre : X devenu AK...... ;

Inculpé du chef de destruction de bien immobilier ;

Vu le réquisitoire introductif de Monsieur le procureur de la république en date du....... ;

Attendu qu'au niveau actuel de l'information, les faits suivants sont établis :

Dame LA....... a acquis, en date du........, des mains de NZ......., une parcelle de terrain sise au quartier........ ;

Courant....... (date), elle s'est trouvée en conflit avec AK......., ès qualité de son beau-frère SA......., lequel aurait acquis la même propriété et a présenté une attestation de propriété datée du....... ;

En règlement de ce conflit, dame LA……. et SA…….. se sont présentés au président du quartier, chacun muni de ses pièces ; à cette occasion, dame LA…….. a présenté son attestation de vente établie par son vendeur NZ……., en date du…….., un reçu établi au nom de NZ……. par le comité du village……….. en date du……... et une attestation de validité de vente établie en date du…….. par TA……., terrien ; De son côté, SA…… a présenté son attestation de propriété établie en date du……. par le président NG……. et une lettre de confirmation de la même date signée de ses témoins YA……. et SI….. ;

Saisi des dossiers des parties en litige, le comité du quartier, ayant demandé en vain à AK…….. de lui fournir le reçu établi par les terriens à SA…….., a décidé que dame LA……… pouvait disposer de sa parcelle ;

C'est ainsi que dame LA…….. a vendu cette parcelle à MB……. qui y a élevé une fondation et des murs de construction en matériaux durables ;

En date du…….., après que les ouvriers de MB……... ont fini de travailler et sont entrés chez eux, la fondation et les murs de construction de celui-ci ont été détruits par des personnes non identifiées ;

Attendu que AK……… a nié avoir cassé ces murs ni donné l'ordre à ce qu'ils soient cassés ;

Attendu qu'à la lecture des déclarations des parties, il ressort des points d'ombre qu'il convient d'éclairer ;

Attendu qu'il appartient au juge instructeur de diriger la recherche des preuves pour la manifestation de la vérité ;

Attendu que la complexité des faits de la cause mérite un examen approfondi dans la recherche des preuves, afin d'établir les responsabilités de l'auteur des faits ;

Que cet examen approfondi passe par des mesures d'investigation sérieuses et soutenues sur le terrain ;

Que ces mesures d'investigation permettront assurément de déceler avec certitude les personnes auteurs des faits de la cause ;

Attendu que pour une bonne distribution de la justice, il appert d'ordonner un transport sur les lieux, à l'effet de procéder à toutes les constatations et investigations nécessaires et d'entendre, la partie civile, l'inculpé, tous les enfants de l'inculpé, les parents de SA……. qui ont participé au règlement amiable devant le comité du quartier, dame LA……., le bureau du comité de quartier 316 et tout sachant pouvant contribuer à la manifestation de la vérité ;

Qu'en cela il échet d'ordonner un transport sur les lieux pour ces fins ;

Qu'il convient de dire que l'exécution de cette mesure se fera en présence du procureur de la république ;

En conséquence

Vu l'article 77 du code procédure pénale ;

Ordonnons un transport sur les lieux, à l'effet de procéder à toutes les constatations et investigations nécessaires et d'entendre la partie civile, l'inculpé, tous les enfants de l'inculpé, les parents de SA……... qui ont participé au règlement amiable devant le comité du quartier, dame LA……., le bureau du Comité de quartier 316 et tout sachant pouvant contribuer à la manifestation de la vérité ;

Fixons la date dudit transport au……. à 12 heures 00 ;

Disons que les frais dudit transport, à la charge de toutes les parties, seront versés entre les mains du greffier dudit cabinet avant la date du transport.

Fait en notre cabinet, le……..(date)

LE JUGE D'INSTRUCTION

Ordonnance n°48

COUR D'APPEL DE.... (NOM DE LA VILLE)

TRIBUNAL DE GRANDE INSTANCE

DE... (NOM DE LA VILLE)

CABINET

DE MONSIEUR.................

JUGE D'INSTRUCTION

N °R.P. ..../

N° R.I. ..../

RÉPUBLIQUE DU CONGO

Unité-Travail-Progrès

ORDONNANCE AUX FINS DE TRANSPORT SUR LES LIEUX

Nous,........ (noms et prénom) juge d'instruction du Tribunal de Grande Instance de......(nom de la ville) ;

Vu la procédure suivie contre :

- PE......... ;
- NG......... ;

Inculpés du chef de viol ;

Vu le réquisitoire introductif de Monsieur le procureur de la république en date du...... ;

Attendu qu'il résulte des déclarations des parties civiles qu'elles étaient venues assister aux obsèques de leur défunt ami de quartier, le nommé MA......., au quartier........., obsèques où assistaient également les nommés PE...... et NG........., deux (2) jeunes gens qu'elles ne connaissaient pas ;

Au moment du départ du cortège mortuaire au cimetière de……., lieu où devait être enterré leur défunt ami, et n'ayant pas pu trouver de places dans les bus loués, à l'effet d'assurer le déplacement du cimetière, demoiselles OS…….., MA…….. et LO……., prenaient contact avec NG……., chauffeur de taxi, à l'effet de les transporter au cimetière, moyennant une somme que ce dernier aurait pris ou refusé de prendre ;

C'est ainsi que quelques minutes après, NG……. sera rejoint par PE…….., lequel se passait pour le propriétaire dudit taxi. NG…….. prenait le volant comme chef de bord. Les trois (3) demoiselles s'étaient installées à la banquette arrière, et ils s'étaient mis dans le cortège mortuaire, en direction du cimetière, cortège qu'ils ont perdu de vue à cause d'un embouteillage ;

Au lieu de se rendre au cimetière, NG……. et son équipage s'étaient rendus à…….(nom d'une ville) , au motif que le lieu de l'enterrement avait été changé . Y étant, vers le bois de singe, PE…….. et NG……. avaient entretenu des rapports sexuels forcés avec les trois (3) demoiselles, dans une cabane abandonnée ;

Attendu que les déclarations des parties sont contradictoires, en ce que les inculpés soutiennent au contraire s'être convenus avec les deux (2) demoiselles pour une partie de plaisir, et ils étaient rejoints par la troisième demoiselle qui ne s'y était pas opposée ;

Attendu qu'en l'espèce, l'appréciation juste des faits passera assurément par une meilleure connaissance de la configuration des lieux, de l'itinéraire suivi par les parties et la reconstitution de ces faits ;

Attendu que les conditions dans lesquelles ce viol reproché aux inculpés s'est réalisé méritent d'être élucidées, afin de rétablir la vérité ;

Que la lumière quant à la véracité des faits peut aisément se faire par le biais d'une mesure d'instruction, en l'occurrence un transport sur les lieux ;

Qu'ainsi, pour une bonne distribution de la justice, il appert d'ordonner un transport sur les lieux de commission de l'infraction, à l'effet de reconstituer les faits et de procéder aux investigations nécessaires et utiles, et d'entendre toutes les parties et tout sachant, pouvant contribuer à la manifestation de la vérité ;

Qu'en cela, il échet d'ordonner un transport sur les lieux pour ces fins ;

Qu'il convient de dire que l'exécution dudit transport se fera en présence du procureur de la république.

<u>En conséquence</u> :

Vu l'article 77 du Code de procédure pénale ;

Ordonnons un transport sur les lieux, à l'effet de reconstituer les faits et de procéder aux investigations nécessaires et utiles à la manifestation de la vérité, et d'entendre toutes les parties, et tout sachant, pouvant contribuer à la manifestation de cette vérité ;

Fixons la date dudit transport au…….. à 10 heures précises ;

Disons que les frais de transport seront supportés par les parties, à raison de ……. francs CFA, à la charge de chaque inculpé et de ……. francs CFA, à la charge de chacune des parties civiles ;

Disons que les frais dudit transport seront versés entre les mains du greffier dudit cabinet avant la date du transport.

Fait en notre cabinet, le…. (date)

LE JUGE D'INSTRUCTION

Ordonnance n°49

COUR D'APPEL DE.... (NOM DE LA VILLE)

TRIBUNAL DE GRANDE INSTANCE

DE... (NOM DE LA VILLE)

CABINET

DE MONSIEUR.................

JUGE D'INSTRUCTION

N °R.P. ....… /

N° R.I. ….........................… //

RÉPUBLIQUE DU CONGO

Unité-Travail-Progrès

ORDONNANCE D'EXPERTISE

Nous,……... (noms et prénom) juge d'instruction du Tribunal de Grande Instance de……(nom de la ville) ;

Vu l'information suivie contre…….. (noms et prénom de l'inculpé) ;

Inculpé de…….. (infraction) ;

Faits prévus et punis par l'article…………. du code pénal ;

Vu les articles 148 et suivants du code de procédure pénale ;

Ordonnons que monsieur :……….(noms et prénoms de l'expert) ;

Demeurant à………… ;

Que nous commettons à cet effet, procédera, après serment, aux recherches et opérations suivantes :

1- L'examen du sujet présente-t-il chez lui des anomalies mentales ou physiques ?

2- L'infraction qui lui est reprochée est-elle ou non en relation avec de telles anomalies ?

3- Le sujet, présente-t-il un état dangereux ?

4- Le sujet, est-il accessible à une sanction pénale ?

5- Le sujet, est-il curable ou réadaptable ?

6- Le sujet, est-il en état de démence au moment des faits au sens de l'article 64 du Code pénal ?

Fait en notre cabinet, le…(date)

LE JUGE D'INSTRUCTION

Ordonnance 50

COUR D'APPEL DE.... (NOM DE LA VILLE)	RÉPUBLIQUE DU CONGO
TRIBUNAL DE GRANDE INSTANCE	Unité-Travail-Progrès
DE... (NOM DE LA VILLE)	-------------
CABINET	
DE MONSIEUR..................	
JUGE D'INSTRUCTION	
N °R.P. .... /	
N° R.I. .... //	

ORDONNANCE AUX FINS D'EXPERTISE MEDICALE

Nous,......... (noms et prénom) juge d'instruction du Tribunal de Grande Instance de......(nom de la ville) ;

Vu la procédure suivie contre : ZH........ du chef de viol et de mise en état de grossesse d'une élève mineure ;

Faits prévus et punis par les dispositions des articles 332 du Code pénal et 1er de la loi n°15/66 du 22 Juin 1966 modifiant la loi n°19/64 du 13 juillet 1964 sur la protection des élèves ;

Vu le réquisitoire introductif de Monsieur le procureur de la république en date du........ ;

Vu les articles 148 et suivants du code de procédure pénale ;

Commettons monsieur le Directeur départemental de la santé de........(nom de la ville), afin de désigner un médecin de sa structure, qualifié, à l'effet de prescrire tous les examens médico-biologiques nécessaires susceptibles d'établir ou non le lien de filiation entre

ZH…….., né le………à………..(lieu de naissance) et la fillette prénommée VA………, née le……… ;

Disons que les prélèvements nécessaires se feront en présence de monsieur le juge d'instruction du Tribunal de céans et de Monsieur le procureur de la république près ledit Tribunal ;

Disons en outre que les résultats desdits examens seront présentés au juge d'instruction sous pli fermé depuis le laboratoire ayant procédé aux analyses ;

Disons enfin que les frais relatifs à toutes ces opérations seront à la charge exclusive de ZH…….

Fait en notre cabinet, le….. (date)

LE JUGE D'INSTRUCTION

Ordonnance n°51

COUR D'APPEL DE.... (NOM DE LA VILLE)

TRIBUNAL DE GRANDE INSTANCE

DE... (NOM DE LA VILLE)

CABINET

DE MONSIEUR.................

JUGE D'INSTRUCTION

N °R.P. .... /

N° R.I. .... //

RÉPUBLIQUE DU CONGO

Unité-Travail-Progrès

ORDONNANCE AUX FINS DE DECLARATION DE L'ACTION PUBLIQUE ETEINTE

Nous,......... (noms et prénom) juge d'instruction du Tribunal de Grande Instance de......(nom de la ville) ;

Vu le dossier de la procédure suivie contre........(noms et prénom de l'inculpé) ;

Vu notre ordonnance de soit-communiqué du........(date) ;

Attendu que les faits, objets de la présente poursuite, remontent à........(date) ;

Que le dernier acte d'instruction date du....... ;

Que trois (3) ans se sont écoulés sans qu'un acte interruptif de la prescription des faits ait été pris par le magistrat instructeur ;

Que cette situation consacre l'extinction de l'action publique qui, en matière correctionnelle, intervient après trois (3) années révolues ;

Qu'il sied de déclarer l'action publique éteinte ;

<u>En conséquence</u> ;

Vu l'article 8 du code de procédure pénale ;

Déclarons l'action publique éteinte par l'effet de la prescription des faits ;

Ordonnons le dépôt de la présente procédure au greffe de notre juridiction.

Fait en notre cabinet, le…….. (date)

LE JUGE D'INSTRUCTION

Ordonnance n°52

<u>COUR D'APPEL DE.... (NOM DE LA VILLE)</u>

<u>TRIBUNAL DE GRANDE INSTANCE</u>

<u>DE... (NOM DE LA VILLE)</u>

CABINET

DE MONSIEUR.................

<u>JUGE D'INSTRUCTION</u>

N °R.P. .... /

N° R.I. .... ///

RÉPUBLIQUE DU CONGO

Unité-Travail-Progrès

<u>ORDONNANCE AUX FINS DE DESSAISISSEMENT</u>

Nous,......... (noms et prénom) juge d'instruction du Tribunal de Grande Instance de...... (nom de la ville) ;

Vu la procédure suivie contre :

BA.....,........ (noms et prénom, nationalité, date et lieu de naissance, filiation, profession, situation matrimoniale, domicile, etc.) ;

Inculpée de meurtre ;

Faits prévus et punis par les dispositions des articles 295 et 304 du code pénal ;

Détenue suivant mandat de dépôt du........(date) ;

<u>Partie civile :</u> Les ayants droit de PA........, représentés par BI...........,.....(noms et prénom, nationalité, date et lieu de naissance, filiation, profession, situation matrimoniale, domicile, etc.) ;

Vu notre ordonnance de soit-communiqué du......... (date) ;

Vu le réquisitoire aux fins de dessaisissement de Monsieur le procureur de la république en date du........ ;

Vu les dispositions des articles 685, 689 et 694 du code de procédure pénale ;

Attendu qu'il résulte de l'information et des pièces du dossier que BA…… est poursuivie pour meurtre sur la personne de PA…….. ;

Qu'interrogé par le juge instructeur, BA……. déclare être nommée BA……., de nationalité………(étrangère), fille de……et de……., n'ayant plus de domicile fixe ;

Qu'inculpée d'avoir à……. (nom de la ville), le…….(date), volontairement donné la mort à PA…….., BA……… a répondu positivement ;

Que pendant que courait l'instruction et à la demande du juge instructeur formulé à l'endroit de BA………, dame KA……. s'est présentée comme la mère de celle-ci et a produit au dossier l'acte de naissance, copie intégrale, de BA……., acte établi à Bangui sous le numéro……... ;

Attendu qu'en application des dispositions des articles 685, 689 et 694 du code de procédure pénale, l'entier dossier a été communiqué à Monsieur le procureur de la république, lequel a requis le dessaisissement du juge d'instruction en date du….. au profit du juge des enfants ;

Attendu qu'à l'examen de l'acte de naissance cité supra, il ressort que BA……. est née des œuvres de BA……. et de KA……. le……. (date) à Bangui en République centrafricaine (R.C.A) ;

Qu'en date du…….., date des faits de meurtre mis à sa charge, BA…….était âgée de 16 ans, 8 mois et 10 jours, donc mineure de moins de 18 ans ;

En conséquence

Constatons que BA……. est mineure de moins de 18 ans ;

Vu les articles 685, 689 et 694 du code de procédure pénale ;

Ordonnons notre dessaisissement au profit du juge des enfants qui paraît compétent :

Fait en notre cabinet, le…….. (date)

LE JUGE D'INSTRUCTION

Conclusion

Premier en son genre dans l'arène judiciaire congolaise, le Guide des ordonnances du juge d'instruction apparaît comme un outil précieux d'aide au traitement des dossiers par les magistrats instructeurs et même de tous les magistrats, voire aussi des officiers de police judiciaire.

Plusieurs ordonnances sont mises à l'actif du juge d'instruction. Toutes les infractions pouvant faire office d'ouverture d'information judiciaire ne sont pas traitées dans ce livre. Cela, il va de soi, n'aurait pas été possible dans un modeste guide dont le volume est clairement limité pour des raisons pratiques évidentes. Ainsi, le présent Guide ne fait pas référence aux cas des crimes internationaux notamment, le crime de guerre, le crime de génocide et le crime contre l'humanité et autres. Il est bien évident qu'une perspective plus ambitieuse du présent guide, dont la confection n'a pas été aisée en termes de collecte d'ordonnances, aurait nécessité un peu plus de temps. Bref, le choix opéré a été de se limiter aux éléments recueillis afin de faciliter le travail des praticiens et de tous les lecteurs en quête d'éléments utiles à une meilleure appréhension de l'action du juge d'instruction.

Pour les magistrats et les auxiliaires de justice, le présent ouvrage devrait aider à la compréhension, à la qualification juridique des faits, et notamment à bien viser les dispositions légales pertinentes en rapport avec les actes d'instruction. Il est certain que les erreurs parfois relevées dans les qualifications juridiques opérées pourraient être facilement évitées (cas d'un policier qui, lors d'un accident de circulation, a qualifié les blessures involontaires en homicide involontaire, alors que les victimes n'étaient pas mortes mais plutôt blessées). Bien évidemment de telles erreurs peuvent survenir également au niveau des magistrats et autres auxiliaires de justice qui pourraient et pourront également se tromper. C'est suivant cette analyse que sont prononcées des ordonnances de requalification, de disqualification, etc.

Bibliographie

I. Ouvrage général

- Jean Larguier et Philippe Conte, *Procédure pénale*, 21e édition-2006, Dalloz, 328 pages.

II. Ouvrage spécifique

- Pierre Chambon, *Le juge d'instruction, théorie et pratique de la procédure,* 4e édition, 1997, Dalloz.

III. Textes législatifs

- Code pénal ;
- Code civil ;
- Loi n°1-63 du 13 janvier 1963 portant code de procédure pénale ;
- Loi n°15/66 du 22 juin 1966 modifiant la loi n°15/64 du 13 Juillet 1964 sur la protection des élèves ;
- Loi n°8-2001 du 12 novembre 2001 sur la liberté de l'information et de la communication ;

- Ordonnance n°62/28 du 23 octobre 1962 relative aux manifestations sur la voie publique ;
- Ordonnance n°1/70 du 10 octobre 1970 instituant une obligation d'assurance en matière de circulation des véhicules terrestres à moteur.

IV. Texte réglementaire

- Décret n°2003-20 du 6 février 2003 portant fonctionnement des circonscriptions administratives territoriales.

Annexes

Annexe I

Code civil

Titre troisième : Du domicile

Article 102 : Le domicile de tout français, quant à l'exercice de ses droits civils, est au lieu où il a son principal établissement.

(Ord. n°58-923 du 7 oct.1958) «Les bateliers et autres personnes vivant à bord d'un bateau de navigation intérieure immatriculé en France, qui n'ont pas le domicile prévu à l'alinéa précédent ou un domicile légal, sont tenus de choisir un domicile dans l'une des communes dont le nom figure sur une liste établie par arrêté du garde des sceaux, ministre de la Justice, du ministre de l'Intérieur et du ministre des Travaux publics, des Transports et du Tourisme. Toutefois, bateliers salariés et les personnes vivant à bord avec eux peuvent se domicilier dans une autre commune à la condition que l'entreprise qui exploite le bateau y ait son siège ou un établissement ; dans ce cas, le domicile est fixé dans les bureaux de cette entreprise ; à défaut de choix par eux exercé, ces bateliers et personnes ont leur domicile au siège de l'entreprise qui exploite le bateau et, si ce siège est à l'étranger, au bureau d'affrètement de Paris.»

Annexe II

Quelques articles du Code pénal

Dispositions préliminaires

Article 2 : Toute tentative de crime qui aura été manifestée par un commencement d'exécution, si elle n'a été suspendue ou si elle n'a manqué son effet que par des circonstances indépendantes de la volonté de son auteur, est considérée comme le crime même.

Livre deuxième

Des personnes punissables, excusables ou responsables pour crimes ou pour délits

Chapitre unique

Article 59 : Les complices d'un crime ou d'un délit seront punis de la même peine que les auteurs mêmes de ce crime ou de ce délit sauf les cas où la loi en aurait disposé autrement.

Article 60 : Seront punis comme complices d'une action qualifiée crime ou délit, ceux qui, par dons, promesses, menaces, abus d'autorité ou de pouvoir, machinations ou artifices coupables, auront provoqué cette action ou donné des instructions pour la commettre ;

Ceux qui auront procuré des armes, des instruments, ou tout autre moyen qui aura servi à l'action sachant qu'ils devaient y servir ;

Ceux qui auront avec connaissance, aidé ou assisté l'auteur ou les auteurs de l'action, dans les faits qui l'auront préparée ou facilitée, ou dans ceux qui l'auront consommée, sans préjudice des peines qui seront spécialement portées par le présent code contre les auteurs de complots ou de provocations attentatoires à la sûreté intérieure ou extérieure de l'Etat, même dans le cas où le crime qui était l'objet des conspirations ou des provocations n'aurait pas été commis.

Article 64 : Il n'y a ni crime ni délit lorsque le prévenu était en état de démence au temps de l'action, ou lorsqu'il a été contraint par une force à laquelle il n'a pu résister.

Chapitre III Crimes et délits contre la paix publique

Section II : De la forfaiture et des crimes et délits des fonctionnaires publics dans l'exercice de leurs fonctions

Paragraphe 5 : Des abus d'autorité

Première classe : Des abus d'autorité contre les particuliers

Article 184 : Tout fonctionnaire de l'ordre administratif ou judiciaire, tout officier de justice ou de police, tout commandant ou agent de la force publique, qui, agissant en sa dite qualité, se sera introduit dans le domicile d'un citoyen contre le gré de celui-ci, hors les cas prévus par la loi, et sans les formalités qu'elle a prescrites, sera puni d'un emprisonnement de six jours à un an, et d'une amende de 4.000 à 120.000 francs, sans préjudice de l'application du second paragraphe de l'article 114.

Tout individu qui se sera introduit à l'aide de menaces ou de violences dans le domicile d'un citoyen, sera puni d'un emprisonnement de six jours à trois mois et d'une amende de 4.000 à 48.000 francs.

Deuxième classe : Des abus d'autorité contre la chose publique

Section IV : Résistance, désobéissance et autres manquements envers l'autorité publique

Paragraphe 4 : Évasion de détenus, recèlement de criminels

Article 245 : À l'égard des détenus qui se seront évadés ou qui auront tenté de s'évader par bris de prison ou par violence, ils seront, pour ce seul fait, punis de six mois à un an d'emprisonnement et subiront cette peine immédiatement après l'expiration de celle qu'ils auront encourue pour le crime ou délit à raison duquel ils étaient détenus, ou immédiatement après l'arrêt ou jugement qui les aura acquittés ou renvoyés absous dudit crime ou délit ; le tout sans préjudice de plus fortes peines qu'ils auraient pu encourir pour d'autres crimes qu'ils auraient commis dans les violences.

(Ainsi compl. D. 30/6/1891-D. appl. 25/4/1893 AGG prom. 19/7/1893-JOAEF 20/7/1893). Seront, en outre, réputés en état d'évasion, les individus transportés dans les colonies pénitentiaires pour y subir la peine de la réclusion, conformément au décret du 20 août 1853, qui seront restés pendant douze heures éloignés du lieu où ils sont détenus ou employés ou seront parvenus à se soustraire à la surveillance des agents proposés à leur garde. (Ainsi compl. Ord. 45-2558 du 27/10/1945 rendue appl. par loi 50/1526 du 10/12/50 JOAEF 1951 p.121).

Sera puni de la même peine, qui sera subie dans les mêmes conditions, tout détenu transféré dans un établissement sanitaire ou hospitalier et qui, par un moyen quelconque, s'en sera évadé ou aura tenté de s'évader.

Titre deuxième : Crimes et délits contre les particuliers

Chapitre premier : Crimes et délits contre les personnes

Section première : Meurtres et autres crimes capitaux, menaces d'attentat contre les personnes

Paragraphe premier : Meurtre, assassinat, parricide, infanticide, empoisonnement

Article 295 : L'homicide commis volontairement est qualifié meurtre.

Article 296 : Tout meurtre commis avec préméditation ou guet-apens est qualifié assassinat.

Article 297 : La préméditation consiste dans le dessein formé avant l'action d'attenter à la personne d'un individu déterminé, ou même de celui qui sera trouvé ou rencontré, quand même ce dessein serait dépendant de quelque circonstance ou de quelque condition.

Article 300: (L.21/11/1901-D. appl. 16/9/1922-AGG prom. 15/11/1922- AGG prom. 15/11/1922-JOAEF 1923 p.512).

L'infanticide est le meurtre ou l'assassinat d'un enfant nouveau-né.

Article 302 : (L.21/11/1901-D. appl. 16/9/1922-AGG prom. 15/11/1922-JOAEF 1923 p.512).

Tout coupable d'assassinat, de parricide, et d'empoisonnement, sera puni de mort, sans préjudice de la disposition particulière contenue en l'article 13, relativement au parricide.

Toutefois, la mère, auteur principal ou complice de l'assassinat ou du meurtre de son enfant nouveau-né, sera punie dans le premier cas, des travaux forcés à perpétuité et dans le second cas, des travaux forcés à temps, mais sans que cette disposition puisse s'appliquer à ses co-auteurs ou à ses complices.

(Complété par D. 47/2248 du 19/11/1947-AGG prom. 3.245 du 5/12/1947-JOAEF 1947 p.1611). Sera également puni de mort, quiconque se sera rendu coupable d'un meurtre commis dans un but d'anthropophagie.

Tout acte d'anthropophagie, tout trafic ou session de chair humaine, à titre onéreux ou gratuit, sera puni des travaux forcés à temps.

Article 304 : Le meurtre emportera la peine de mort, lorsqu'il aura précédé, accompagné ou suivi un autre crime.

Le meurtre emportera également la peine de mort, lorsqu'il aura eu pour objet, soit de préparer, faciliter ou exécuter un délit, soit de favoriser la fuite ou d'assurer l'impunité des auteurs ou complices de ce délit.

En tout autre cas, le coupable de meurtre sera puni des travaux forcés à perpétuité.

Paragraphe 2 : Menaces

Article 306 : Si cette menace n'a été accompagnée d'aucun ordre ou sous condition, la peine sera d'un emprisonnement d'une année au moins et de trois ans au plus, et d'une amende de 24.000 francs à 144.000 francs.

Dans ce cas, comme dans celui de l'article précédent, la peine de la surveillance pourra être prononcée contre le coupable.

Article 307 : Si la menace faite avec ordre ou sous condition a été verbale, le coupable sera puni d'un emprisonnement de six mois à deux ans et d'une amende de 6000 à 72.000 francs. Dans ce cas, comme dans celui des précédents articles, la peine de la surveillance pourra être prononcée contre le coupable.

Article 308 : Quiconque aura menacé, verbalement ou par écrit, de voies de fait ou de violences non prévues par l'article 305, si la menace a été faite avec ordre ou sous condition, sera puni d'un emprisonnement de six jours à trois mois et d'une amende de 4.000 à 24.000 francs, ou de l'une de ces deux peines seulement.

Section II : Blessures et coups volontaires non qualifiés meurtre, et autres crimes et délits volontaires

Article 309 : Tout individu qui, volontairement, aura fait des blessures ou porté des coups, ou commis toute autre violence ou voie de fait, s'il est résulté de ces sortes de violences, une maladie ou incapacité de travail personnel pendant plus de vingt jours, sera puni d'un emprisonnement de deux ans à cinq ans et d'une amende de 4.000 francs à 480.000 francs.

Il pourra, en outre, être privé des droits mentionnés en l'article 42, du présent code, pendant cinq ans au moins et dix ans au plus, à compter du jour où il aura subi sa peine.

Quand les violences ci-dessus exprimées auront été suivies de mutilation, amputation ou privation de l'usage d'un membre, cécité, perte d'un œil, ou autres infirmités permanentes, le coupable sera puni de la réclusion.

Si les coups portés ou les blessures faites volontairement sans intention de donner la mort, l'ont pourtant occasionnée, le coupable sera puni de la peine des travaux forcés à temps.

Article 311 : Lorsque les blessures ou les coups, ou les autres violences ou voies de fait, n'auront occasionné aucune maladie ou incapacité de travail personnel mentionné en l'article 309, le coupable sera puni d'un emprisonnement de six jours à deux ans et d'une amende de 4.000 francs à 48.000 francs ou de l'une de ces deux peines seulement.

S'il y a eu préméditation ou guet-apens, l'emprisonnement sera de deux ans à cinq ans et l'amende de 12.000 francs à 120.000 francs.

Paragraphe premier : Homicide, blessures et coups involontaires

Article 319 : (D.L. 16/7/1935 et 30/10/1935 D. apl. 26/7/1939-AGG prom. n°3065 du 7/9/1939-JOAEF 1939 p. 1088, rectificatif p. 1141, modifié par ord. n°62-13 du 27/8/1962 JORC 1962 P.683). Quiconque, par maladresse, imprudence, inattention, négligence ou inobservation des règlements, aura commis involontairement un homicide ou en aura été involontairement la cause, sera puni d'un emprisonnement de trois mois à cinq ans et d'une amende de 24.000 francs à 720.000 francs.

Article 320 : (Ord. 4/10/1945 D. appl. 47-2213 du 19/11/1947 AGG prom n°3243 du 5/12/1947-JOAEF 1947 p. 1610 modifié par ord. n°62-13 du 27/8/1962 JORC 1962 p. 683).

S'il est résulté du défaut d'adresse ou de précaution, des blessures, coups ou maladies, entraînant une incapacité de travail personnel pendant plus de six jours, le coupable sera puni d'un emprisonnement de quinze jours à trois ans et d'une amende de 30.000 francs à 500.000 francs ou de l'une de ces deux peines seulement.

Section IV : attentas aux mœurs

Article 330 : Toute personne qui aura commis un outrage public à la pudeur, sera punie d'un emprisonnement de trois mois à deux ans et d'une amende de 4.000 francs à 48.000 francs.

Article 332 : Quiconque aura commis le crime de viol, sera puni des travaux forcés à temps. (D. 47/2248 du 19/11/1947-AGG prom. 3245 du 5/12/1947 JOAEF 1947 p. 1611).

Si le crime a été commis sur la personne d'un enfant au-dessous de l'âge de treize ans accomplis, le coupable subira le maximum de la peine des travaux forcés à temps.

Quiconque aura commis un attentat à la pudeur, consommé ou tenté, avec violence contre des individus de l'un ou l'autre sexe, sera puni de la réclusion.

(47-2248 du 19/11/1947). Si le crime a été commis sur la personne d'un enfant au-dessous de l'âge de treize ans accomplis, le coupable subira la peine des travaux forcés à temps.

Article 334 bis : (L. 13/4/1946). La peine sera d'un emprisonnement de deux ans à cinq ans et d'une amende de 1.000.000 à 10.000.000 de francs, dans les cas ou :

1° Le délit a été commis à l'égard d'un mineur ;

2° Le délit a été accompagné de contrainte, d'abus d'autorité ou de loi ;

3° L'auteur du délit était porteur d'une arme apparente ou cachée ;

4° L'auteur du délit est époux, père, mère ou tuteur de la victime, ou appartient à l'une des catégories énumérées à l'article 333 ;

5° L'auteur du délit est appelé à participer, de par ses fonctions, à la lutte contre la prostitution, à la protection de la santé ou au maintien de l'ordre public.

Sous réserve des peines plus fortes prévues par cet article ou par les dispositions réprimant le racolage public, sera puni des peines portées au premier paragraphe, quiconque aura attenté aux mœurs, soit en excitant, favorisant ou facilitant habituellement la débauche ou la corruption de la jeunesse de l'un ou l'autre sexe au-dessous de l'âge de vingt et un ans, ou, même occasionnellement, des mineurs de seize ans. Les peines prévues à l'article 334 et au présent article seront prononcées, alors même que les divers actes qui sont les éléments constitutifs des infractions auraient été accomplis dans des pays différents.

Article 336 : L'adultère de la femme ne pourra être dénoncé que par le mari ; cette faculté même cessera s'il est dans le cas prévu par l'article 339.

Article 337 : (D. 47-2248 du 19/11/1947- AGG prom. 3245 du 5/12/1947-JOAEF 1947 p. 1611). La femme convaincue d'adultère, et en cas de mariage célébré selon la coutume locale, celle qui sans motif grave ou hors les cas prévus par ladite coutume, aura abandonné le domicile conjugal, subira la peine de l'emprisonnement pendant trois mois au moins et deux ans au plus.

Le mari restera maître d'arrêter l'effet de cette condamnation en consentant à reprendre sa femme.

Article 338 : Le complice de la femme adultère sera puni de l'emprisonnement pendant le même espace de temps et, en outre, d'une amende de 24.000 francs à 480.000 francs. Les seules preuves qui pourront être admises contre le prévenu de complicité seront, outre le flagrant délit, celles résultant de lettres ou autres pièces écrites par le prévenu.

Chapitre II : Crimes et délits contre les propriétés

Section première : Vols

Article 379 : Quiconque a soustrait frauduleusement une chose qui ne lui appartient pas est coupable de vol.

Article 381 : (L.23/11/1950 rendue appl. Par L.53-82- du 7/2/1953-AGG. Prom. 620 du 21/2/1953-JOAEF 1953 p.516). Seront punis de la peine de mort les individus coupables de vol si les coupables ou l'un d'eux étaient porteur d'une arme apparente ou cachée, même si le vol a été commis le jour et par une seule personne. Il en sera de même si les coupables ou l'un d'eux avaient l'arme dans le véhicule motorisé qui les aurait conduits sur le lieu de leur forfait ou qu'ils auraient utilisé pour assurer leur fuite.

Seront punis des travaux forcés à perpétuité, les individus coupables de vol commis avec la réunion de quatre seulement des cinq circonstances suivantes :

1° Si le vol a été commis la nuit ;

2° S'il a été commis par deux ou plusieurs personnes ;

3° Si le ou les coupables ont commis le crime, soit à l'aide d'effraction extérieure, ou d'escalade, ou de fausses clefs, dans une maison, appartement, chambre ou logement habités ou servant à l'habitation, ou leurs dépendances, soit en prenant le titre d'un fonctionnaire public ou d'un officier civil ou militaire ou après s'être revêtus de l'uniforme ou du costume du fonctionnaire ou de l'officier ou en alléguant un faux ordre de l'autorité civile ou militaire ;

4° Si le vol a été commis avec violence ;

5° Si le ou les coupables se sont assurés la disposition d'un véhicule motorisé en vue de faciliter leur entreprise ou de favoriser leur fuite.

Article 401 : Les autres vols non spécifiés dans la présente section, les larcins, et filouteries, ainsi que les tentatives de ces délits, seront punies d'un emprisonnement d'un an au moins et de cinq ans au plus et pourront même l'être d'une amende qui sera de 4.000 francs au moins et de 120.000 francs au plus.

Les coupables pourront encore être interdits des droits mentionnés en l'article 42 du présent code, pendant cinq ans au moins et dix ans plus, à compter du jour où ils auront subi leur peine.

Ils pourront aussi être mis, par l'arrêt ou le jugement, sous la surveillance de la haute police pendant le même nombre d'années.

28/1/1937-D. appl. 16/11/1937-AGG prom. N°54 du 8/1/1938-JOAEF 1938 p.90).

Quiconque, sachant qu'il est dans l'impossibilité absolue de payer, se sera fait servir des boissons ou des aliments qu'il aura consommés, en tout ou en partie, dans des établissements à ceux destinés, même s'il est logé dans lesdits établissements, sera puni d'un emprisonnement de six jours au moins et de six mois au plus, et d'une amende de 4.000 francs au moins et de 48.000 francs au plus.

La même peine sera applicable à celui qui, sachant qu'il est dans l'impossibilité absolue de payer, se sera fait attribuer une ou plusieurs chambres dans un hôtel ou auberge et les aura effectivement occupées.

Toutefois, dans les cas prévus par les deux paragraphes précédents, l'occupation du logement ne devra pas avoir dépassé la durée d'une journée d'hôtel, telle qu'elle est fixée par les usages locaux.

(L. 9/3/1928-D. appl. 21/1/1931-AGG prom. 10/3/1931 JOAEF 1931 p. 236 article 247).

Est puni de la peine prévue au premier alinéa du présent article, tout militaire ou assimilé qui, sans en être comptable, aura détourné ou dissipé des deniers ou effets actifs en tenant lieu, ou des pièces, titres, actes, effets mobiliers ou des armes, munitions, matières, denrées ou des armes, munitions, matières, denrées ou des objets quelconques appartenant à des militaires ou qui leur avaient été remis pour le service.

Section II : Banqueroutes, escroqueries et autres espèces de fraudes

Paragraphe premier : Banqueroute et escroquerie

Article 405 : (D. 19/11/1947-AGG prom. n°3245 du 5/12/1947 JOAEF 1947 p. 1611). Quiconque, soit en faisant usage de faux noms ou de fausses qualités, soit en employant des manœuvres frauduleuses, pour persuader de l'existence de fausses entreprises, d'un pouvoir ou d'un crédit imaginaire ou pour faire naitre l'espérance ou la crainte d'un succès, d'un accident ou de tout autre événement chimérique, se sera fait remettre ou délivrer ou aura tenté de se faire remettre ou délivrer des fonds, des meubles ou des obligations, dispositions, billets, promesses, quittances ou décharges et aura, par un de ces moyens, escroqué ou tenté d'escroquer la totalité ou partie de la fortune d'autrui, sera puni d'un emprisonnement d'un an au moins et de cinq ans au plus et d'une amende de 240.000 francs au moins et de 2.400.000 francs au plus.

Si le délit a été commis par une personne ayant fait appel au public en vue de l'émission d'actions, obligations, bons, parts ou titres quelconques soit d'une société, soit d'une entreprise commerciale ou industrielle, l'emprisonnement pourra être porté à dix années et l'amende à 12.000.000 de francs.

Dans tous les cas, les coupables pourront être, en outre, frappés, pour dix ans au plus, de l'interdiction des droits mentionnés en l'article 42 du présent code ; ils pourront aussi être frappés de l'interdiction de séjour pendant le même nombre d'années.

Les peines prévues au premier alinéa du présent article seront également applicables à quiconque aura, dans le cas de mariage devant être célébré selon la coutume locale, donné ou promis en mariage une fille dont, selon la coutume, il ne pouvait pas, ou pu disposer, et perçu ou tenté de percevoir tout ou partie de la dot fixée par la coutume.

Paragraphe 2 : Abus de confiance

Article 408 : (Ord. n°62-13 du 27 août 1962, JORC 1962 p. 683).

Quiconque aura détourné ou dissipé au préjudice des propriétaires, possesseurs ou détenteurs des effets, deniers, marchandises, billets, quittances ou tous autres écrits contenant ou opérant obligations ou décharge qui ne lui auraient été remis qu'à titre de louage, de dépôt, de mandat, de nantissement, de prêt à usage, ou pour un travail salarié ou non salarié, à la charge de les rendre ou représenter ou d'en faire un usage ou un emploi déterminé, sera puni d'un emprisonnement d'un an au moins et de cinq ans au plus, et d'une amende qui sera de 300.000 francs au moins et de 3.000.000 de francs au plus ou de l'une de ces deux peines seulement.

La durée de l'emprisonnement pourra être portée à dix ans et l'amende à 20 millions de francs dans les cas suivants :

1° Si l'abus de confiance a été commis par une personne faisant appel au public afin d'obtenir, soit pour son propre compte soit comme directeur, administrateur ou agent d'une société ou d'une entreprise commerciale ou industrielle, la remise de fonds ou valeurs à titre de dépôt, de mandat ou de nantissement ;

2° Si l'abus de confiance prévu par le paragraphe premier a été commis par un officier public ou ministériel, ou par un domestique, homme de service à gages, élève, clercs, commis, ouvrier, compagnon ou apprenti au préjudice de son maître.

La tentative du délit sera punie comme le délit lui-même.

Dans tous les cas, les dispositions portées au dernier alinéa de l'article 405 pourront de plus être appliquées.

Section III : Destruction, dégradations, dommages

Article 434 : Quiconque aura volontairement mis le feu à des édifices, navires, bateaux, magasins, chantiers, quand ils sont habités, ou servent à l'habitation, qu'ils appartiennent ou n'appartiennent pas à l'auteur du crime, sera puni de mort.

Sera puni de la même peine quiconque aura volontairement mis le feu, soit à des voitures ou wagons contenant des personnes, mais faisant parti d'un convoi qui en contient.

Quiconque aura volontairement mis le feu à des édifices, navires, bateaux, magasins, chantiers, lorsqu'ils ne sont ni habités ni servant à l'habitation, ou à des forêts, bois, taillis ou récoltes sur pied, lorsque ces objets ne lui appartiennent pas, sera puni de la peine des travaux forcés à perpétuité.

Celui qui, en mettant ou en faisant mettre le feu à l'un des objets énumérés dans le paragraphe précédent et à lui-même appartenant aura volontairement causé un préjudice quelconque à autrui, sera puni des travaux forcés à temps ; sera puni de la même peine celui qui aura mis le feu sur l'ordre du propriétaire.

Quiconque aura volontairement mis le feu, soit à des pailles ou récoltes en tas ou en meules, soit à des bois disposés en tas ou en stères, soit à des voitures ou wagons chargés ou non chargés de marchandises, ou autres objets mobiliers ne faisant point partie d'un convoi contenant des personnes, si ces objets ne lui appartiennent pas, sera puni des travaux forcés à temps.

Celui qui, en mettant ou en faisant mettre le feu à l'un des objets énumérés dans le paragraphe précédent et à lui-même appartenant aura volontairement causé un préjudice quelconque à autrui, sera puni de la réclusion ; sera puni de la même peine celui qui aura mis le feu sur l'ordre du propriétaire.

Celui qui aura communiqué l'incendie à l'un des objets énumérés dans les précédents paragraphes, en mettant volontairement le feu à des objets quelconques appartenant soit à lui, soit à autrui, et placés de manière à communiquer ledit incendie, sera puni de la même peine que s'il avait directement mis le feu à l'un desdits objets.

Dans tous les cas, si l'incendie a occasionné la mort d'une ou plusieurs personnes se trouvant dans les lieux incendiés au moment où il a éclaté, la peine sera la mort.

Article 437 : Quiconque, volontairement, aura détruit ou renversé par quelque moyen que ce soit, en tout ou en partie, des édifices, des ponts, digues ou chaussées ou autres constructions qu'il savait appartenir à autrui, ou causé l'explosion d'une machine à vapeur, sera puni de la réclusion et d'une amende qui ne pourra excéder le quart des restitutions et indemnités, ni être au-dessous de 24.000 francs.

S'il y a eu homicide ou blessures, le coupable sera dans le premier cas puni de mort et dans le second, puni de la peine des travaux forcés à temps.,

Article 453 : Ceux qui, sans nécessité, auront tué l'un des animaux mentionnés au précédent article, seront punis ainsi qu'il suit :

Si le délit a été commis dans les bâtiments, enclos et dépendances, ou sur les terres dont le maître de l'animal tué était propriétaire, locataire, colon ou fermier, la peine sera un emprisonnement de deux mois à six mois.

S'il a été commis dans les lieux où le coupable était propriétaire, locataire, colon ou fermier, l'emprisonnement sera de six jours à un mois ;

S'il a été commis dans tout autre lieu, l'emprisonnement sera de quinze jours à six semaines.

Le maximum de la peine sera toujours prononcé en cas de violation de clôture.

Article 456 : Quiconque aura, en tout ou en partie, comblé des fossés, détruit des clôtures, de quelques matériaux qu'elles soient faites, coupé ou arraché des haies vives ou séchées ; quiconque aura supprimé ou déplacé des bornes ou pieds corniers, ou autres arbres ou pieds cornies, ou autres arbres, plantés ou reconnus pour établir les limites entre différents héritages, sera puni d'un emprisonnement qui ne pourra être au-dessous d'un mois ni excéder une année, et d'une amende égale au quart des restitutions et dommages-intérêts qui, dans aucun cas, ne pourra être au-dessous de 12.000 francs.

Article 460 : (Premier alinéa abrogé par D. 8/1/1927-AGG prom. 17/3/1927 article 8-JOAEF 1927 p. 217).

Ceux qui auront sciemment recelé, en tout ou en partie, des choses enlevées, détournées ou obtenues à l'aide d'un crime ou d'un délit seront punis des peines prévues par l'article 401.

L'amende pourra même être élevée au-delà de 120.000 francs jusqu'à la moitié de la valeur des objets recelés.

Le tout sans préjudice de plus fortes peines s'il échet en cas de complicité de crime, conformément aux articles 59,60 et 61.

Chapitre II : Contraventions et peines

Section III : Troisième classe

Article 479 : Seront punis d'une amende de 2.600 francs à 3.600 francs inclusivement :

1° (L. n°54-1215 du 6/12/1954-AGG prom. n°4092 du 20/12/1954-JOAEF 1955 p.77).

Ceux qui, hors les cas prévus à l'article 260, auront publiquement revêtu un costume présentant une ressemblance de nature à causer une méprise dans l'esprit du public avec des uniformes définis par les textes réglementaires ;

2° Ceux qui auront occasionné la mort ou la blessure des animaux ou bestiaux appartenant à autrui, par l'effet de la divagation des fous ou furieux ou d'animaux malfaisants ou féroces, ou par la rapidité ou la mauvaise direction ou le chargement excessif des voitures, chevaux, bêtes de trait, de charge ou de monture ;

3° Ceux qui auront occasionné les mêmes dommages par l'emploi ou l'usage d'armes sans précaution ou avec maladresse, ou par jet de pierres ou d'autres corps durs ;

4° Ceux qui auront causé les mêmes accidents par la vétusté, la dégradation, le défaut de réparation ou d'entretien des maisons ou édifices, ou par l'encombrement ou l'excavation, ou telles autres œuvres, dans ou après les rues, chemins, places ou voies publiques sans les précautions ou signaux ordonnés ou d'usage ;

5° (Abrogé par L. 27/3/1851) ;

6° Ceux qui emploieront des poids ou des mesures différents de ceux qui sont établis par les lois en vigueur ;

Les boulangers et bouchers qui vendront le pain ou la viande au-delà du prix fixé par la taxe légalement faite et publiée ;

7° Les gens qui font métier de deviner et pronostiquer, ou d'expliquer les songes ;

8° (L. n°56-217 du 1/3/1956-AGG prom. n° 1012 du 16/3/1956-JOAEF 1956, p.364)

Les auteurs ou complices de bruits, tapages ou attroupements injurieux ou nocturnes, troublant la tranquillité des habitants.

9° Abrogé par L. 29/7/1881/ sur la liberté de la presse rendue applicable outre-mer par son article 69-AGG prom 18/9/1895-JOAEF 1895, p.233).

10° Ceux qui mèneront sur le terrain d'autrui des bestiaux de quelque nature qu'ils soient, et notamment dans les prairies artificielles, dans les vignes, oseraies, dans les plants de câpriers, dans ceux d'oliviers, de mûriers, de grenadiers, d'orangers et d'arbres du même genre, dans tous les plants ou pépinières d'arbres fruitiers ou autres, faits de main d'homme ;

11° Ceux qui auront dégradé ou détérioré, de quelque manière que ce soit, les chemins publics ou usurpé sur leur largeur ;

12° Ceux qui, sans y être dûment autorisés, auront enlevé des chemins publics, les gazons, terres ou pierres, ou qui, dans les lieux appartenant aux communes, auraient enlevé les terres ou matériaux, à moins qu'il n'existe un usage général qui l'autorise.

13° (L. 30/5/1941 non applicable outre-Mer annulé d'ailleurs par ord. 28/6/1945).

14° (Abrogé par ord. 4/10/1045-D appl. n°47-2213 du 19/11/1947-AGG prom n°3243 du 5/12/1947-JOAEF 1947, p. 1609).

15° (Article 1 ord. 6/1/1945 L. appl. n°56-217 du 1/3/1956-AGG. Prom n°1012 du 16/3/1956 JOAEF 1956 p.365). Ceux qui, ayant recueilli des bestiaux errants ou abandonnés, n'en auront pas fait la déclaration dans les trois jours à la mairie de leur domicile.

Annexe III

Quelques articles du code de procédure pénale

Titre préliminaire : De l'action publique et de l'action civile

Article 8 : En matière de délit, la prescription de l'action publique est de trois années révolues ; elle s'accomplit selon les distinctions spécifiées à l'article 7.

Titre II : Des enquêtes

Chapitre premier : Des crimes et délits flagrants

Article 40 :

1° Si la nature du crime est telle que la preuve en puisse être acquise par la saisie des papiers, documents ou autres objets en la possession des personnes qui paraissent avoir participé au crime ou détenir des pièces ou objets relatifs aux faits incriminés, l'officier de police judiciaire se transporte sans désemparer au domicile de ces derniers pour y procéder à une perquisition dont il dresse procès-verbal.

2° Il a seul, avec les personnes désignées à l'article 41 et celles auxquelles il a éventuellement recours en application de l'article 46 le droit de prendre connaissance des papiers ou documents avant de procéder à leur saisie.

3° Tous objets et documents saisis sont immédiatement inventoriés et placés sous scellés.

4° Cependant, si leur inventaire sur place présente des difficultés, ils font l'objet des scellés fermés provisoires jusqu'au moment de leur inventaire et de leur mise sous scellés définitifs et ce, en présence des personnes qui ont assisté à la perquisition suivant les modalités prévues à l'article 41.

5° Avec l'accord du procureur de la république ou de l'une des autorités judiciaires mentionnées à l'article 32, l'officier de police judiciaire ne maintient que la saisie des objets et documents utiles à la manifestation de la vérité.

Article 43 :

1° Sauf réclamation faite de l'intérieur de la maison ou exceptions, prévues par la loi ou lorsque l'état de siège est déclaré, les perquisitions et les visites domiciliaires ne peuvent être commencées avant 5 heures et après 19 heures.

2° Toutefois, les magistrats du ministère public, les juges d'instruction et les officiers de police judiciaire peuvent entrer, à toute heure du jour et de la nuit, en vue d'y constater toutes infractions à l'intérieur de tout hôtel, maison meublée, pension, débit de boissons, club, dancing, cercle, lieu de spectacle et leurs annexes et en tout autre lieu ouvert au public ou utilisé par le public.

3° Les formalités mentionnées aux articles 4, 41 et au premier alinéa du présent article sont prescrites à peine de nullité.

Article 60 :

1° En cas de découverte d'un cadavre, qu'il s'agisse ou non d'une mort violente, mais si la cause en est inconnue ou suspecte, l'officier de police judiciaire qui en est avisé informe immédiatement le procureur de la république, se transporte sans délais sur les lieux et procède aux premières constatations.

2° Le procureur de la république se rend sur place s'il le juge nécessaire et se fait assister de personnes capables d'apprécier la nature des circonstances du décès. Il peut, déléguer aux fins un officier de police judiciaire de son choix.

3° Les personnes ainsi appelées prêtent, par écrit, serment de donner leur avis en leur honneur et conscience.

4° Le procureur de la république peut aussi requérir information pour rechercher les causes de la mort.

TITRE III : De l'information

Chapitre premier : Du juge d'instruction

Section première : Dispositions générales

Article 67 : A toute époque de l'information le procureur de la république peut demander au magistrat instructeur la communication de la procédure et requérir tous actes lui paraissant utiles à la manifestation de la vérité. L'avocat constitué peut également conclure par écrit à toute mesure qui paraîtra utile.

Section II : De la constitution de la partie civile et de ses effets

Article 70 : Toute personne qui se prétend lésée par un crime ou un délit ou une contravention peut, en portant plainte, se constituer partie civile devant le magistrat instructeur.

Article 73 : La partie civile qui met en mouvement l'action publique doit, si elle n'a obtenu l'assistance judiciaire, et sous peine de non-recevabilité de sa plainte, consigner au greffe la somme présumée nécessaire pour les frais de la procédure, dans le délai imparti par le juge d'instruction qui en fixe le montant par ordonnance.

Section III : Des transports, perquisitions et saisies

Article 77 :

1° Le juge d'instruction peut se transporter sur les lieux pour y effectuer toutes constatations utiles ou procéder à des perquisitions. Il en donne avis au procureur de la république, qui a la faculté de l'accompagner.

2° Le juge d'instruction est assisté d'un greffier : en cas d'empêchement du greffier, il est procède comme il est prescrit à l'article 34-4.

3° Il dresse un procès-verbal de ses opérations.

Article 79 : Les perquisitions sont effectuées dans tous les lieux où peuvent se trouver des objets dont la découverte serait utile à la manifestation de la vérité.

Article 82 :

1° Lorsqu'il y a lieu en cours d'information, de rechercher des documents, le juge d'instruction ou l'officier de police judiciaire par lui commis a seul le droit d'en prendre connaissance avant de procéder à la saisie.

2° Tous objets et documents sont immédiatement inventoriés et placés sous scellés.

3° Lorsque ces scellés sont fermés, ils ne peuvent être ouverts et les documents dépouillés qu'en présence de l'inculpé ou de lui appelé.

4° Le juge d'instruction ne maintient que la saisie des objets et documents utiles à la manifestation de la vérité ou dont la Communication serait de nature à nuire à l'instruction.

5° Si la saisie porte sur des espèces, lingots, effets ou valeurs dont la conservation en nature n'est pas nécessaire à la manifestation de la vérité ou à la sauvegarde des droits des parties, il peut autoriser le greffier à en faire dépôt à la banque.

Article 84 :

1° L'inculpé, la partie civile ou toute autre personne qui prétend avoir droit sur un objet placé sous la main de la justice peut en réclamer la restitution au juge d'instruction.

2° Si la demande émane de l'inculpé ou de la partie civile, elle est communiquée à l'autre partie, ainsi qu'au ministère public.

Si elle émane d'un tiers elle est communiquée à l'inculpé, à la partie civile et au ministère public.

3° Les observations qu'elle peut comporter doivent être produites dans les trois jours de cette communication.

4° La décision du juge d'instruction peut être déférée à la chambre d'accusation, sur simple requête, dans les dix jours de sa notification aux parties intéressées, sans toutefois que l'information puisse s'en trouver retardée.

Section VII : De la détention préventive

Article 119 : La détention préventive est une mesure exceptionnelle. Lorsqu'elle est ordonnée, les règles ci-après doivent être observées.

Article 121 :

1° Dans les cas autres que ceux prévus à l'article précédent, la détention préventive ne peut excéder quatre mois.

2° Si le maintien en détention apparaît nécessaire, le juge d'instruction peut prolonger la détention par ordonnance spécialement motivée d'après les éléments de la procédure, rendue sur les réquisitions également motivées du procureur de la république.

3° Aucune prolongation ne peut être prescrite pour une durée de plus de deux mois.

Article 122 :

1° En toute matière lorsqu'elle n'est pas de droit, la mise en liberté peut être ordonnée d'office par le juge d'instruction, après avis du procureur de la république, à charge pour l'inculpé de prendre l'engagement de se représenter à tous les actes de la procédure aussitôt qu'il en sera requis et de tenir informé le magistrat instructeur de tous ses déplacements.

2° Le procureur de la république peut également requérir à tout moment la mise en liberté provisoire. Le juge d'instruction statue dans le délai de 5 jours à compter de la date de ces réquisitions.

Article 123 :

1° La mise en liberté provisoire peut être demandée à tout moment au juge d'instruction par l'inculpé, ou son conseil, sous les obligations prévues à l'article précédent.

2° Le juge d'instruction doit immédiatement communiquer le dossier au procureur de la république aux fins de réquisitions.

3° Le juge d'instruction doit statuer, par ordonnance spécialement motivée, au plus tard dans les 5 jours de la communication au procureur de la république.

4° Faute par le juge d'avoir statué dans le délai fixé à l'alinéa 3, l'inculpé peut saisir directement de sa demande la chambre d'accusation qui, sur les réquisitions écrites et motivées du procureur général, se prononce sur cette demande.

Article 124 :

1° La mise en liberté provisoire peut aussi être demandée en tout état de cause par tout inculpé, prévenu ou accusé, et en toute période de la procédure.

1° Lorsqu'une juridiction de jugement est saisie, il lui appartient de statuer sur la liberté provisoire.

2° Avant le renvoi en cour criminelle et dans l'intervalle des sessions criminelles, ce pouvoir appartient à la chambre d'accusation.

3° En cas de pourvoi et jusqu'à l'arrêt de la cour suprême, il est statué sur la demande de mise en liberté provisoire par la juridiction qui a connu en dernier lieu de l'affaire au fond.

4° Si le pourvoi a été formé contre un arrêt de la cour criminelle, il est statué sur ordonnance par la chambre d'accusation.

5° En cas de décision d'incompétence et généralement dans tous les cas où aucune juridiction n'est saisie, la chambre d'accusation connaît des demandes de mise en liberté.

6e Dans tous les cas où un individu inculpé, prévenu ou accusé est laissé ou mise en liberté provisoire la juridiction compétente peut lui assigner pour résidence un lieu dont il ne devra s'éloigner sans autorisation, avant non-lieu ou décision définitive, sous les peines prévues à l'article 45 du code pénal.

Article 125 :

1° Lorsqu'en application de l'article précédent un inculpé, prévenu ou accusé est laissé ou mis en liberté provisoire avec assignation à résidence, la décision fixant sa résidence est immédiatement notifiée au préfet et aux autorités de police ou de gendarmerie territorialement compétents.

2°Le prévenu assigné à résidence est astreint à se présenter périodiquement au commissaire de police ou à l'officier de police ou à défaut au commandant de brigade de gendarmerie du lieu de sa résidence.

3° L'autorité de police ou de gendarmerie mentionne sur un registre le nom de l'intéressé et la date à laquelle il s'est présenté.

4° Si la juridiction qui a prononcé l'assignation à résidence n'en a pas décidé autrement, le prévenu est astreint à se présenter aux autorités de police ou de gendarmerie deux fois par mois, aux dates fixées par ces autorités.

5° Les autorisations provisoires de quitter le lieu d'assignation à résidence délivrées par la juridiction compétente mentionnent la destination et la durée de l'absence de l'intéressé. Notification en est faite aux services de police ou de gendarmerie chargés du contrôle.

6° Toute décision mettant fin à l'assignation à résidence doit être immédiatement notifiée aux autorités visées à l'alinéa 1er du présent article.

Article 130 :

1° la mise en liberté provisoire, dans tous les cas où elle n'est pas de droit, peut être subordonnée à l'obligation de fournir un cautionnement.

2° Le cautionnement garantit :

1- La représentation de l'inculpé à tous les actes de la procédure et pour l'exécution du jugement.

2- Le payement dans l'ordre suivant :

a) Des frais avancés par la partie civile ;

b) De ceux faits par la partie civile ;

c) Des amendes ;

d) Des restitutions et dommages-intérêts ;

3° La décision de mise en liberté détermine la somme affecté à chacune des deux parties du cautionnement.

Article 137 : A l'expiration de chaque année, les greffiers adressent au ministre de la justice un compte sommaire des sommes qui ont été versées entre leurs mains en application des articles 132 et 136.

Section IX : De l'expertise

Article 148 :

1° Toute juridiction d'instruction ou de jugement, dans le cas où se pose une question d'ordre technique, peut, soit à la demande du ministère public, soit d'office, ou à la demande des parties, ordonner une expertise.

2° Lorsque le juge d'instruction estime ne pas devoir faire droit à une demande d'expertise, il doit rendre une ordonnance motivée.

3° Les experts procèdent à leur mission sous le contrôle du juge d'instruction ou du magistrat que doit désigner la juridiction ordonnant l'expertise.

4° Le ministère public peut également, au stade de l'enquête préliminaire, ordonner une expertise soit d'office, soit à la demande de l'une des parties.

5° Dans le cas où l'expertise a lieu à la demande de l'une des parties elle peut être subordonnée à la consignation d'une certaine somme entre les mains du receveur de l'enregistrement dans le délai imparti par le magistrat commettant.

Section XI : Des ordonnances de règlements

Article 161 :

1° Aussitôt que la procédure est terminée, le juge d'instruction la met à la disposition des conseils de l'inculpé et de la partie civile pendant un délai qui ne peut dépasser trois jours. Cette mise à la disposition se fait sans dessaisissement du dossier par l'intermédiaire du greffier du siège de l'instruction.

2° Après l'accomplissement de la formalité prévue par l'alinéa précédent, le juge d'instruction communique le dossier au procureur de la république pour ses réquisitions.

3° Cependant, en matière correctionnelle et de police, lorsque l'information a été suivie par un juge de section ou juge d'instance, ce magistrat règle la procédure sans être tenu de provoquer, les réquisitions du procureur de la république compétent lequel peut, en tout état d'information, demander la communication du dossier et requérir telles mesures qu'il jugera utiles.

Article 162 : Le juge d'instruction examine s'il existe contre l'inculpé des charges constitutives d'infraction à la loi pénale.

Article 163 :

1° Si le juge d'instruction estime que les faits ne constituent ni crime, ni délit, ni contravention ou si l'auteur est resté inconnu ou s'il n'existe pas de charges suffisantes contre l'inculpé, il déclare, par une ordonnance qu'il n'y a lieu à suivre.

2° Les inculpés préventivement détenus sont mis en liberté.

3° Le juge d'instruction statue en même temps sur la restitution des objets saisis.

4° Il liquide les dépens et condamne aux frais la partie civile, s'il en existe en la cause. Toutefois, la partie civile de bonne foi peut être déchargée de la totalité ou d'une partie des frais par décision spéciale et motivée.

Article 164 :

Si le juge estime que les faits constituent une contravention, il prononce le renvoi de l'affaire devant le tribunal de simple police et le prévenu est mis en liberté.

Article 165 :

1° Si le juge estime que les faits constituent un délit, il prononce le renvoi de l'affaire devant le tribunal correctionnel.

2° Si l'emprisonnement est encouru, le prévenu arrêté demeure en état de détention.

Article 166 :

1° Dans le cas de renvoi, soit devant le tribunal de simple police soit devant le tribunal correctionnel, le juge d'instruction transmet le dossier avec son ordonnance au procureur de la république.

2° Si la juridiction correctionnelle est saisie, le procureur de la république doit faire donner citation au prévenu pour l'une des plus prochaines audiences, en observant les délais de citation prévus au présent code.

Article 167 :

1° Si le juge d'instruction estime que les faits constituent une infraction qualifiée crime par la loi, il ordonne que le dossier de la procédure et un état des pièces servant à conviction soient transmis sans délais par le procureur de la république au procureur général près la cour d'appel, pour être procédé ainsi qu'il est dit au chapitre de la chambre d'accusation.

2° Le mandat d'arrêt ou de dépôt décerné contre l'inculpé conserve sa force exécutoire jusqu'à ce qu'il ait été statué par la chambre d'accusation.

3° Les pièces à conviction sont transmises au greffe de la cour d'appel sauf dispositions contraires.

Chapitre II : De la chambre d'accusation Juridiction d'instruction du second degré

Section première : Dispositions générales

Article 184 :

Les parties et leurs conseils sont admis jusqu'au jour de l'audience à produire des mémoires qu'ils communiquent au ministère public et aux autres parties.

Ces mémoires sont déposés au greffe de la chambre d'accusation et visés par le greffier.

Titre IX : De l'enfance délinquante

Chapitre premier : Dispositions générales

Article 685 :

Les mineurs de dix-huit ans auxquels est imputée une infraction qualifiée crime ou délit ne sont pas déférés aux juridictions pénales de droit commun et ne sont justifiables que des tribunaux pour enfants ou de la cour criminelle des mineurs.

Article 689 :

1° Pour l'application des dispositions du présent titre, l'âge du mineur est déterminé par la production des pièces d'état civil, les jugements en tenant lieu ou tous autres documents corroborés par une expertise médicale.

2° En cas de contrariété, la juridiction saisie apprécie souverainement l'âge du délinquant.

3° Dans tous les cas où seule l'année de naissance est connue la date de naissance doit être fixée au 31 décembre de l'année considérée.

Chapitre II : Des poursuites

Article 694 :

1° Le procureur de la république près le tribunal du siège du tribunal pour enfant est chargé de la poursuite des crimes, délits et contraventions commis par les mineurs de dix-huit ans.

2° Dans le cas d'infraction dont la poursuite est réservée d'après les lois en vigueur, aux administrations publiques, le procureur de la république a seul qualité pour exercer la poursuite sur la plainte préalable de l'administration intéressée.

3° Lorsque le mineur de dix-huit ans est impliqué dans la même cause qu'un ou plusieurs majeurs de dix-huit ans, lesquels sont poursuivis en flagrant délit ou par voie de citation directe, le procureur de la république constitue un dossier spécial concernant le mineur et le transmet au juge des enfants.

Si une information a été ouverte, le juge d'instruction se dessaisit dans le plus bref délai à l'égard du mineur que des inculpés majeurs au profit du juge des enfants.

Annexe IV

Extrait Ordonnance n°62-28 du 23 octobre 1962 relative aux manifestations sur la voie publique

Article 7 : Seront punis d'un emprisonnement d'un mois à un an et d'une amende de 36.000 à 300.000 francs :

1° Ceux qui ont fait une déclaration inexacte de nature à tromper les autorités sur l'objet, le lieu ou le mode de déroulement de la manifestation ;

2° Ceux qui, avant qu'elle ait été autorisée ou après qu'elle ait été interdite, ont, par quelque moyen que ce soit, diffusé ou publié des affiches, tracts, convocations, écrits divers concernant une manifestation ;

3° Ceux qui, dans les mêmes circonstances ont participé à l'organisation d'une manifestation.

Annexe V

Extrait Loi n°15/66 du 22 juin 1966 modifiant la loi n°19/64 du 13 juillet 1964 sur la protection des élèves mineurs

Article premier : Sans préjudice des peines plus graves par le code pénal s'il échet, sera puni d'un emprisonnement de 6 mois à 3 ans ou d'une amende de 50.000 à 2.000.000 francs quiconque en l'absence de toute reconnaissance par les parents comme futur époux aura mis en état de grossesse une élève âgée de moins de 21 ans.

Annexe VI

Quelques articles de la loi n°8-2001 du 12 novembre 2001 sur la liberté de l'information et de la communication

Titre XI : Des infractions commises par voie de presse ou par tout autre moyen de communication.

Chapitre III : Des délits contre les personnes physiques ou morales.

Article 195 : Toute expression outrageante, terme de mépris ou invective, qui ne renferme l'imputation d'aucun fait, est une injure.

Toute allégation ou imputation d'un fait qui porte atteinte à l'honneur et à la considération de la personne ou du corps auquel le fait est imputé est une diffamation.

La publication directe ou par voie de reproduction de cette allégation ou de cette imputation est punissable, même si elle est faite sous forme dubitative ou si elle vise une personne ou un corps non expressément nommé, mais dont l'identification est rendue possible par les termes des discours, des cris, des menaces, des écrits ou des imprimés, des placards ou des affiches incriminés.

Article 198 : La diffamation commise envers les particuliers par l'un des moyens énoncés à l'article 187 sera punie d'une amende de 200.000 francs CFA à 2.000.000 francs CFA.

La diffamation commise par les mêmes moyens envers une personne ou un groupe de personnes en raison de leur origine ou de leur appartenance ou non appartenance à une ethnie, une nation, une race, une religion déterminée, un mouvement philosophique sera punie d'un emprisonnement d'un mois à un an et d'une amende de 300.000 francs CFA à 3.000.000 francs CFA ou de l'une de ces deux peines seulement.

Article 199 : L'injure commise de la même manière envers les particuliers, lorsqu'elle n'aura pas été précédée de provocation, sera punie d'une amende de 100.000 francs CFA à 1.000.000 francs CFA.

Le maximum de peine d'emprisonnement sera d'un an et celui de l'amende de 1.500.000 francs CFA si l'injure a été commise, dans les conditions prévues à l'alinéa précédent envers une personne ou un groupe de personnes en raison de leur origine ou de leur appartenance ou non appartenance à une ethnie, une nation, une race, une religion déterminée ou un mouvement philosophique.

Annexe VII

Extrait Décret n°2003-20 du 6 février 2003 portant fonctionnement des circonscriptions administratives territoriales

Chapitre VI : De l'administration de la communauté urbaine

Section 1 : De l'administrateur-maire

Article 109 : L'administrateur maire est dépositaire du pouvoir de police générale. Il veille au maintien de l'ordre public. Il peut prendre toutes mesures utiles au maintien et au rétablissement de l'ordre public.

A ce titre, il dispose des forces de police et bénéficie du concours de la gendarmerie. Il donne des ordres directs aux services de police et adresse des demandes de concours à la gendarmerie.

Il reçoit des services de police, compte rendu de tout événement, infraction ou action concernant la sécurité, l'observation des lois et règlements dans la circonscription et l'exécution des services.

Table des matières

Structures éditoriales du groupe L'Harmattan

L'Harmattan Italie
Via degli Artisti, 15
10124 Torino
harmattan.italia@gmail.com

L'Harmattan Hongrie
Kossuth l. u. 14-16.
1053 Budapest
harmattan@harmattan.hu

L'Harmattan Sénégal
10 VDN SICAP AMITIE 3
BP 45034 Dakar-Fann
direction@senharmattan.com

L'Harmattan Cameroun
Tsinga/Derrière polyclinique FECAFOOT
BP 11486 Yaoundé
Jacques.koukam@harmattan.fr

L'Harmattan Burkina Faso
Villa 281, secteur 23 623, rue 14.32
Ouagadougou
zagbie@outlook.fr

L'Harmattan Guinée
Almamya, rue KA 028 OKB Agency
BP 3470 Conakry
harmattanguinee@yahoo.fr

L'Harmattan RDC
185, avenue Nyangwe
Commune de Lingwala – Kinshasa
matangilamusadila@yahoo.fr

L'Harmattan Congo
219, avenue Nelson Mandela
BP 2874 Brazzaville
deunovmikhael@gmail.com

L'Harmattan Mali
Immeuble Mgr Jean Marie Cissé
Aci Hamadallaye
BP 145 Bamako
syllaka@yahoo.fr

L'Harmattan Togo
Djidjole – Maison Amela
face EPP BATOME
02 BP 20680 Lomé
didieramela11@gmail.com

L'Harmattan Côte d'Ivoire
Résidence Karl – Cité des Arts
Abidjan-Cocody
03 BP 1588 Abidjan
harmattan.ivoire@gmail.com

L'Harmattan Bénin
Rue 604, (Immeuble à l'entrée
de la rue UCAO- Cite de Saint-Jean)
Cotonou
stepcorpus@gmail.com

Nos librairies en France

Librairie internationale
16, rue des Écoles
75005 Paris
librairie.internationale@harmattan.fr
01 40 46 79 11
www.librairieharmattan.com

Librairie des savoirs
21, rue des Écoles
75005 Paris
librairie.sh@harmattan.fr
01 46 34 13 71
www.librairieharmattansh.com

www.ingramcontent.com/pod-product-compliance
Lightning Source LLC
LaVergne TN
LVHW011247061026
849535LV00005B/1172